高等院校精品课程系列教材

国家级精品资源共享课
国家精品课程

统计学

第3版

STATISTICS

向蓉美 王青华 马丹 主编
苏远琳 黎春 雷敏 夏怡凡 参编

机械工业出版社
CHINA MACHINE PRESS

本书是关于统计学基本理论和方法的教材，强调重思想、重应用，按照先描述统计后推断统计的思路编写。第 1 章概括性地介绍了统计学的形成及基本概念；第 2~5 章介绍了描述统计学的基本理论和方法；第 6~9 章介绍了推断统计学的基本理论和方法；第 9 章是计量经济学课程的起点。作为第 3 版，本书除了对相关理论和案例进行了更新，还特别增加了软件操作和拓展内容，均用二维码来呈现，与时俱进。

本书可以作为经济类和管理类非统计专业本科生的统计学课程教材，也可以作为统计学专业本科生的统计学入门教材，还可以作为广大经济管理人员学习统计学的参考书。

图书在版编目（CIP）数据

统计学/向蓉美，王青华，马丹主编. —3 版. —北京：机械工业出版社，2023.7（2025.7 重印）

高等院校精品课程系列教材

ISBN 978-7-111-73568-7

Ⅰ.①统… Ⅱ.①向… ②王… ③马… Ⅲ.①统计学-高等学校-教材 Ⅳ.①C8

中国国家版本馆 CIP 数据核字（2023）第 137721 号

机械工业出版社（北京市百万庄大街 22 号　邮政编码 100037）
策划编辑：王洪波　　　　　　　责任编辑：王洪波
责任校对：龚思文　张薇　　　　责任印制：任维东
北京科信印刷有限公司印刷
2025 年 7 月第 3 版第 5 次印刷
185mm×260mm・14.75 印张・1 插页・365 千字
标准书号：ISBN 978-7-111-73568-7
定价：59.00 元

电话服务　　　　　　　　　　网络服务
客服电话：010-88361066　　　机　工　官　网：www.cmpbook.com
　　　　　010-88379833　　　机　工　官　博：weibo.com/cmp1952
　　　　　010-68326294　　　金　书　网：www.golden-book.com
封底无防伪标均为盗版　　　　机工教育服务网：www.cmpedu.com

作者简介
About the Author

向蓉美

西南财经大学统计学院教授,博士生导师,四川省教学名师。统计学国家精品课程、统计学国家精品资源共享课程、四川省统计学教学团队负责人。中国投入产出学会常务理事、中国国民经济核算研究会理事、成都市统计学会常务理事。1990~1991年作为访问学者到美国交流,2004年受德国学术交流中心(DAAD)资助赴德国研究访问3个月。先后主持完成3项国家社科基金项目、9项省部级课题,获6项省部级优秀研究成果奖、科技进步奖和优秀教学成果奖,教育部、共青团中央等机构举办的第十届"挑战杯"中国大学生创业计划竞赛优秀指导教师,曾获西南财经大学优秀教师一等奖。主要研究领域为经济统计。出版专著3部,主编和独立编写研究生、本科生教材10余部,其中主编的《统计学导论》被评为"十二五"国家级规划教材。

王青华

西南财经大学统计学院副教授,硕士生导师,主要讲授课程有统计学、金融统计分析和宏观经济统计分析等。主编的《统计学导论》被评为"十二五"国家级规划教材,主编及参编教材10余部,发表学术论文10多篇,参加多项国家级和省部级课题研究,曾荣获四川省教学成果二等奖、四川省第十三次哲学社会科学优秀成果奖二等奖及国家统计局优秀科研成果二等奖。

马 丹

女，统计学博士，西南财经大学统计学院经济统计系教授，博士生导师。西南财经大学经济统计系主任，国家级精品课程统计学主讲教师。第十一批四川省学术和技术带头人后备人选，四川省统计学会理事、成都市统计学会理事、南方工业统计研究会常务理事。从事经济、金融、统计领域研究工作，在本专业重要学术期刊发表学术论文40余篇，累计逾50万字。参加完成国家社科基金等国家级、省部级课题10余项。主持国家社会科学基金、教育部人文社会科学基金等课题。先后多次获得各级学术嘉奖，获得全国百篇优秀博士论文提名奖、全国统计科研成果奖优秀博士论文二等奖、全国统计科研成果奖优秀教材类一等奖、四川省教学成果奖一等奖等。

第 3 版前言
PREFACE

  《统计学》自 2013 年第 1 版、2017 年第 2 版出版以来，受到了广大读者的肯定，两个版次多次印刷，也收到了一些读者提出的中肯建议，在此我们首先向广大读者和出版社编辑表示衷心的感谢！

  随着社会经济的不断发展和统计理论的不断完善，适时修订《统计学》教材是我们的一贯宗旨。

  大数据时代，数据无处不在、无时不变。大数据时代，统计学依然是数据分析的灵魂，它会引领我们合理分析并利用大数据资源。本次修订我们适当增加了大数据与统计学关系的内容，部分章节在内容和顺序上都有较大改动，此外全面更新了各章的引例和统计数据，增加了各章练习题，以凸显统计学在数字经济中更加重要的作用，有利于训练学生良好的统计素养。

  为了帮助大家更好地学习这门课程，我们增加了二维码资源，包括推荐的扩展阅读、数据库、有关部分数据处理的软件操作和输出结果解读等。与教材配套的学习指导及能力提升训练也同步进行了更新和修改，各种题型都增加了大量的练习题，并通过二维码的形式给出了部分单选题和多选题的答案详解。

  本次修订首先由原作者进行，最后由向蓉美、王青华、马丹进行修订与定稿。

  我们一如既往地本着精品意识建设教材，这离不开读者们的关心支持，衷心感谢大家选择这本教材，欢迎大家提出意见和建议，以便我们不断修改完善。在此深表谢意！

编　者

2023 年 9 月于西南财经大学

统计学作为经济类和管理类专业的必修课，也一直是西南财经大学的基础课，经过多年的建设，西南财经大学的统计学课程先后被评为四川省精品课程、国家精品课程、国家精品资源共享课程。该课程的教材体系、教学内容、教学资源日趋成熟完善。2015年，党的十八届五中全会公报提出要实施"国家大数据战略"，大数据时代的到来，让"数据即资产"成为新的全球发展趋势。在数字浪潮中，统计学无疑将扮演更加重要的角色，统计学教学也面临新环境和新问题，统计学课程教材的适时更新与不断完善势在必行。

第2版是在2013年机械工业出版社出版的《统计学》一书的基础上修订而成的。《统计学》第1版自出版发行以来受到了广大读者的欢迎，先后多次重印，被许多高等院校作为教材或主要参考书。本次修订在保留了原书的基本框架和内容体系的基础上，对各章体例进行了调整，将课后习题单独整理为配套练习册——《统计学学习指导及能力提升训练》，便于教师讲授和学生完成练习。此外，我们适时更新了教材数据和案例，将最新的统计数据引入教材，在教学资料等内容的时效性方面进行了更新和充实。

全书共9章，第1~5章主要涉及描述统计的基本概念和方法；第6~9章主要介绍数理统计的基本概念和方法。第1章总论论述了统计学的基本概念、特点及历史发展等。第2章主要介绍统计数据的收集、数据整理和展示。第3章介绍数据集中趋势、离中趋势以及分布形态。第4章讲授确定性时间序列分析的基本方法。第5章讲授统计指数理论综合评价。第6章介绍三大抽样分布及抽样分布定理。第7章介绍抽样估计方法和主要的抽样组织方式。第8章讲述假设检验和方差分析的基本理论和方法。第9章讨论了相关与回归分析的基本问题。第2版由各章原作者进行修订，向蓉美、王青华和马丹三位主编进行了统稿。

在第2版的修订编写过程中，我们参阅了国内外专家、学者的著作，也参考了同行的相关教材，在此对他们表示崇高的敬意和衷心的感谢！机械工业出版社的领导及编辑对本书的修订出版付出了辛勤的劳动，也一并表示诚挚的谢意！由于作者水平有限，加上时间仓促，书中错漏和不妥之处在所难免，恳请专家、同行和读者批评指正。

编 者

2017年3月于西南财经大学

统计的力量是如此强大、无处不在，哪里有数据，哪里就有统计，统计是现代人谋生的手段，因为我们正处于信息化的时代，数字化信息随处可见，所以国家教育部把统计学列为经济类、管理类大学生的专业（核心）基础课。

统计学的内容十分丰富。本书是一本关于统计学基本理论和方法的教材，适用于经济类和管理类非统计专业本科学生，也可以作为统计学专业的统计学入门教材，还可以作为广大经济管理人员学习统计学的参考书。

本书强调重思想、重应用，按照先描述统计后推断统计的思路编写。只有对样本进行了描述，才能对总体进行推断，描述统计是推断统计的基础。本书第2~5章介绍了描述统计学的基本理论和方法，第6~9章介绍了推断统计学的基本理论和方法。教材最后一章是计量经济学课程的起点。这样的安排符合知识点的逻辑关系，便于课程之间的合理衔接和教学。

本书把统计知识的学习与计算机软件的运用有机结合，采用Excel作为数据处理软件。Excel是最普及的数据处理和分析软件，非常便于统计计算和统计制图。在本书各章中，结合实例介绍其应用。少数Excel不能直接处理的计算，我们将简单介绍如何用SPSS处理，如单个总体的假设检验、等级相关系数的计算。

为了帮助大家更好地学习、理解和应用所讲知识，每章后面配有本章小结、基本知识梳理以及灵活多样的练习题。

根据学生对象不同或课时安排不同，标记有*的内容可以选择讲授。

2007年西南财经大学的统计学学科被评为国家级重点学科，"统计学"课程被评为国家精品课程，2012年"统计学"课程被推荐为国家精品资源共享课。不断提高《统计学》的质量，是我们建设重点学科和统计学精品课程最重要的内容之一。本书由西南财经大学统计学院几位长期从事统计学教学的教授和副教授共同编写而成。作者和具体分工如下：向蓉美编写第1章和第4章，苏远琳编写第2章，黎春编写第3章，雷敏编写第5章，夏怡凡编写第6章，马丹编写第7章，王青华编写第8章和第9章。向蓉美、王青华和马丹对全书进行总体设计和修改、总撰。谢小燕教授参加了教材总体设计的讨论，提出了很好的建议。

随着社会经济的不断发展和统计理论的不断完善，我们将适时根据其发展变化情况修订本书，也恳请使用本书的读者将建议和意见及时反馈给我们，对此我们表示衷心的感谢。

作　者

2013 年 2 月于西南财经大学

"统计学"是教育部经济和管理类教学指导委员会指定的经济学类和管理学类各专业均必须开设的核心课程,属于经济类和管理类专业的基础课。

教学安排

根据教材内容,课程以"数据采集—数据描述—数据分析—数据推断—数据应用展示"为主线,有机地融入现代统计模型与方法,介绍统计思想和数据思维。采用案例式教学、启发式教学与研讨型学习相结合的教学方式,主要讲授统计学基本概念、统计调查和数据采集、描述统计、时间序列分析、统计指数与综合评价、统计量与抽样分布、参数估计、假设检验与方差分析、相关与回归分析等九个方面的问题,讲解中穿插课程思政要素、Excel以及R的相关软件分析。

教学目的

通过对本课程的学习,学生能够掌握统计理论和数量分析的基本原理、基本方法和基本技能,能对现象的数量特征进行分析,能透过数据看到现象本质;具备较强的处理和分析数据的能力,特别是具备应用统计思想和方法解决实际经济或管理问题的能力。

先行课程要求

经济学、微积分、概率论(若未学习概率论,可以跳过第6章,后3章可以忽略有关概率论的理论基础而只要求掌握方法的运用)。

课时及分布建议

本书建议授课17周,每周4学时或者3学时。

教学内容	学习要点	课时安排（学时）	
		4 学时/周	3 学时/周
第1章 总论	（1）了解为什么要学习统计学 （2）理解统计的含义 （3）理解统计学中的基本概念	4	3
第2章 统计数据的收集、整理与显示	（1）了解统计调查方案、统计调查形式的内容、特点 （2）理解统计分组、分布数列的概念和类型 （3）了解统计表的构成、各种统计图的应用	6	4
第3章 数据特征的描述	（1）理解总量指标和相对指标定义，掌握其分类和计算 （2）掌握各类平均指标的定义、性质与应用 （3）掌握各类变异指标的定义、性质与应用 （4）理解数据分布的峰度和偏度	10	8
第4章 时间序列分析	（1）了解时间序列的概念和要素，理解时间序列的编制原则 （2）掌握时间序列的水平指标分析法和速度指标分析法 （3）理解长期趋势方法，能够解释 Excel 输出结果 （4）理解季节变动分析方法	10	8
第5章 统计指数与综合评价	（1）理解统计指数的概念、作用和分类 （2）掌握综合法指数与平均法指数的计算 （3）掌握利用指数体系进行因素分析的方法 （4）掌握综合评价的方法及其应用	10	8
第6章 统计量与抽样分布	（1）理解总体、样本的概念及两者之间的联系 （2）理解抽样分布的概念、统计量的判断标准 （3）掌握常用的统计量及抽样分布定理	6	4
第7章 参数估计	（1）了解点估计量的评判标准 （2）掌握总体均值、成数、总体方差的区间估计 （3）掌握必要抽样数目的确定 （4）了解其他抽样组织方法的概念、特点及抽样误差的来源	8	5
第8章 假设检验与方差分析	（1）理解假设检验的基本概念、基本原理和一般步骤 （2）掌握单个总体参数（均值、方差和比例）的检验方法 （3）了解双总体参数的检验方法和 Excel 输出结果 （4）理解方差分析的基本概念、基本思想和 Excel 输出结果	8	6
第9章 相关与回归分析	（1）理解相关关系的概念、种类 （2）掌握 Pearson 相关系数的特点和运用，了解等级相关系数 （3）掌握一元线性回归方程的估计、检验和运用 （4）了解多元线性回归方程的估计原理和方法	6	5
课时总计		68	51

作者简介
第3版前言
第2版前言
第1版前言
教学建议

第1章 总论 ………………………… 1
引例 …………………………………… 1
1.1 为什么要学习统计学 …………… 2
1.2 什么是统计 ……………………… 5
1.3 统计学中的基本术语 …………… 11
1.4 用 Excel 进行统计分析 ………… 16
本章小结 ……………………………… 19
思考与练习题 ………………………… 19

第2章 统计数据的收集、整理与显示 ………………………… 20
引例 …………………………………… 20
2.1 统计数据的收集 ………………… 21
2.2 统计数据的整理 ………………… 24
2.3 统计数据的图表显示 …………… 29
本章小结 ……………………………… 36

思考与练习题 ………………………… 36

第3章 数据特征的描述 …………… 38
引例 …………………………………… 38
3.1 总量指标和相对指标 …………… 39
3.2 数据集中趋势的描述：平均指标 …………………………… 43
3.3 数据离中趋势的描述：变异指标 …………………………… 51
3.4 数据分布形态的描述：偏度和峰度 …………………………… 54
3.5 Z-分数与相关定理 ……………… 57
3.6 箱线图 …………………………… 58
本章小结 ……………………………… 59
思考与练习题 ………………………… 60

第4章 时间序列分析 ……………… 62
引例 …………………………………… 62
4.1 时间序列概述 …………………… 63
4.2 时间序列的水平分析 …………… 65
4.3 时间序列的速度分析 …………… 69
4.4 时间序列的构成因素分析 ……… 75
本章小结 ……………………………… 92

思考与练习题 ………………………… 93

第5章　统计指数与综合评价 ……… 94
　　引例 …………………………………… 94
　　5.1　统计指数的概念、作用和分类 … 94
　　5.2　总指数的计算 …………………… 96
　　5.3　指数体系与因素分析 …………… 104
　　5.4　综合评价 ………………………… 109
　　本章小结 ……………………………… 113
　　思考与练习题 ………………………… 113

第6章　统计量与抽样分布 …………… 115
　　引例 …………………………………… 115
　　6.1　总体与样本 ……………………… 116
　　6.2　样本统计量及其分布 …………… 119
　　6.3　重要的抽样分布及抽样分布定理 ………………………… 122
　　本章小结 ……………………………… 132
　　思考与练习题 ………………………… 132

第7章　参数估计 ……………………… 133
　　引例 …………………………………… 133
　　7.1　抽样估计的基本问题 …………… 134
　　7.2　点估计及评判标准 ……………… 135
　　7.3　区间估计的基本思想 …………… 140
　　7.4　单总体的区间估计 ……………… 141

　　*7.5　两个总体参数的区间估计 ……… 144
　　7.6　确定样本量 ……………………… 148
　　7.7　其他抽样组织方式的抽样误差 … 150
　　本章小结 ……………………………… 154
　　思考与练习题 ………………………… 154

第8章　假设检验与方差分析 ………… 156
　　引例 …………………………………… 156
　　8.1　假设检验的一般问题 …………… 157
　　8.2　单个总体参数的假设检验 ……… 162
　　*8.3　两个总体参数的假设检验 ……… 166
　　8.4　多个总体均值的检验：单因素方差分析 ……………………… 171
　　本章小结 ……………………………… 176
　　思考与练习题 ………………………… 176

第9章　相关与回归分析 ……………… 178
　　引例 …………………………………… 178
　　9.1　相关与回归分析概述 …………… 179
　　9.2　一元线性相关分析 ……………… 181
　　9.3　一元线性回归分析 ……………… 186
　　*9.4　多元线性回归分析 ……………… 195
　　本章小结 ……………………………… 200
　　思考与练习题 ………………………… 201

附录A　常用统计附表 ………………… 202
部分参考答案 …………………………… 216
参考文献 ………………………………… 222

第1章

总　　论

■ 引例　统计量化历史，数据见证辉煌

在以习近平同志为核心的党中央坚强领导下，我们经受了世界变局加快演变、新冠疫情冲击、国内经济下行等多重考验，如期打赢脱贫攻坚战，如期全面建成小康社会，实现第一个百年奋斗目标，开启向第二个百年奋斗目标进军新征程。各地区各部门坚持以习近平新时代中国特色社会主义思想为指导，深刻领悟"两个确立"的决定性意义，增强"四个意识"、坚定"四个自信"、做到"两个维护"，全面贯彻党的十九大和十九届历次全会精神，深入贯彻党的二十大精神，坚持稳中求进工作总基调，完整、准确、全面贯彻新发展理念，构建新发展格局，推动高质量发展，统筹发展和安全，我国经济社会发展取得举世瞩目的重大成就。

经济发展再上新台阶。国内生产总值增加到121万亿元，五年年均增长5.2%，十年增加近70万亿元、年均增长6.2%，在高基数基础上实现了中高速增长、迈向高质量发展。财政收入增加到20.4万亿元。粮食产量连年稳定在1.3万亿斤以上。工业增加值突破40万亿元。城镇新增就业年均1 270多万人。外汇储备稳定在3万亿美元以上。我国经济实力明显提升。

脱贫攻坚任务胜利完成。经过八年持续努力，近1亿农村贫困人口实现脱贫，全国832个贫困县全部摘帽，960多万贫困人口实现易地搬迁，历史性地解决了绝对贫困问题。

科技创新成果丰硕。构建新型举国体制，组建国家实验室，分批推进全国重点实验室重组。一些关键核心技术攻关取得新突破，载人航天、探月探火、深海深地探测、超级计算机、卫星导航、量子信息、核电技术、大飞机制造、人工智能、生物医药等领域创新成果不断涌现。全社会研发经费投入强度从2.1%提高到2.5%以上，科技进步贡献率提高到60%以上，创新支撑发展能力不断增强。

经济结构进一步优化。高技术制造业、装备制造业增加值年均分别增长10.6%、7.9%，数字经济不断壮大，新产业新业态新模式增加值占国内生产总值的比重达到 17% 以上。区域协调发展战略、区域重大战略深入实施。常住人口城镇化率从 60.2% 提高到 65.2%，乡村振兴战略全面实施。经济发展新动能加快成长。

基础设施更加完善。一批防汛抗旱、引水调水等重大水利工程开工建设。高速铁路运营里程从 2.5 万公里增加到 4.2 万公里，高速公路里程从 13.6 万公里增加到 17.7 万公里。新建改建农村公路 125 万公里。新增机场容量 4 亿人次。发电装机容量增长 40% 以上。所有地级市实现千兆光网覆盖，所有行政村实现通宽带。

改革开放持续深化。全面深化改革开放推动构建新发展格局，供给侧结构性改革深入实施，简政放权、放管结合、优化服务改革不断深化，营商环境明显改善。共建"一带一路"扎实推进。推动区域全面经济伙伴关系协定（RCEP）生效实施，建成全球最大自由贸易区。货物进出口总额年均增长 8.6%，突破 40 万亿元并连续多年居世界首位，吸引外资和对外投资居世界前列。

生态环境明显改善。单位国内生产总值能耗下降 8.1%、二氧化碳排放下降 14.1%。地级及以上城市细颗粒物（PM2.5）平均浓度下降 27.5%，重污染天数下降超过五成，全国地表水优良水体比例由 67.9% 上升到 87.9%。设立首批 5 个国家公园，建立各级各类自然保护地 9 000 多处。美丽中国建设迈出重大步伐。

人民生活水平不断提高。居民收入增长与经济增长基本同步，全国居民人均可支配收入年均增长 5.1%。居民消费价格年均上涨 2.1%。新增劳动力平均受教育年限从 13.5 年提高到 14 年。基本养老保险参保人数增加 1.4 亿、覆盖 10.5 亿人，基本医保水平稳步提高。多年累计改造棚户区住房 4 200 多万套，上亿人出棚进楼、实现安居。

资料来源：摘自《2023 年国务院政府工作报告》，新华社，2023 年 3 月 5 日。

二维码 1-1
沧桑巨变七十载 民族复兴铸辉煌
——新中国成立 70 周年经济社会发展成就系列报告之一

统计是静止的历史，历史是流动的统计。每逢大事，在国家统计局的网站上都会出现专题文章。因为发展、成就等需要统计数据说明。这些数据是怎么得到的？统计数据的含义是什么？如何利用这些数据？本书各章会为你一一解读。

二维码 1-2
配套的在线课程

1.1 为什么要学习统计学

1.1.1 感悟统计

统计是社会认识的最有力的武器之一。

——列宁

某些人不喜欢统计这个名词，但我却发现其中充满了乐趣……它们处理各种复杂现象的能力是非凡的,它们是追求科学的人从荆棘丛生的困难阻挡中开辟道路的最好工具。

——英国著名生物学家、统计学家高尔顿

你们借助于发展成熟的理论和统计分析来创造经济政策与计划的合理基础的贡献,涉及重大科学突破……我很荣幸地向你们转达瑞典皇家科学院的祝贺,并且请你——丁伯根教授,从国王陛下手中接受1969年度阿尔弗雷德·诺贝尔经济学奖金。

——爱立克·伦德伯教授在第一届诺贝尔经济学奖颁奖大会上的讲话㊀

在终极的分析中,一切知识都是历史;在抽象的意义下,一切科学都是数学;在理性的基础上,所有的判断都是统计学。

——C. R. 劳《统计与真理》㊁

好的数据确实胜过逸闻。比起逸闻和光大声嚷嚷预测未来,数据要客观得多。统计和其他的公开论述比起来,它根据事实且较科学又较理性。对于争议性的议题,统计研究应该比其他大部分证据受到更多的重视。

——戴维·S. 穆尔㊂

学者不能离开统计而研究,政治家不能离开统计而施政,事业家不能离开统计而执业。

——我国著名经济学家、人口学家马寅初

众所周知,《红楼梦》一书共120回,自从胡适的《红楼梦考证》出版以来,一般都认为前80回为曹雪芹所写,后40回为高鹗所续;然而长期以来这种看法一直都饱受争议。从1985年开始,复旦大学的李贤平教授带领他的学生从统计角度做了考证。一般认为,同一情节大家描述得都差不多,但由于个人写作特点和习惯的不同,所用的虚词是不一样的。他们创造性的想法是将120回看成120个样本,然后确定与情节无关的47个虚词(之、其、或、亦……呀、吗、咧、罢……可、便、就等)出现的次数(频率),作为《红楼梦》各个回标志,利用统计方法果然能将120回分成两类,即前80回为一类,后40回为一类,很形象地证实了《红楼梦》不是出自同一人的手笔;之后又进一步分析前80回是否为曹雪芹所写,又找了曹雪芹的其他著作,做了类似计算,结果证实了用词手法完全相同,断定前80回为曹雪芹一人的手笔,而后40回不是高鹗一个人所写。这个论证在红学界轰动很大,使红学界大为赞叹。

——红楼梦作者考证㊃

1.1.2 统计学是一门应用范围很广的科学

统计学是一门研究领域非常丰富、应用范围非常广泛的科学。我们正处于信息经济时代,世界充满了数据,数字化信息随处可见。

无论我们是否学过统计学、懂得统计学,我们生活中的每一天都会遇到大量有关统计学的

㊀ 王宏昌,林少宫. 诺贝尔经济学奖金获得者讲演集:1969~1995 [M]. 北京:中国社会科学出版社,1997.
㊁ C. R. 劳是当代国际最著名的统计学家之一. 劳. 统计与真理:怎样运用偶然性 [M]. 李竹渝,译. 北京:科学出版社,2004.
㊂ 穆尔,诺茨. 统计学的世界 [M]. 郑磊,译. 北京:中信出版集团,2017.
㊃ http://www.qintai.net/forum.php? mod = viewthread&tid = 6254.

问题，新闻和大众媒体每天都在表现统计数字。例如每年的《政府工作报告》总是要列举大量的水平、比例、结构、速度等数据，说明国民经济的发展状况；统计部门每月、每年都要公布居民消费价格指数（CPI），反映一定时期内城乡居民所购买的生活消费品和服务项目价格变动趋势与程度。确实，用"好""比较好""很好""非常非常好""比以往任何时候都好"等这样的比较级或最高级的词语来反映国家的经济形势就太苍白、太空洞了，而2022年我国现价国内生产总值达到1 210 207亿元，按可比价算比上年增长3.0%⊖，比1978年增长43倍多，对世界经济增长的贡献率为30%左右；2022年全国居民人均可支配收入36 883元，比上年增长5.0%，扣除价格因素实际增长2.9%。全国居民人均可支配收入中位数31 370元，比上年增长4.7%等。这样的统计数据实实在在并具体地反映了我国改革开放以来至2022年取得的成就。

宇宙间万事万物，林林总总，各种事物可依特定的性质予以归类，形成各种群体——现象总体。无论是自然的、实验的，还是社会的、经济的，凡是可以用数据表现的总体，都可以作为统计的研究对象。在很多学科中，统计学都是必需的基础知识，统计方法和统计思想渗透到社会、经济、自然、科技、生活的每一个角落，甚至一篇文章是否有质量，能否在高级别的杂志上发表，很大程度上要看其统计数据和统计方法应用是否正确。统计学不仅在社会经济领域得到发展，而且一些过去与数量毫无联系的学科，如政治学、法学、历史学、艺术学、考古学等，都在对应用统计方法技术进行研究和实践。

有人说统计学是21世纪最有前途的学科之一。因为从20世纪后半个世纪起，人文社会科学的发展与统计学的关系越来越紧密，统计学的发展已经渗透到人文社会科学的许多领域，并由此产生许多新的学科，如人口统计学、历史统计学、教育统计学、心理统计学、社会统计学等。从本质上讲，信息经济所依赖的不只是信息处理手段的先进性，更重要的是信息收集、整理的准确性，而准确的信息收集、整理离不开统计学的发展；在一些发达国家，统计学是大学里最受重视的学科，统计学发展得如何是衡量某一大学学术水平的标志。在这些国家，统计学是强势学科。

统计分析涉及大量数据，所以统计人员、利用统计数据的人员、研究人员总是利用计算机软件进行数据处理和计算。统计分析中能够使用的软件很多，本书使用最为普遍的软件是Excel，少数不能用Excel软件处理的分析，我们使用SPSS软件。

1.1.3 大数据与统计学

早在1980年，阿尔文·托夫勒便在《第三次浪潮》一书中，将大数据热情地赞颂为"第三次浪潮的华彩乐章"。

2001年，美国统计学教授威廉·克利夫兰首次将数据科学作为一门独立的学科，认为数据科学是统计学领域扩展到与以数据作为先进计算对象相结合的部分。目前世界上90%以上的数据是最近几年才产生的。

"大数据"是伴随日益普及的网络行为而产生的，是以多元形式、多来源搜集的非传统结构和意义的庞大数据组。不仅阿拉伯数字是数据，凡是可以被数据化的信息载体，比如文本、图片、视频和音频等，都是数据。

⊖ 国家统计局，《中华人民共和国2022年国民经济和社会发展统计公报》，2022年2月28日。以下有关2022年国民经济的统计数据均来自此公报。

大数据时代已经来临，在众多领域掀起变革的巨浪，产生巨大影响。

2014年，大数据首次写入政府工作报告，逐渐成为各级政府关注的热点；2015年9月，国务院发布《促进大数据发展行动纲要》，大数据的发展又上了一个台阶；2019年10月，党的十九届四中全会首次将数据列入新型生产要素；2021年3月发布的"十四五"规划中，大数据标准体系的完善成为发展重点；2022年12月，《中共中央 国务院关于构建数据基础制度更好发挥数据要素作用的意见》发布，以数据产权、流通交易、收益分配、安全治理为重点，系统搭建了数据基础制度体系的"四梁八柱"，2023年2月，中共中央、国务院印发了《数字中国建设整体布局规划》，会议根据国务院关于提请审议国务院机构改革方案的议案，组建了国家数据局，将数据要素放到了一个更为宏大的"数字中国"图景中。

统计分析涉及大量数据，通过数据来研究规律、发现规律，贯穿了人类社会发展的始终。目前发展大数据技术是国家重大战略需求，也是统计学、数据科学、信息科学和管理科学等学科的国际前沿。

大数据时代，信息匮乏的危机让位给信息甄别的困难，数据的规模、类型、结构和增长速度发生了很大的变化，如此背景下，统计方法和统计思想成为每个人的必修课。统计学依然是数据分析的灵魂，它会引领我们合理分析与利用大数据资源。

数据太多可能会导致信息量变得巨大，反而增加寻找到规律的难度，从而需要科学的设计来获得数据，达到认知自然现象和社会现象的变化规律，或者用来检验已经存在的理论假设的目的。这正是统计学研究的内容。以大数据为研究对象，将数据转化为知识、挖掘数据内在规律、通过数据发现并解决实际问题、预测可能发生的结果等是研究大数据的任务，而这必然离不开统计学。

统计学为了适应数据量以指数速度的不断增大，产生了统计大量观察法、分组法、综合指标法、归纳推断法、模型方程法、数据挖掘法等，并且借助计算机以及其他软件的程度也越来越深。从统计学产生以来，统计学围绕如何收集、整理和分析数据，构建了统计学的方法体系，可通用于自然现象、社会经济现象和科学实验等领域。大数据的4V特点，即volume（大量）、velocity（高速）、variety（多样）、value（价值），使数据收集及时，能满足各式各样的需求，提升统计的时效性。同时传统数据分析与处理的统计学理论和分析方法也要研究及发展，才能为大数据发展和应用提供理论与方法支撑。

在大数据时代统计越显重要，并会得到更大的发展。这就印证了英国作家、历史学家韦尔斯（H. G. Wells）曾经说的"统计思维总有一天会像读与写一样，成为一个有效率公民的必备能力""像今天有能力的公民能读会写一样，将来会有一天要求有能力的公民必须会计算，而且能够利用平均值、最大值和最小值。可以预期，这样的时代已经不远了。"⊖

1.2 什么是统计

1.2.1 统计的含义

"统计"是社会经济生活中经常使用的名词。在英语中单数statistic译为中文是统计学，复数statistics译为中文是统计，是指描述事物属性的实际数据，即统计数据。"统计"一般具有

⊖ 劳. 统计与真理：怎样运用偶然性[M]. 李竹渝，译. 北京：科学出版社，2004.

三种含义：统计工作、统计资料和统计科学。

1. 统计工作

统计工作即统计实践活动，是人们为了说明所研究对象的某种数量特征和数量规律性，而对该现象的数据进行收集、整理与分析的活动。例如，为了获得粮食产量而进行的抽样调查活动，为了获得全国人口的数量和构成等而进行的人口普查活动等。

统计实践活动有很久远的历史，早在公元前 2000 多年，统治者为了满足征兵、征税、管理奴隶的需要，就有了人口、土地、财产的统计活动。《通典》记载了我们历史上最早的统计数据："禹平水土，为九州"，"九州之地凡 24 388 024 顷，人口 13 553 923 人"。到中世纪，西欧各国都有了人口、军队、领地、财产等的统计活动。

2. 统计资料

统计资料即统计数据，是通过统计工作所获得的能够说明现象总体某种特征的数据，是统计实践活动的成果。例如，2022 年我国现价国内生产总值为 1 210 207 亿元，按可比价计算比 2021 年增长 3.0% 等，这些数据就是统计部门和广大统计工作者辛勤劳动得到的能够说明我国经济发展水平的统计资料。统计数据最集中、最系统地反映在各种统计年鉴中，如《中国统计年鉴》《国际统计年鉴》《中国经济年鉴》《中国金融年鉴》《中国物价及城镇居民家庭收支调查统计年鉴》等。《中国统计年鉴》涵盖了国民经济所有主要数据，包括国民经济核算、各行业生产、就业、人民生活、对内对外贸易、社会活动、环境等方面的数据。随着互联网技术的发展和普及，网络提供的数据成为统计数据主要来源已是趋势，如中经网统计数据库、中宏产业数据库、万方商务信息数据库、EPS 全球统计数据库、CSMAR 期货股票分析高频数据库等。一些国际组织也有自己的统计数据库，如联合国、世界银行、国际货币基金组织等。统计数据还可以从经济分析报告、专著里获得，如《经济蓝皮书：2023 年中国经济形势分析与预测》，一些期刊，如《中国统计》里刊登的最新月度数据等也是统计数据的来源渠道。

3. 统计科学

统计科学即统计学，是一门研究收集数据、表现数据、分析数据、解释数据，从而认识现象数量规律、帮助人们更有效地进行决策的方法论科学。统计学源于统计实践活动，是对统计实践活动的理论概括和总结，又用于指导统计实践活动。

收集数据需要对客观现象做周密细致的调查；表现数据需要对调查得到的数据加以整理，使之成为反映现象总体的条理化、系统化的数据；分析数据需要用科学的方法从数据中得出反映现象本质数量规律性的结果；解释数据需要用有关知识对数量规律性做出说明。所有这些就构成了统计学的研究内容。

统计学是一门为定量分析提供方法的方法论学科，因此它是一门应用性很强的学科，几乎与所有的学科领域都有着或多或少的联系，凡是有数据的地方，就有统计学的用武之地。虽然统计学为其他学科提供研究数量规律性的方法，但是统计学绝不是万能的，各个学科数量规律的解释还需要由各学科的理论来完成。比如，大量观察发现：我国 2021 年人口的性别比，从 0～4 岁组的 110.37，到 70～74 岁组的 94.08，再到 95 岁以上组的 43.20[⊖]，随着年龄的增大呈

⊖ 《中国统计年鉴 2022 年》。

下降趋势。形成这样的比例和趋势的原因，不是统计学能够解释的，要用遗传学、医学甚至社会学的理论来解释。又如，大量观察表明，吸烟者患肺癌的比例大于不吸烟者患肺癌的比例，吸烟是否会导致患肺癌？为什么会导致患肺癌？这些都是医学研究的问题。

尽管统计学不能解决各门学科的所有问题，但是，各门学科离不开统计学，统计学的理论和方法在各门学科的研究中会发挥越来越重要的作用。

作为一门科学，统计学初创于17世纪中叶至18世纪初，当时主要的学派有政治算术学派、国势学派和社会统计学派。

政治算术学派的创始人是英国人威廉·配第。配第首先提出了用数量科学地研究社会经济现象的方法——政治算术。他的名著《政治算术》（1676）就是指数字和统计学方法，在序言中配第明确指出："我进行这项工作所使用的方法，在目前还不是常见的。因为和只使用比较级或最高级的词语以及单纯做思维的论证相反，我却采用了这样的方法（作为我很久以来就想建立的政治算术的一个范例），即用数字、重量和尺度的词汇来表达我自己想说的问题，只进行诉诸人们感官的论证和考察在性质上有可见的根据的原因。"他还说，"用数字、重量和尺度（它们构成我下面立论的基础）来表示的展望与论旨，都是真实的，即使不真实，也不会有明显的错误……因为，能够证明为确实的东西，也就是确实的。"他在研究社会经济现象的规律时，还应用推算法、分组法，编制了原始数据的图表，计算了一系列的总量指标、相对指标和平均指标，是最早估算国民收入的人。但是配第始终没有用"统计学"三个字，所以政治算术学派是有统计学之实，而无统计学之名。

国势学派的创始人是德国人赫尔曼·康令。1660年以后，康令开始定期地、系统地用对比的方法讲授国家比较方面的知识。他不仅讲述事实，而且试图探讨事实的因果关系。他把这个课程叫作"欧洲最近国势学"，于是"国势学"由此产生。1660年，他首次在印刷品上使用statistik，这个单词的前半部state源于国家政策，是指政府部门记录人口出生和死亡信息的工作。当时，康令的学说在学术界产生了很大的影响，德国大学中的许多教授都称赞并追随他的学说。其中，戈特弗里德·阿亨瓦尔发扬了康令的学术思想，把这门课程定名为"统计学"，开始有了"统计学"这个名称。但是国势学派只是对各国情况做一般性的比较记述，如"某国人口众多""土地辽阔"之类，而没有进行数量研究和描述。所以国势学派是有统计学之名，而无统计学之实。

近代统计学产生于18世纪末至19世纪末，当时主要的学派是数理统计学派和社会统计学派。数理统计学派的代表人物是比利时著名的统计学家、数学家、物理学家、天文学家和人类学家兰贝特·凯特勒。他融会贯通各家各派的统计思想，博采众长，把德国的国势学、英国的政治算术，以及意大利、法国的古典概率论加以协调、统一、改造和融合为具有近代意义的统计学，把统计学推向了新的发展阶段。他将统计方法用于研究人类，促进了人口统计学的发展；他提出"平均人"理论，用平均值作为实际值的一种代表值；他用大量统计数据对犯罪问题的研究，被人称为"道德统计"；他创建了"国际统计会议"组织，促进了国际统计交流与合作。可以说凯特勒是古典统计学的终结者，近代统计学的先驱者，在统计学发展史上起着承先启后、继往开来的作用。

19世纪下半叶，德国统计学界在英国政治算术学派的影响下，努力使统计学成为一门用统计数量表达社会经济现象及其规律的社会科学，从而促进社会统计学派逐渐形成。该学派的先驱者K. G. A. 克尼斯把统计学的性质定义为"具有政治算术内容的社会科学"。他在《作为独立科学的统计学》（1850）一书中，提出了"国家论"与"统计学"科学分工的主张，认为国家论是用文字记述的国势学的科学命名，统计学则是用数值研究社会经济规律的政治算术的科学命名。社会统计学派的创始人 G. V. 迈尔在《社会生活中的规律性》（1877）一书中提出，统计学是通过对数据的大量观察，对人类社会生活的状态及其产生的规律做有系统的说明与研究。他明确指出统计学的研究对象是社会经济现象的规律，认为脱离规律性的研究就不能获得科学的认识，统计学不仅要确定事实数量的记述，还必须研究其规律性。另一位代表人物德国统计学家 E. 恩格尔提出了统计调查、整理和分析三阶段的统计方法。他通过对英国、法国、德国和比利时等国的工人家庭进行调查，撰写了《比利时工人家庭的生活费》（1895）一书，提出了著名的恩格尔定律，即一个家庭（或个人）的收入越低，其食品支出在收入中所占比例就越高；反之，其比例就越低。恩格尔系数等于（食品支出总额/收入）×100%。

现代统计学一般认为从 19 世纪末 20 世纪初开始，其标志是推断统计学的问世。英国生物学家、统计学家卡尔·皮尔森于 1894～1895 年提出正态分布、矩形分布、J 形分布、U 形分布等 13 种曲线及其方程式。他的这一研究成果，打破了以往次数分布曲线的"唯正态"观念，推进了次数分布曲线理论的发展和应用，为大样本理论奠定了基础；他提出了著名的统计量卡方（χ^2）和卡方检验；他还提出了标准差的概念及其符号 σ，发展了相关回归理论等。英国统计学家威廉·西利·戈塞特于 1908 年在《生物统计学》上以"Student"的笔名发表了《平均数的概率误差》，创立了 t 分布，开创了小样本理论的先河，解决了他多年来使用小样本中许多悬而未决的问题。

统计学的发展史表明，随着社会的发展与实践的需要，统计学越来越多地依赖和吸收数学方法，使统计方法不断丰富和完善，不断发展和演变，成为研究社会经济现象、自然技术现象数量方面的方法论科学。目前，统计学越来越多地向其他学科领域渗透，形成各种以统计学为基础的边缘学科，随着统计学应用日益广泛和深入，特别是借助电子计算机，统计学所发挥的功效必将日益增强。

1.2.2 统计学的类型

由于统计学是一门应用非常广泛的科学，所以其内容体系也非常丰富。统计学可以做如下的分类：

$$
\text{统计学}\begin{cases} \text{理论统计学}\begin{cases} \text{描述统计学} \\ \text{推断统计学} \end{cases} \\ \text{应用统计学} \end{cases}
$$

理论统计学是把统计研究对象一般化、抽象化后，形成的可以应用于各种统计活动的一般统计理论和方法。本书的内容属于理论统计学。

统计学是一门收集和分析数据的科学，在社会科学和自然科学的领域中，都需要通过数据分析来解决实际问题，因而，统计方法的应用几乎扩展到了所有的科学研究领域。

应用统计学是统计的一般理论和方法应用到各个领域形成的科学，如国民经济统计学、货币金融统计学、管理统计学、人口统计学、心理统计学、医学统计学、生物统计学等。

1. 描述统计学

描述统计学是关于如何对现象的数据特征进行观测、整理、计量、表述的理论和方法论科学，研究如何取得反映客观现象的数据，并通过图表形式对所收集的数据进行加工处理和显示，进而通过综合概括与分析得出反映客观现象的规律性数量特征。其特点是用从一个总体或样本中收集到的数据，来对这个总体或样本进行描述或得出有关这个总体或样本的结论。例如，全班有 50 名同学或从全校 15 000 名同学中抽取 400 名同学，把这 50 名同学或 400 名同学的成绩用图、表或特征值（如平均分数、分数的标准差和及格率等）表示出来，从而得出针对该班 50 名同学或 400 名同学学习情况的结论。

2. 推断统计学

推断统计学也称为统计推断，是关于如何抽取样本并利用样本数据推断总体有关数据的理论和方法论科学。其特点是用从总体中随机抽取的样本数据，得出关于这个总体的结论。例如，从全校 15 000 名学生中，随机抽取 400 名学生进行学习情况调查。用这 400 名学生的平均分数、分数的标准差和及格率等推算出全校 15 000 名学生的平均分数、分数的标准差和及格率等，从而得出全校学生学习情况的结论。"你可以将推断统计学看作在样本信息基础上对总体水平的'最优猜测'"[一]。

3. 描述统计与推断统计的关系

描述统计是基础，只有依靠描述统计收集、整理和显示可靠的统计数据并提供有效的样本信息，推断统计才能进行，其关系如图 1-1 所示。

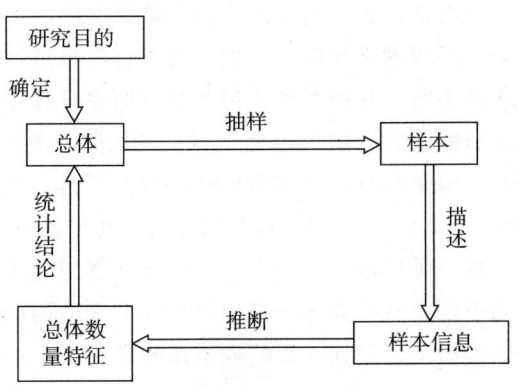

图 1-1 描述统计与推断统计的关系

从描述统计学发展到推断统计学，既反映了统计学发展的巨大成就，也是统计学发展成熟的重要标志。

1.2.3 统计的特点

1. 数量性

统计的数量性特点是指统计总是用数据作为语言来表述事实。统计运用科学的方法收集、表现、分析和解释数据，并用统计指标表明所研究现象的规模、水平、比率、依存度、发展变化趋势和规律等。

〇 林德，马歇尔，沃森. 商务与经济统计方法：全球数据集 [M]. 冯燕奇，叶光，聂巧平，译. 北京：机械工业出版社，2009.

但是统计不研究抽象的数量，它是在质的规定性下研究有具体内容的数量。例如，要说明一国的经济状况，需要统计国内生产总值数据，但是只有明确了国内生产总值的概念和范围，才能得到国内生产总值数据；只有规定了工资总额的内涵和外延，才能得到工资总额数据。

2. 总体性

统计的总体性特点是指统计不是研究个别事物的数据，而是研究大量个别事物构成的现象整体的数据，只有这样才能消除偶然因素的影响，达到认识现象的数量规律的目的。例如，劳动力资源统计，不是要了解个别劳动力的情况，而是要反映一个国家或地区的劳动力资源总数及其构成、就业总数及其分布等。

但是，统计是从认识个别事物入手来认识现象整体的数量特征的。例如，要了解劳动力资源总数及其构成、就业总数及其分布等，必须从每一个劳动力开始，对其性别、年龄、文化程度、职业等进行调查登记，然后经过分类汇总计算，才能了解劳动力资源的整体情况。

1.2.4 统计研究的基本方法⊖

统计研究的方法众多，归结起来主要有以下几种。

1. 大量观察法

大量观察法是指为了对现象整体的数量规律有所了解，必须对所要研究现象的全部或足够多的个体进行调查的方法。只有通过大量观察法才能消除偶然的、次要的因素的影响，以反映主要的、共同起作用的因素所呈现的规律性，达到对现象总体数量规律的认识。例如，就个别家庭来说，可能有的男性人口多些，有的女性人口多些，似乎没有什么规律，但是如果观察成千上万个家庭，就会发现人口的性别比例大约为1:1；又如掷硬币和掷骰子，每掷一次出现哪一面或哪个点子是不确定的，但是当我们掷很多次硬币或骰子时，就会发现掷硬币出现正面和反面的可能性几乎各为50%，掷骰子出现1~6点的可能性几乎各为1/6。

大量观察法实际上不是指一种具体方法，而是一种统计思想方法，强调观察的个体要充分多，只有这样才能将现象的个别偶然差异充分抵消，从而准确地揭示出所研究现象的数量特征和规律性。否则，就可能以偏概全，得到片面的或错误的结论。

2. 统计分组法

统计分组法是指根据统计研究的需要，按一定的标志把总体分成若干组别的方法。通过统计分组，突出组与组之间的差异、抽象组内各单位差异，以便划分现象的类型、反映总体的内部结构和现象之间的相互关系。统计分组法贯穿于统计研究和统计工作的全过程。

3. 综合分析法

综合分析法是指运用各种经过科学分类汇总的综合指标和各种分析方法，如时间数列分析法、指数分析法、相关回归分析法等，反映现象总体在一定时间、地点、条件下的规模、水平、对比关系、集中趋势、差异程度、依存关系、发展趋势和变化规律等。

4. 归纳推断法

归纳推断法是指由个别事物的事实，概括为现象总体的一般特征的推理方法。归纳推断可

⊖ 数据挖掘方法不在本教材中讲解。

以使我们从具体的事实中得到一般的知识，扩大知识领域，加深认识程度。社会经济现象是复杂的，常常会出现这样的情况：我们所观察的只是部分单位或有限单位事实，而我们需要分析的却是现象总体的全部单位的事实，这就需要我们从部分单位的事实归纳推断出现象总体的数量特征。例如，调查万分之一的城市居民户的收入水平，推断出城市全部居民户的收入水平；调查1‰的农田的产量，推断出上万亩农田的产量。

1.3 统计学中的基本术语

1.3.1 总体、个体与样本

总体是在一定的研究目的下，所要研究事物的全体。它是由客观存在的、具有某种共同性质的众多个别事物构成的整体[一]，总体规模用 N 表示。

构成总体的个别事物是个体或总体单位。个体是所要研究具体问题的承担者。在统计调查中，常常称总体为调查对象，称个体为调查单位。

样本[二]是从总体中抽取的一部分个体的集合，构成样本的个体的数目称为样本容量，用 n 表示。一个样本单位必定是一个总体单位；样本是总体的代表，带来了总体的信息，与总体有同质的数量特征；样本具有随机性，而研究目的一经确定，总体就是唯一的。从总体中随机抽取一部分个体作为样本，目的是要根据样本提供的有关信息去推断总体的特征。总体的规模 N 可以很大，甚至可以无穷大，样本是总体的一个子集，其规模 n 小于或者大大小于总体规模 N。

比如，若要了解某校学生的学习情况，学习情况具体体现在学生身上，所以全校所有的学生是总体，每一个学生是个体，从全校所有的学生中随机抽取 400 名学生就构成了一个样本，通过 400 名学生的学习情况如平均成绩、及格率等，可以推断全校学生的学习情况。若要研究某市的工业生产情况，工业生产情况具体体现在工业企业中，该市每一个工业企业是个体，所有的工业企业是总体，从中抽取的若干个工业企业构成一个样本，通过样本工业企业的产值、利润、上缴税金、劳动生产率等，可以推算全市工业产值、利润、上缴税金、劳动生产率等。若要研究某市的工业生产设备情况，工业生产设备情况具体体现在设备上，所以每一台工业生产设备是个体，该市所有的工业生产设备是总体，从中抽取的部分工业生产设备是样本，通过这些设备的净值、生产能力等，可以推算全市所有工业生产设备的净值、生产能力等。

在这些例子中，了解"学习情况""工业生产情况""工业生产设备情况"是研究目的；学籍、进行工业生产、用于工业生产的设备分别是这些学生、工业企业、工业生产设备的"共同性质"；若干名学生、若干个工业企业、很多的工业生产设备分别是"众多个别事物"。

总体具有以下特点：

(1) 总体具有同质性。它是指构成总体的总体单位在某一方面性质是相同的。只有性质相同的人、单位、物等才能集合在一起，研究其数量表现和数量联系才有意义。因此，同质性

[一] 本章的"总体"是指实物总体，在推断统计学中，称随机变量为总体（见第 6 章）。
[二] 有随机样本与非随机样本之分，在统计学中主要是指随机样本。随机样本是按随机原则从总体中抽出的部分单位构成的整体。随机原则是指样本单位的抽取不受任何主观因素及其他系统性因素的影响，每个总体单位都有相等的被抽中的机会。

是构成总体的基础。

（2）总体具有大量性。它是指构成总体的总体单位必须足够多。总体单位是总体数量特征最原始的承担者，总体的数量特征很多时候是无法直接观测到的，只能通过对总体单位的数量特征进行观测才能得到。而总体单位的数量特征可能各不相同，没有规律可循，只有对大量总体单位的数量特征进行综合，才能体现总体的数量特征。因此，大量性是构成总体的条件。

（3）总体具有差异性。它是指构成总体的总体单位在某一方面性质是相同的，而在其他方面都是不尽相同的。例如上边的例子，如果每一个学生的学习情况都一样，每一个工业企业的生产情况都一样，每一台工业生产设备的状况都一样，我们就无须总体了，只要了解一个学生、一个工业企业、一台工业生产设备，就知道了所有学生的学习情况、所有工业企业的生产情况、所有工业生产设备的状况。因此，差异性是构成总体的前提。

按构成总体的总体单位是否可以计量，总体可以分为有限总体和无限总体。构成一个总体的总体单位无论有多少，只要其数量是有限的，就是有限总体。例如全国人口普查，总体单位多达十几亿人，但它是有限的，是有限总体。构成一个总体的总体单位若是不可数的，即为无限总体。如果没有时间界限，可以把连续生产线的产品产量视为无限总体。绝大多数社会经济现象是有限总体，而在推断统计中，总体是随机变量，也是无限总体。

1.3.2 标志、指标与变量

1. 标志

标志是说明总体单位特征的概念，所以也称为单位标志或单位标识。在统计调查中称为调查项目或登记项目。总体单位具有很多特征，在人口调查中，说明每一个人特征的标志有性别、籍贯、文化程度、婚姻状况等；在工业生产调查中，说明每一个工业企业特征的标志有所有制类别、职工人数、固定资产数量、产量、利润额等。

标志的具体表现称为标志值。例如人口调查中，性别这个标志具体可以表现为男或者女，年龄这个标志具体可以表现为1岁、36岁、88岁等。这里"男""女""1岁""36岁""88岁"等是标志值。

根据标志的具体表现不同，标志可以分为品质标志和数量标志。若一个标志的具体表现只能用文字表示，不能用数字表示，则这个标志为品质标志，品质标志表明总体单位的属性。例如，性别表现为男或女，籍贯表现为北京、上海、成都等，婚姻状况表现为未婚或已婚，所有制类别表现为国有经济、集体经济、股份制经济等。所以，性别、籍贯、婚姻状况、所有制类别等是品质标志。就所研究的问题，有的品质标志只有"是"或者"非"两种表现，则称其为是非标志。例如产品合格与否，每一件产品要么合格，要么不合格；家庭是否有电脑，每一个家庭要么有电脑，要么没有电脑等。产品合格与否、家庭是否有电脑就是是非标志。

若一个标志的具体表现可以取不同的数字，则这个标志为数量标志，数量标志表明总体单位的数量特征。例如年龄可以是1岁、36岁、88岁等，职工人数可以是5 253人、10 234人、103人等，固定资产可以是9 877万元、15 789万元、78万元等，利润总额可以是461万元、19.809亿元、122万元等。所以，年龄、职工人数、固定资产、利润总额等是数量标志。

2. 统计指标与指标体系

统计指标简称为指标，是反映总体数量特征的概念或概念与具体数值。例如，人口总数、国内生产总值、增长速度、增加值、社会消费品零售总额等是统计指标；名称加数值也是统计指标，例如2022年"年末全国人口141 175万人，比上年末减少85万人"；"初步核算，全年国内生产总值1 210 207亿元，比上年增长3.0%。其中，第一产业增加值88 345亿元，比上年增长4.1%；第二产业增加值483 164亿元，增长3.8%；第三产业增加值638 698亿元，增长2.3%"；"全年粮食产量68 653万吨，比上年增加368万吨，增产0.5%"；"全年社会消费品零售总额439 733亿元，比上年下降0.2%"；全年实物商品网上零售额119 642亿元，按可比口径计算，比上年增长6.2%，占社会消费品零售总额的比重为27.2%。这些名称加数值也是反映我国国情国力的一些统计指标。

统计指标包括指标名称、指标数值、计量单位三个要素。指标名称是现象数量特征的内涵和外延，反映指标的经济含义、时间范围和空间范围。指标数值是现象数量的规模大小、水平高低、相对程度等。计量单位是现象数量的衡量尺度。

按表现形式，统计指标可以分为总量指标、相对指标和平均指标；按反映现象的数量特点，统计指标可以分为数量指标和质量指标，数量指标是反映现象总规模、总水平或总数的指标，质量指标是反映现象相对水平或工作质量的指标。统计指标的两种分类的关系如下：

$$
\text{统计指标}\begin{cases}\text{总量指标}\text{——数量指标}\\ \text{相对指标}\\ \text{平均指标}\end{cases}\text{质量指标}\Bigg\}\text{统计指标}
$$

社会经济现象是复杂的、多种多样的，其数量表现和数量关系不是一两个指标就能够反映的，因为单个指标的作用是有限的，一个统计指标只能反映总体某一方面的数量特征，要能全面反映总体的数量特征，就需要若干个既相对独立又相互联系的统计指标。若干个有联系的统计指标构成的有机整体就是统计指标体系。

统计指标体系分为基本统计指标体系和专题统计指标体系两大类。基本统计指标体系反映经济和社会发展基本情况，比如，一个国家的人口总数、国土面积、国内生产总值等；专题统计指标体系反映某一经济或社会现象的情况，比如，为了反映全国或地区的经济效益而设置的国民经济效益指标体系，为了反映全国或地区的固定资产投资分布、利用和效益而设置的固定资产投资指标体系等。

指标与标志有密切的联系，指标数值总是汇总标志值或总体单位得到的，比如，把各个工业企业的增加值和企业个数汇总就得到反映工业企业生产情况的重要指标——工业增加值和工业企业总数。但是，与标志有可以用数量表示的数量标志与不可以用数量表示的品质标志之分不同，任何统计指标都可以用数量表示，也就是说统计指标都是可量的，而标志未必都是可量的。品质标志的表现不是数值，只有对品质标志的具体表现所对应的单位进行汇总，才是指标。例如，性别的具体表现为男或女，按性别进行汇总得到男性人数、女性人数、性别比例、男性人数占全部人数的比重等才是指标。

3. 变量

统计中，称说明现象某种数量特征的概念为变量。按照这个定义，指标名称和标志都是变量，如国内生产总值、工资总额、学生人数、性别可以取不同的值或不同的表现，它们就是变量。

变量的具体表现是变量值，即统计数据，如国内生产总值744 127亿元、工资总额3 000万元、学生人数 21 000 人、性别男等。

变量可以分成定性变量和定量变量两类。

定性变量是具体表现为文字的变量，只能以类别分开，所以也称为分类变量、属性变量。例如，"性别"的具体表现是"男""女"；"满意度"的具体表现是"非常满意""满意""基本满意""不满意""非常不满意"等。对于定性变量，通常关注的是每一个类别的数量和所占比例。

定量变量是可以取具体数值的变量，所以也称为数值变量。例如，"成绩"可以是 60 分、75 分、92 分等；"国内生产总值"分别为 1 143 669.7 亿元、1 210 207 亿元等。数值变量有离散变量和连续变量之分。

离散变量是可以一一列举的量，其取值都是整数，如"机构数""学生人数""设备台数"等。离散变量一般通过计数得到。

连续变量是不能一一列举的量，任意两个变量值之间都有无穷多个变量值，如"重量""长度""零件尺寸误差"等。连续变量一般通过测量得到。

1.3.3 统计数据的分类和计量尺度

统计数据是对客观现象进行计量的结果。任何现象都有其属性或数量表现，现象之间都有内在的关系，这些属性或数量表现及内在关系的表现，就是统计数据。

1. 统计数据的分类

按是否可以直接用数字表示，统计数据可以分为定性数据和定量数据。品质标志的具体表现是定性数据，反映现象的类别和等级。数量标志的具体表现和统计指标数字是定量数据，反映现象的规模、水平、相对程度等。

按是否经过加工处理，统计数据有原始数据和综合数据之分。原始数据产生于统计调查阶段，主要是说明总体单位特征的数据，比如，性别男、女，月工资为 3 860 元、6 410 元等；综合数据则是经过统计整理后形成的，用以说明总体特征的数据，即统计指标数字，如 2022 年我国国内生产总值 1 210 207 亿元。按时间状况，统计数据可以分为截面数据和时序数据。截面数据也称为静态数据，是同一时间点或时间段的数据，如全国 2022 年国内生产总值、年末的人口等；时序数据也称为动态数据、时间序列，是不同时间点或时间段的数据序列，如我国历年的国内生产总值、历年年末的人口等。

2. 统计数据的计量尺度

（1）定类尺度（类别尺度）。

定类尺度是按某种属性对现象进行平行分组。分组后所形成的数据，称为定类数据、类别数据或列名数据。比如按性别把总体分成男和女两类；按企业登记注册类型，把企业分为内资企业、港澳台商投资企业和外商投资企业三大类。"男""女""内资企业""港澳台商投资企业"和"外商投资企业"就是定类数据。为了便于计算机处理，人们可以用 0、1、2 或 A、B、C 代表这些数据，但是它们只是数据的代码，彼此之间没有数量上的关系和差异。

定类数据没有优劣、大小、顺序之分，谁排前、谁排后，对统计研究没有实质性影响。定类数据只能区分事物的同类或不同类，所以其数学特性是"等于（=）"和"不等于（≠）"，其计算功能是能够计算每一个类别的次数和比重、众数和异众比,进行列联表分析和 χ^2 检验等。

(2) 定序尺度(顺序尺度)。

定序尺度是按现象的某种属性对现象进行有等级差异或顺序差异分组。分组后形成的数据称为定序数据、顺序数据。比如按"满意度"把总体分成"非常满意""满意""基本满意""不满意""非常不满意"五类。"非常满意""满意""基本满意""不满意""非常不满意"就是定序数据。定序数据也可以用1、2、3或A、B、C等表示,但也仅仅是它们的代码而已。

显然,"非常满意"好于"满意""满意"好于"基本满意"等,它们不是平行的,是有序的。定序数据不仅可以区分事物的同类或不同类,还可以区分事物的好坏,所以其数学特性除了"等于"和"不等于"外,还有"大于"和"小于"。但是它不能具体测定类别之间的差异,不能具体说一个类别大于或小于另一个类别多少,除了包含定类数据的功能外,其还可以计算中位数、分位数、等级相关等,但是不能进行加、减、乘、除运算。

定类尺度和定序尺度在对现象总体分类时,必须符合穷尽和互斥的原则,即在分类时必须包括总体的所有个体,使每一个个体或单位都能归入其中一类,而且只能归入一类,不能遗漏、不能重复。

(3) 定距尺度(间隔尺度、区间尺度)。

定距尺度是对现象类别或顺序之间的间距进行的测度。这样得到的数据称为定距数据、区间数据、间隔数据。定距数据之间的差是固定不变的,并且没有一个通常的零点,定距数据之间的比值是没有意义的。比如,如表1-1所示的美国女装的标准尺码就是定距数据。女装尺寸每增加2英寸[⊖],尺码就大一号,但是,绝对不能说16号女装是8号女装的两倍大。又如温度也是间隔数据,10℃比8℃高2℃、20℃比18℃高2℃,高出的温度一样,但是,20℃的天气绝不是比10℃的天气热一倍,0℃是温度的一种状况,绝不代表温度不存在。

表 1-1　美国女装的标准尺码　　　　　　(单位:英寸)

尺 码	胸 围	腰 围	臀 围
8	32	24	35
10	34	26	37
12	36	28	39
14	38	30	41
16	40	32	43
18	42	34	45
20	44	36	47
22	46	38	49
24	48	40	51
26	50	42	53
28	52	44	55

资料来源:林德,马歇尔,沃森. 商务与经济统计方法:全球数据集:英文版·原书第13版 [M]. 冯燕奇,叶光,聂巧平,译. 北京:机械工业出版社,2009.

⊖　1英寸=2.54厘米。

（4）定比尺度。

定比尺度是对现象进行观测计数或计算，这样得到的数据是定比数据。定比数据是对事物精确的度量，有真正的零值。比如，两人某门课考试成绩均为 90 分，意味着两人考试成绩没有差别；成绩 95 分比 80 分高 15 分；体重为 60 千克的人比体重为 30 千克的人重 1 倍。定比数据除了具有定类数据、定序数据和定距数据的全部计算功能外，还具有加、减、乘、除运算功能，比如可以汇总，可以计算各种特征值、相对数以及进行更多的定量分析。比如，某校学生人数 21 000 人，等于各个专业学生人数之和；2022 年末，广义货币供应量（M_2）余额 266.4 万亿元，同比增长 11.8%；人民币各项存款余额 258.5 万亿元，比上年末增加 26.3 万亿元；人民币各项贷款余额 214.0 万亿元，比上年末增加 21.3 万亿元。

按计量尺度所分的上述四类数据是有层次的，后一层次的数据包含了前一层次的全部信息内容，能够转换为前一层次的数据，但反之则不然，即定比数据包含了定类数据、定序数据和定距数据的全部信息内容，也可以转换成定类数据、定序数据和定距数据；定序数据包含了定类数据的全部信息内容，可以转换成定类数据，但是不能转换成定距数据、定比数据，定距数据不能转换成定比数据。定距尺度和定比尺度得到的数据都是定量数据。定距数据只能计算差距，不能计算比率；定比尺度是最高级的计量层次，具有加、减、乘、除的运算功能⊖。图 1-2 是四个计量尺度的特征。

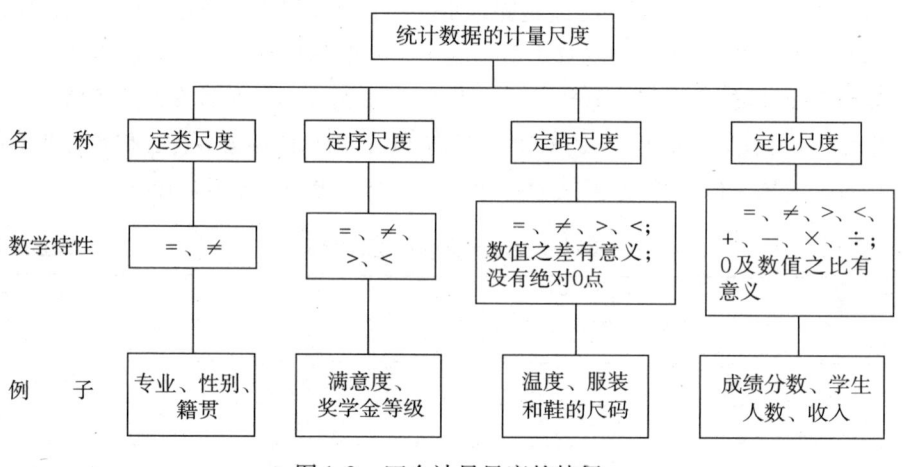

图 1-2　四个计量尺度的特征

1.4　用 Excel 进行统计分析

1.4.1　Excel 的数据分析功能

在 Excel 的"数据→数据分析"中，有 19 种数据分析工具。从"方差分析：单因素方差分析"开始，到"Z 检验：双样本平均差检验"结束，如图 1-3 所示。

⊖　由于定距数据仅仅是对现象类别或顺序之间间距的测度，不能做其他数学运算，在本书以下内容中也不涉及它，所以以下章节中我们称定比数据为定量数据、数值（数字）型数据。

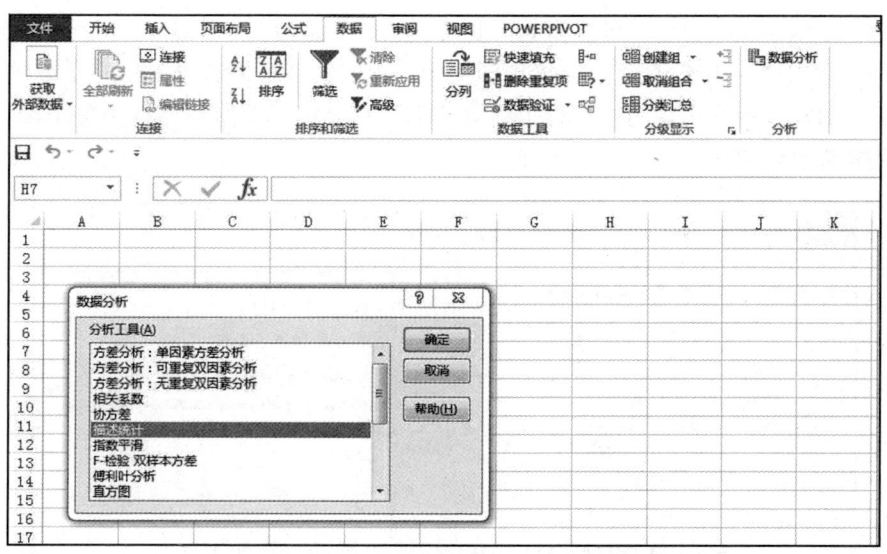

图 1-3　Excel 的"数据分析"工具对话框

本书将大量应用数据分析工具，如第 2 章用到"直方图"，第 3 章用到"描述统计"，第 4 章要用"指数平滑""移动平均"，在推断统计学部分，更是必须用"方差分析"，各种"检验""回归""抽样"等。

1.4.2　Excel 的统计函数功能

在 Excel 的"插入函数"中，有 105 个统计功能，从"AVEDEV"（绝对偏差的平均值）开始，到"ZTEST"结束，可以做很多统计计算。

在标准工具栏上，单击"插入函数"按钮，就会出现"插入函数"对话框，如图 1-4 所示，在"或选择类别"下拉列表框中选择"统计"选项，就可以选择需要的统计函数进行统计运算。

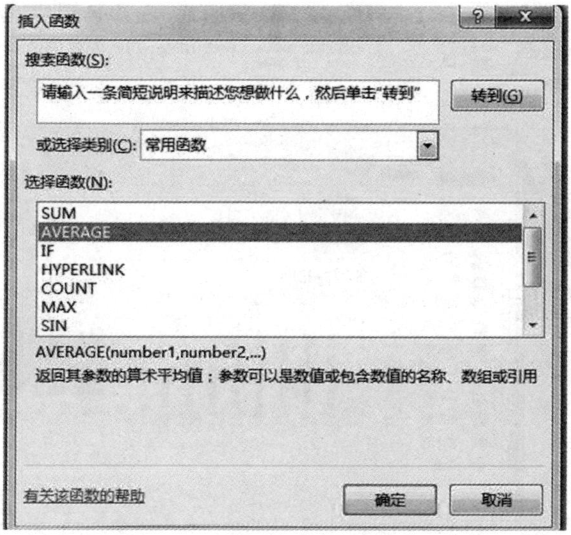

图 1-4　Excel"插入函数"对话框

Excel 统计函数功能是对 Excel 的数据分析工具的补充，对每一个统计功能都有比较详细的介绍。例如，单击"NORM.INV"，会出现图 1-5 左边的对话框，若再单击左下方的"有关该函数的帮助（H）"，就会出现图 1-5 右边的对话框，其介绍了左边对话框中各个项目的含义，给出了使用说明和示例。

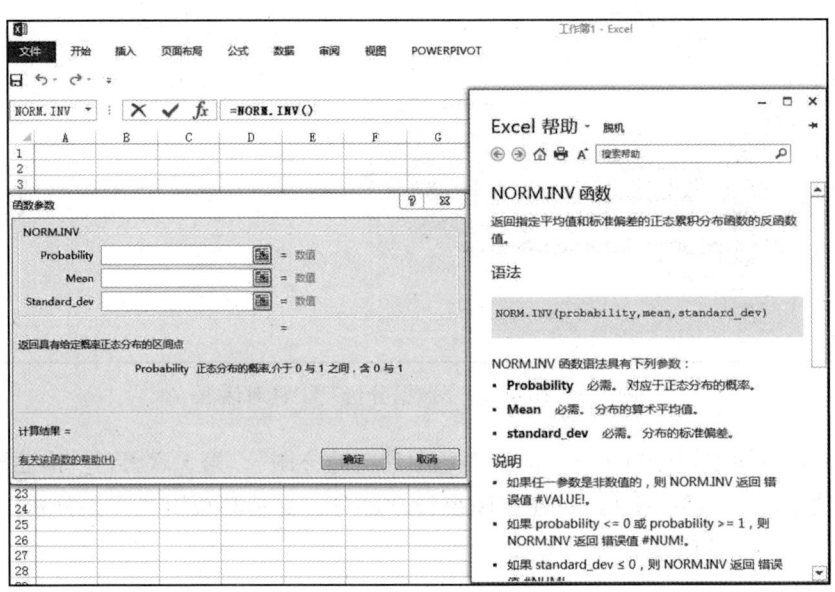

图 1-5　Excel 统计函数功能使用示例

1.4.3　Excel 的统计图表功能

在 Excel 的"插入图表"对话框中，有 10 种标准图表，170 多种常用图表。根据需要选择一种图表后，通过一步步填写对话框的形式，就可以制成所需要的图表了，如图 1-6 所示。

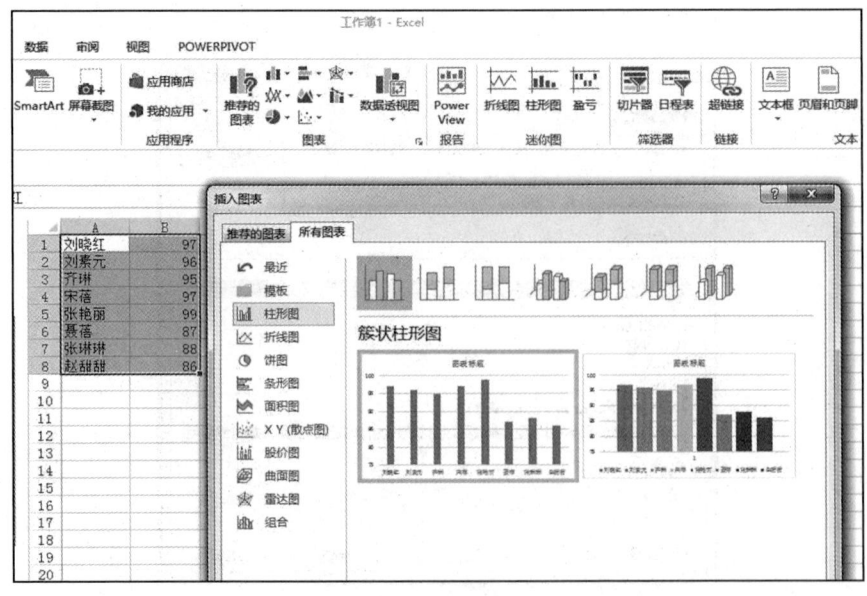

图 1-6　Excel 的统计图表功能对话框

统计图做出后，可以右击有关部分做修改或添加，使统计图更完美。

二维码1-3
数据的发布与更新

■ 本章小结

1. "统计"一词有统计工作、统计资料、统计科学三种含义。统计学发展史上的主要学派有政治算术学派、国势学派和社会统计学派。统计学分为理论统计学和应用统计学，理论统计学又分为描述统计学和推断统计学。

2. 统计具有数量性和总体性的特点。统计研究的基本方法有大量观察法、统计分组法、综合分析法和归纳推断法。其中大量观察法不是一种具体的方法，而是一种统计思想。

3. 统计学中的基本术语包括总体、个体与样本；标志、指标与变量。

4. 统计数据是总体或总体单位某一特征的具体表现，即变量值。无论是品质标志的具体表现、数量标志的具体表现还是统计指标数值都是统计数据。按是否可以直接用数字表示，统计数据可以分为定性数据和定量数据；按是否经过加工处理，统计数据可以分为原始数据和综合数据；按时间状况，统计数据可以分为截面数据和时序数据；按计量尺度，统计数据可以分为定类数据、定序数据、定距数据和定比数据。

5. Excel有强大的数据分析功能、统计函数功能和统计图表功能。

■ 思考与练习题

1. 为什么说统计研究现象总体的数量特征，是从定性认识、从个体开始研究的？

2. 报纸上报道一项民意调查结果时说："43%的美国人对总统的整体表现感到满意。"报道最后写道："这份调查是根据电话访问1 210位成人所得的，访问对象遍布美国各地。"这个调查中度量的变量是什么？总体是什么？总体单位是什么？样本是什么？

3. 什么是大量观察法？为什么说大量观察法是统计研究最基本的方法之一？

4. 为什么说差异性是构成总体的前提？

5. 为了了解某市工业企业的基本情况，有关部门进行了一项统计调查，调查结果有："全市工业企业总数20 500个，全年实现总产值216.85亿元，国有企业实现利税总额11.23亿元。其中，A企业属于国有大型企业，该企业职工人数为5 300人、利税总额为393 320万元……"试指出在这段文字中涉及的此项调查研究的总体、总体单位、品质标志、数量标志、标志表现和指标。

统计数据的收集、整理与显示

■ 引例

人口众多是我国的基本国情。制定人口、劳动就业、教育、社会福利和民族等方面的政策与规划等需要翔实可靠的人口数据。中国的人口调查有近4 000年的历史，留下了丰富的人口史料。但是，在封建制度下，隐瞒、匿报人口的现象十分严重，调查统计的口径也很不一致。具有近代意义的人口普查，在1949年以前只有两次：一是1909年进行的人口清查，多数省仅调查户数而无人口数，从而推算出当时中国人口为3.7亿多人，包括边民户数总计约为4亿人；二是1928年试行的全国人口调查，只规定调查常住人口，没有规定标准时间，经过3年时间，也只对13个省进行了调查，其他未调查的省只进行了人数估算，调查加估算的结果显示全国人口约为4.75亿人。

中华人民共和国成立后，先后于1953年、1964年、1982年、1990年、2000年、2010年进行过六次人口普查。根据《中华人民共和国统计法实施细则》和国务院的决定，自1990年开始改为定期进行，即每10年进行一次，在年号末位逢"0"的年份举行，在两次人口普查之间开展一次较大规模的人口调查，也就是1%人口抽样调查，又称为"小普查"。

2020年开展了第七次全国人口普查。这是在习近平新时代中国特色社会主义思想的引导下开展的重大国情国力调查，能够全面查清我国人口数量、结构、分布、城乡住房等方面的情况，为完善人口发展战略和政策体系，促进人口长期均衡发展，科学制定国民经济和社会发展规划，推动经济高质量发展，开启全面建设社会主义现代化国家新征程，向第二个百年奋斗目标进军，提供科学准确的统计信息支持。普查对象是普查标准时点在中华人民共和国境内的自然人以及在中华人民共和国境外但未定居的中国公民，不包括在中华人民共和国境内短期停留的境外人员。普查主要调查人口和住户的基本情况，内容包括：姓名、公民身份证号码、性别、年龄、民族、受教育程度、行业、职业、迁移流动、婚姻生育、死亡、住房情况等。普查标准时点是 2020 年 11 月 1 日零时。

根据国家统计局发布的历次人口普查数据整理的我国总人口及主要构成变化如表 2-1 所示。

表 2-1 我国七次人口普查的总人口及构成

	1953 年	1964 年	1982 年	1990 年	2000 年	2010 年	2020 年
总人口数/万人	58 260	69 458	100 818	113 368	126 583	133 972	141 178
其中：男性人口数/万人	30 190	35 652	51 944	58 495	65 355	68 685	72 334
女性人口数/万人	28 070	33 806	48 874	54 873	61 228	65 287	68 844
其中：城镇人口数/万人	7 726	12 710	21 082	29 971	45 844	66 557	90 199
乡村人口数/万人	50 534	56 748	79 736	83 397	80 739	67 415	50 979
其中：0～14 岁人口比重/%	36.3	40.7	33.6	27.7	22.9	16.6	17.9
15～64 岁人口比重/%	59.3	55.8	61.5	66.7	70.2	74.5	68.5
65 岁及以上人口比重/%	4.4	3.6	4.9	5.6	7.0	8.9	13.5

注：表中总人口是指我国大陆 31 个省、自治区、直辖市和现役军人的人口，不包括港澳台地区。

统计数据是统计分析的基础。当研究目的确定后，就要考虑研究所需数据的收集和整理问题：从哪里获得数据？向谁收集数据？采用什么方式方法获得高质量的数据？怎样具体实施调查？如何对大量个体数据进行分类汇总以形成反映总体特征的指标数据？怎样展示数据整理结果？本章将介绍数据收集与整理的基本原理和方法。

2.1 统计数据的收集

统计数据的收集即统计调查，是根据统计研究的目的要求，有计划、有组织地获取数据的过程。统计调查是统计的基础阶段，决定着统计工作和统计研究的成败。对统计调查的基本要求是准确、及时。准确是指收集的统计数据真实可靠，如实地反映客观实际。及时是指在规定的时间内，提供及时有效的统计数据。

统计数据主要来自两个渠道：一个渠道是直接来源，即直接对各调查单位进行观察登记或通过实验来收集原始数据；另一个渠道是间接来源，即从统计年鉴、报纸、杂志、互联网或有关部门的业务资料中获取经过加工整理的数据，其称为次级数据或二手数据。

2.1.1 统计调查方案

统计调查涉及面广、工作量大，为保证统计调查工作有计划、有组织地顺利开展，在调查前应该制订一个科学、周密的调查方案。调查方案的制订是统计设计在调查阶段的具体化。调查方案一般包括以下内容。

1. 确定调查目的和任务

在调查方案中首先应该明确为什么要进行调查，通过本次调查要解决什么问题。只有目的明确才能进一步确定向谁调查、调查什么以及用什么方法进行调查等，数据的收集工作才能有序地进行。例如，我国第四次经济普查的目的是，全面调查我国第二产业和第三产业的发展规模、布局和效益，了解产业组织、产业结构、产业技术、产业形态的现状以及各生产要素的构成，摸清全部法人单位资产负债状况和新兴产业发展情况，进一步查实各类单位的基本情况和主要产品产量、服务活动，全面准确反映供给侧结构性改革、新动能培育壮大、经济结构优化升级等方面的新进展。通过普查，完善覆盖国民经济各行业的基本单位名录库以及部门共建共享、持续维护更新的机制，进一步夯实统计基础，完善"三新"统计，推进国民经济核算改革，推动加快构建现代化统计调查体系，为加强和改善宏观调控、深化供给侧结构性改革、科学制定中长期发展规划、推进国家治理体系和治理能力现代化提供科学准确的统计支持。

2. 确定调查对象、调查单位和报告单位

调查对象是根据调查目的和任务确定的所要调查事物的全体，即统计总体。调查单位是调查项目的具体承担者，即总体单位。确定调查对象是确定调查范围，确定调查单位是明确具体向谁调查。报告单位（填报单位）与调查单位是两个不同的概念。报告单位是向上报告调查内容、提交统计数据的单位。报告单位一般是在经济上、行政上具有一定独立性的单位，而调查单位可以是个人、企事业单位，也可以是物，两者可能一致，也可能不一致。

3. 确定调查项目和调查表

调查项目是根据调查的目的和任务，确定的调查中需要登记的调查单位的特征，它由一系列标志构成。确定调查项目要注意：需要与可能相结合；调查项目的表达要确切具体；同类调查的项目应保持相对稳定。例如，人口普查主要调查人口和住户的基本情况，内容包括姓名、性别、年龄、民族、受教育程度、行业、职业、迁移流动、婚姻生育、死亡、住房情况等。

把若干调查项目按照一定的顺序排列在表格上，即形成调查表。人们利用调查表不仅能够有条理地填写需要收集的数据，还便于以后对数据进行整理。调查表有单一表和一览表两种。单一表是一个调查单位填写一份，可以容纳较多的调查内容。一览表是把多个调查单位的内容登记在一份表上，适用于调查内容不多的情况。在某些统计调查如民意调查和市场调查中，调查项目主要以提问的问卷形式出现。问卷以书面文字或表格的形式了解被调查者的意见。问卷的主体部分由一系列问题及备选答案组成。

4. 确定调查组织形式和方法

调查方案要根据研究目的、调查内容和调查对象的性质与特点，明确规定调查的组织形式和收集数据的具体方法。

由于统计研究对象的复杂性、统计研究目的和任务的多样性，统计调查的形式也是多种多样的。根据调查范围不同，统计调查有全面调查和非全面调查之分。全面调查是对调查对象中的所有单位无一例外地都进行调查，目的在于直接获得总体数据。全面调查包括的总体单位完整，收集的数据比较全面，能够满足各个层次、各级政府管理的需要，能够为抽样调查提供抽样框。统计报表和普查均属于全面调查。但全面调查花费的人力、物力、财力较大，所需时间较长，调查过程中容易受到各种人为因素的干扰而影响资料的质量。非全面调查是只对调查对象中的一部分单位进行调查，其目的是了解总体基本情况，或用样本数据推断总体特征。非全面调查可以节约调查费用，提高调查资料的时效性，调查内容可以比全面调查更深入细致，但存在部分单位对总体的代表性误差。对社会经济问题的非全面调查常采用重点调查和抽样调查的方式。

5. 确定调查时间

调查时间有两个方面的含义：第一个方面的含义是指调查数据所属的时间，即调查的标准时间。如果是时期现象，就要明确所要收集的数据所属时期的起止时间；如果是时点现象，就要规定收集登记的时点。例如，我国第七次全国人口普查的标准时点是 2020 年 11 月 1 日零点。第二个方面的含义是指调查期限，即整个调查工作从开始到结束的时间。

6. 确定调查的其他事项

为了保证调查工作顺利进行，在调查方案中还需要制订好组织实施的各项具体计划，包括明确调查的组织机构、宣传和调查人员的选择与培训、经费预算、是否需要试点、资料报送程序与方法、数据处理与质量控制、数据公布、资料管理与开发应用等。

2.1.2 统计调查的组织形式

1. 普查

普查是专门组织的一次性的全面调查。普查具有信息全面、完整的特点。普查既可用于收集时点现象在一定时点上的数据，也可以用于收集时期现象在某一段时期内的总量。普查的目的是详尽地了解某项重要国情、国力，为政府制定规划、方针政策提供依据。由于普查涉及面广、调查工作量大，所花费的时间、人力、物力、财力都很大，所以只能间隔较长的时间进行一次。

我国目前已经建立了周期性的普查制度，每十年进行一次人口普查和农业普查，每五年进行一次经济普查、基本单位普查。

二维码 2-1
参考文献：《第四次全国经济普查方案（摘要）》

2. 统计报表

统计报表是以基层单位的原始记录为依据，依照国家有关法规，自上而下地统一布置，按照统一的表式、统一的项目、报送时间和程序，自下而上、逐级地定期提供统计资料的一种调查形式。

随着社会主义市场经济的发展，统计报表的局限性也日益显现出来。一方面，决策主体与利益主体的多元化和多层次化，可能存在对统计数据真实性的干扰；另一方面，统计报表的调查内容和时间比较固定，不能及时、灵活地调查新情况、新问题。

3. 重点调查

重点调查是在调查对象中选择一部分重点单位进行调查的一种非全面调查。所谓重点单位，是指所调查标志的标志值在其标志总量中所占比重大的少数单位。重点单位虽然为数不多，但从所要调查研究的标志来看，它们却在总体中具有举足轻重的作用。对这些单位进行调查，能够从数量上反映整个总体的基本情况。重点调查适用于现象总量在各单位之间的分布极不均衡、客观上存在重点单位的场合。

4. 抽样调查

抽样调查是从全部调查研究对象中，抽选一部分单位进行调查，并据以对全部调查研究对象做出估计和推断的一种非全面调查方法。

根据抽选样本的方法，抽样调查可以分为概率抽样和非概率抽样两类。概率抽样是按照概率论和数理统计的原理从调查研究的总体中，根据随机原则来抽选样本，并从数量上对总体的某些特征做出估计和推断，对推断可能出现的代表性误差可以从概率意义上加以控制。习惯上将概率抽样称为抽样调查。

调查单位确定后，收集统计数据的基本方法主要有观察法、报告法、访问法等。各种方法有不同的特点和适合条件，应该根据调查对象的特点、研究目的和任务及统计调查的条件灵活选择调查方法。除了以上几种传统的调查方法以外，随着科技进步和计算机网络技术的普及，卫星遥感法、电子邮件调查法、Web 站点调查法、计算机辅助电话调查（CATI）等以互联网为平台进行调查的方法应运而生，其应用范围日益广泛。

二维码 2-2
参考文献：《人口变动情况抽样调查制度》（2018 年统计年报）

2.1.3　统计误差

统计数据的准确性是用统计误差来衡量和表示的。统计误差是指统计数据与客观现象真实数值之间的差异。

统计误差可分为登记性误差和代表性误差。登记性误差是指在调查、汇总过程中由于观察、测量、登记、计算等方面的差错或被调查者提供虚假、错误资料而造成的误差。这种误差在任何一种调查形式中都可能产生，如调查过程中对调查单位的登记发生重复和遗漏、被调查者回答误差、被调查者拒绝接受调查、测量工具或测量方法不准确等，都会造成登记性误差。例如，采访者可能发生记录错误，将 35 岁写成 53 岁，或者被采访者回答问题时可能曲解了问题而做出不正确的回答等。理论上，登记性误差是完全可以避免的，但是由于各种主观因素的干扰和客观现象的复杂性，在实际中登记性误差又不可避免。一般来说，调查范围越大、调查单位越多，产生登记性误差的可能性也越大。无论何种原因，一旦导致了登记性误差的产生，其误差大小是无法准确计量的。这是因为被调查者提供的个体信息资料中不真实、不准确的程度有多大，调查记录中有多少差错，个体信息资料整理、分析中又有多大差错等，在实际统计工作中均是不可测度的。

代表性误差是非全面调查所特有的统计误差，是指由于所调查的部分单位与总体在结构上不完全相同，用部分单位的数据推断总体数量特征所产生的统计误差。代表性误差可以根据它是来自随机抽样调查还是非随机抽样调查，区分为抽样误差（也称随机误差）和系统性误差两类。抽样误差是由抽样的随机性所引起的样本估计量与总体参数之间的误差。对于任何一个随机样本，这种误差都无法避免，但可以计算和控制。由非随机抽样调查所产生的代表性误差称为系统性误差。系统性误差的产生，是由于在从总体中抽取部分个体时没有遵循随机原则，而是有主观因素的影响。从理论上来说，系统性误差是完全可以避免的，但是，系统性误差一旦产生，其大小又是不可计量的。

统计研究人员在收集和记录数据时要认真细致，以确保数据准确。按照正确的步骤收集准确的数据可以确保决策信息的可信度，提高数据的利用价值。

2.2　统计数据的整理

2.2.1　统计数据整理的意义

统计数据整理是根据统计研究的需要，将收集到的大量反映个体特征的数据进行科学的分类汇总、加工处理，或对收集到的次级资料进行再加工，使之系统化、条理化，以符合统计分析的需要，成为能够反映事物总体特征的综合资料的过程。

统计调查所收集的原始资料是反映个体特征的、分散的、零碎的资料，不能反映总体的数量特征。对原始数据的整理一般是分类和汇总性的整理，对次级资料的整理主要是再分组。

统计数据整理是统计工作的中间环节，是从对现象个体观察过渡到对总体数量特征认识的连接点，在统计工作中起着承前启后的作用。统计数据整理的质量，直接影响对现象总体数量描述的准确性和分析结果的正确性。

2.2.2 统计分组

1. 统计分组的概念和作用

统计分组是根据统计研究的目的和要求，将总体中的所有单位按照一定的标志分为若干部分或组别的方法。统计分组对总体而言是"分"，对个体而言又是"合"。总体分组后，突出了组与组之间的差异，而抽象了组内各单位的差异。

统计分组的作用主要表现在：第一，划分总体的类型。现象的类型多种多样，不同类型的现象存在本质差别，通过对统计数据的分组，就可以把不同类型的现象区别开来。第二，反映现象内部结构和比例关系。通过分组，总体被划分为若干组成部分，可以反映总体的构成特征和基本性质。第三，揭示现象之间的相互依存关系。现象之间总是相互联系、相互依存、相互制约的，在分组基础上，可以观察这些现象之间的内在联系和数量关系。

2. 统计分组的原则

（1）科学性原则。它是指统计分组要从统计研究的目的出发，选择最能说明现象本质特征的标志作为分组标志，使组与组之间在某一方面具有显著的差异，而组内各单位在该方面具有同质性。

（2）完备性原则。它是指分组时任何一个总体单位或任何一个原始数据都能归属于某一个组，而不会遗漏在外。

（3）互斥性原则。它也称为不相容性原则，是指任何一个总体单位或任何一个原始数据，在一种统计分组中只能归属于某一个组，而不能归属于两个或两个以上的组。

3. 统计分组的种类

按分组标志的性质不同，统计分组可以分为品质标志分组和数量标志分组。品质标志分组就是从属性上区分各种类型组。例如，从业人员按职业、性别分组，企业按经济类型分组，国民经济按行业分组等。按品质标志分组的关键是界定各类型组的性质差异。数量标志分组是从某个变量的数量差异上来区分各种类型。例如，职工按年龄分组，企业按职工人数分组或按固定资产多少分组等。数量标志分组的关键是正确划分各组的数量界限。

按分组标志的多少，统计分组可分为简单分组和复合分组。简单分组是按一个标志对总体单位进行分组，它只反映总体某一方面的类型和结构特征。复合分组是按两个或两个以上标志对总体单位进行重叠分组，如对某地区工业企业先按经济类型分组，再将各组按规模大小进行分组。复合分组不仅比简单分组更加具体和深入地反映总体内部的类型与结构特征，而且可以显示结构的层次，说明总体内部类型的主从关系。但是，复合分组的标志也不宜太多，因为随着分组标志的增加，分组的组数就会成倍增加，分组过多时，总体单位分布过于分散，不利于揭示现象的内部构成和分布规律，失去分组的意义。

2.2.3 分布数列

1. 分布数列的概念

将总体各单位按某个标志分成若干组，列出各组的总体单位数或各组单位数在总体单位数中所占的比重，这样形成的数列称为分布数列或分配数列。分布在各组的单位数称为次数或频数；各组单位数在总体单位数中所占的比重又称为频率。分布数列是统计整理结果的基本表现形式，它表明总体单位在各组的分布状况。

2. 分布数列的种类

根据分组标志不同，分布数列可以分为品质数列和变量数列。品质数列是按品质标志分组而形成的分布数列，由各组名称和各组次数或比重构成。表2-2是一个按定类变量分组的品质数列，表2-3是一个按定序变量分组的品质数列。

表2-2 2021年末按三类产业划分的就业人数

产业	就业人数/万人	比重/%
第一产业	17 072	22.9
第二产业	21 712	29.1
第三产业	35 868	48.0
合计	74 652	100.0

表2-3 某地区居民对住房状况评价

对住房满意程度	户数/户	频率/%
非常满意	58	14.5
满意	84	21.0
一般	98	24.5
不满意	119	29.8
非常不满意	41	10.2
合计	400	100.0

变量数列是按数量标志分组而形成的分布数列，由各组变量值及各组次数构成。变量数列又可以分为单项式变量数列和组距式变量数列。以一个变量值为一组的变量数列是单项式变量数列，如表2-4所示。当离散变量的变量值变动幅度不大时，适合编制单项式变量数列。以变量值的一个区间为一组的变量数列是组距式变量数列，如表2-5和表2-6所示。每一组两端的值称为组限，各组最小的值为下限，最大的值为上限。连续变量或离散变量的变动幅度比较大时，应该编制组距式变量数列。

表2-4　某企业某日工人日产量

日产量/件	工人人数/人	比重/%
10	70	8.75
11	100	12.50
12	380	47.50
13	150	18.75
14	100	12.50
合计	800	100.00

表2-5　某地区某年农民人均年收入

人均年收入/元	人数/千人
3 000 ~ 4 000	40
4 000 ~ 5 000	92
5 000 ~ 6 000	204
6 000 ~ 7 500	120
7 500 ~ 9 000	40
9 000 以上	36
合计	532

组距式变量数列组限的表示可以重叠，也可以不重叠。对离散变量一般采取不重叠组限形式。对连续变量理论上说，应采用重叠组限形式，即前一组的上限与后一组的下限为同一数值，如果某个变量值刚好等于组限，将其归入下限所在组。但是实际工作中，也常常对连续变量只取整数，且采取不重叠组限。

组距式变量数列中，区间的长度称为组距。对重叠形式的组限，组距 = 上限 − 下限，如表 2-5 中第二组组距为 1 000 元；对于不重叠形式的组限，组距 = 本组上限 − 上组上限（或组距 = 下组下限 − 本组下限）。如果第一组只有上限，最后一组只有下限，这样的组称为开口组，这样的数列称为开口数列。开口数列适用于数据集有极端值且较分散的情况。各组组距相等的数列称为等距数列，各组组距不尽相等的数列称为异距数列。各组上限与下限的中点值称为组中值，即

$$组中值 = \frac{上限 + 下限}{2}$$

或

$$组中值 = 下限 + \frac{组距}{2} = 上限 - \frac{组距}{2}$$

开口组一般以相邻组组距为其组距来近似计算组中值。组中值通常作为该组数据的代表值，但这种代表有一个假定条件，即各组数据在本组内呈均匀分布或对称分布。如果实际数据的分布不符合这一假定，用组中值代表各组数据的平均水平会有一定的误差。

3. 变量数列的编制

编制变量数列的目的是对定量数据的分布特征进行观察，先将数据按某个数量标志进行分

组，然后计算出各组中出现的次数或频率。在编制变量数列时，首先要根据研究目的和现象的特点确定是编制单项数列还是组距数列，组距数列是采用等距还是异距，是否需要开口组等问题。下面我们结合例 2-1 来说明组距数列的编制方法和过程。

【例 2-1】

下面是某班 56 名学生统计学的考试成绩数据，试编制变量数列来反映该班学生考试成绩的分布特征。

```
67 90 52 88 78 91 65 63 66 89 85 77 85 62 76 79 81 42
76 82 84 60 70 85 69 71 76 78 73 86 65 67 75 94 66 83 78
87 70 61 89 75 76 80 72 78 66 88 65 69 64 97 79 76 80 75
```

分组的具体步骤如下。

第 1 步：确定分组的形式。对考试成绩可编制等距数列。找出数据的最大值和最小值，本例中 56 个数据的最大值是 97，最小值是 42，数据的波动幅度（即极差）是 55 分。

第 2 步：确定组数。数据分成多少组，一般与数据本身的特点及数据的多少有关。组数太多或过少都不适宜。如果组数太多，数据的分布就会过于分散；如果组数过少，数据的分布就会过于集中。这都不便于观察数据的分布特征和规律。本例分 5 组为宜。

第 3 步：确定组距。组距与组数成反比，可根据全部数据的全距（极差）和组数来确定，即组距=全距/组数。本例中全距为 55，则组距=55/5=11。为便于计算分析，组距宜取 5 或 10 的倍数，而且第 1 组的下限应该低于最小变量值，最高一组的上限应高于最大变量值，因此组距可取 10 分，采用开口组。

第 4 步：确定组限。组限应是引起事物质变的数量界限，并有利于表现总体分布的规律性。因此，组限的选择应当能够反映现象本质特征。本例中成绩是连续变量，可采用组限重叠的形式。

第 5 步：计算各组次数，形成变量数列。根据所确定的组数、组距和组限，将全部数据归入各个不同的组，计算出各组的频数或频率，即可编制出变量数列。某班学生统计学成绩表如表 2-6 所示。表 2-6 第（1）栏和第（2）栏就是例 2-1 分组整理后所得的变量数列。

表 2-6 某班学生统计学成绩表

成绩/分	学生人数/人	比重/%	向上累计		向下累计	
			人数/人	频率/%	人数/人	频率/%
（甲）	（1）	（2）	（3）	（4）	（5）	（6）
60 以下	2	3.57	2	3.57	56	100.00
60~70	15	26.79	17	30.36	54	96.43
70~80	20	35.71	37	66.07	39	69.64
80~90	15	26.79	52	92.86	19	33.93
90~100	4	7.14	56	100.00	4	7.14
合计	56	100.00	—	—	—	—

4. 累计次数分布

分布数列只能反映总体单位在各组的分布状况，为了更清楚地反映数据在某一界限以下或以上的分布情况，实际中常常需要计算累计次数。次数累计的方法有向上累计和向下累计两种。向上累计是由变量值小的组向变量值大的组累加各组的次数或频率，各组的累计次数表明小于该组上限的次数或百分数共有多少；向下累计是将各组的次数由变量值大的组向变量值小的组累加，各组的累计次数表明大于该组下限的次数或百分数共有多少。如表2-6 第（3）~（6）栏中，80 分以下的共有 37 人，占全班人数的 66.07%；70 分以上的有 39 人，占全班人数的 69.64%。

5. 次数分布的类型

次数分布的类型主要有三种：钟形分布、U 形分布、J 形分布。

钟形分布，包括对称分布和偏态分布，其特征是中间变量值出现的次数多，较大值和较小值出现的次数少，即"中间大，两头小"，这是最常见的一种形式，如人的身高、农作物产量等通常都呈钟形分布。对称分布以变量的平均值为对称轴，左右两侧对称，两侧变量值分布的次数随着与其平均值距离的增大而逐渐减少，如图 2-1 所示。偏态分布根据尾巴拖向哪一方又可分为正偏（或称右偏）和负偏（或称左偏）分布，如图 2-2 所示。

U 形分布又称为倒钟形分布，与钟形分布正好相反，呈现出"中间小，两头大"的特征。人口按年龄分组的死亡率的分布就呈 U 形分布，如图 2-3 所示。

J 形分布的特征是"一头大，一头小"。如果随着变量值增大，次数也增多，这种分布称为正 J 形分布；如果随着变量值增大，次数减少，这种分布称为反 J 形分布，如图 2-4 所示。

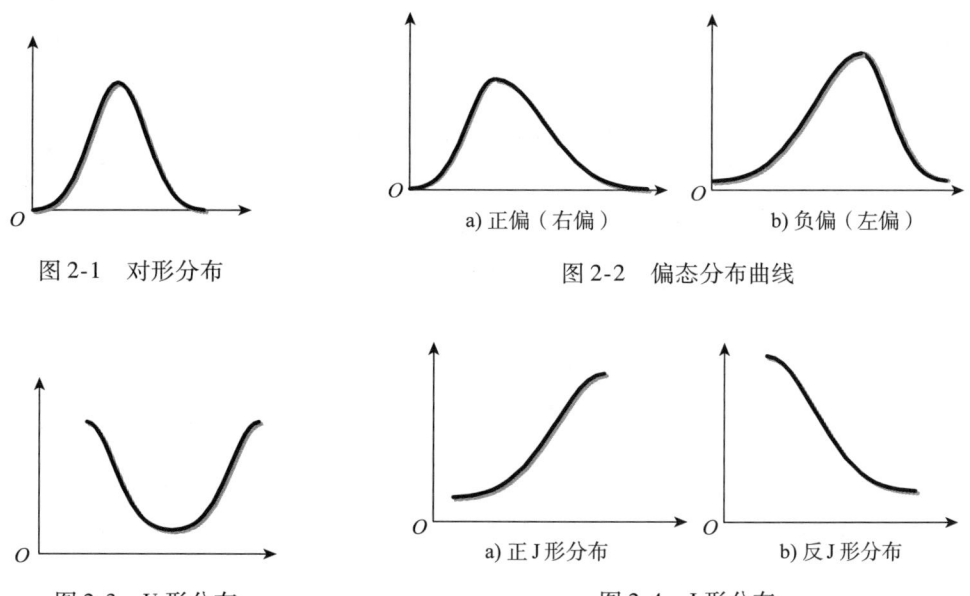

图 2-1 对形分布　　图 2-2 偏态分布曲线

图 2-3 U 形分布　　图 2-4 J 形分布

2.3 统计数据的图表显示

2.3.1 统计表

1. 统计表的概念和构成

把经过调查整理、汇总计算而得到的统计数据按一定的结构和顺序，系统地排列在一定的表格内，就形成了统计表。统计表是表现统计数据的基本工具。经过整理的统计数据用统计表的形式来表现，较之于冗长的文字叙述更为醒目、清楚，便于数据的检查、核对和比较分析。

统计表从形式上看一般由总标题、横行标题、纵列标题、数字资料等要素构成，必要时可以在表的下方加上表外附加。总标题是统计表的名称，概括全表的核心内容，置于表的正上方。横行标题放在表内的左端，通常表示研究的对象。纵列标题放在表的右上端，通常就是指标名称。统计表的结构如表 2-7 所示。

表 2-7　2022 年我国三大需求对国内生产总值增长的贡献

指标	贡献率/%	拉动/%
最终消费支出	32.8	1.0
资本形成总额	50.1	1.5
货物和服务净出口	17.1	0.5
合计	100.0	3.0

注：1. 贡献率指的是三大需求增量与支出法国内生产总值增量之比。
　　2. 拉动指的是国内生产总值增长速度与三大需求贡献率的乘积。
资料来源：《中华人民共和国 2022 年国民经济和社会发展统计公报》。

统计表按照总体分组情况不同，可分为简单表、简单分组表、复合分组表。对总体未经过任何分组，按总体单位名称或时间排列的统计表称为简单表；对总体按一个标志分组的统计表称为简单分组表（见表 2-7）；对总体按两个及以上标志进行层叠分组的统计表称为复合分组表（见表 2-8）。

表 2-8　2022 年某地区城乡居民人均可支配收入

项目	居民人均可支配收入/元	比上年名义增长率/%
城镇居民	53 807	7.9
工资性收入	34 571	7.8
经营净收入	5 740	8.1
财产净收入	4 932	7.7
转移净收入	8 564	8.5
农村居民	24 324	9.6
工资性收入	10 275	10.1
经营净收入	7 953	8.4
财产净收入	1 170	9.8
转移净收入	4 926	12.7

2. 列联表

列联表是将两个或多个变量进行交叉分组所形成的频数分布表。按两个变量交叉分组形成的列联表称为二维列联表，按多个变量交叉分组形成的列联表称为多维列联表。最基本的是二维列联表。列联表主要用于包含定性变量时研究变量之间的相关性。

例如，为了分析某公司职工的文化程度是否影响其掌握新技术的进度，从该公司职工中抽取 130 人进行调查，对调查数据进行交叉分组编制的列联表如表 2-9 所示。表中的行变量"文化程度"分 3 组,列变量"掌握新技术的进度"分 2 组,这个二维列联表也称为"3×2"列联表。

表 2-9　某公司职工文化程度与掌握新技术进度的列联表

项　目		掌握新技术的进度		合　计
		快	慢	
文化程度	初中及以下	12	18	30
	高中	36	30	66
	大学专科及以上	24	10	34
合　计		72	58	130

比较表 2-9 中不同文化程度的职工在掌握新技术进度方面的人数分布情况,不难发现,初中及以下组进度快的职工只占 40%,进度慢的占 60%;高中组进度快、慢的职工占比分别为 54.5% 和 45.5%;大学专科及以上组进度快的职工占比高达 70.6%,进度慢的职工占比低至 29.4%。显然,该公司职工的文化程度与其掌握新技术的进度快慢有明显的相关性,职工的文化程度越高,掌握新技术的进度也倾向于更快。

列联表的分组变量可包含定量变量,但需注意分组的组数不宜太多,否则不容易清晰反映数据的分布特征。运用列联表进行分析时,分组变量的选择很重要。

根据原始调查数据编制列联表可以利用 Excel 提供的数据透视表来实现。其具体操作方法是:首先在 Excel 工作表中输入各个变量的名称(如表 2-9 中的"文化程度""掌握新技术的进度"),在变量名下输入各位职工的原始调查数据,然后依次单击"插入""数据透视表",在"创建数据透视表"对话框中指定数据源区域和显示数据透视表的位置,将字段列表中的行变量名"文化程度"拖入"行",列变量名"掌握新技术的进度"拖入"列",将用于计数的任一变量拖入"数据",将汇总方式"求和"改为"计数",即可得到如表 2-9 所示的列联表。

3. 统计表的设计规则

设计统计表时一般应注意以下规则。

(1) 统计表的各种标题应确切地反映和概括出表的基本内容,特别是总标题的表达,力求简明。总标题一般需要表明统计数据的时间(when)、地点(where)以及何种数据(what),即标题内容应满足"3W"要求。

(2) 要合理安排统计表的结构,表中的行和列各栏,一般应按"先局部后整体"的原则排列,即先列各个项目,后列总计。当没有必要列出所有项目时,可以先列总计,而后列出其中一部分的项目。

(3) 如果统计表的栏数较多,通常要加以编号,在横行标题和计量单位等栏,用甲、乙、丙等文字标明;在纵列标题各栏,用(1)、(2)、(3)等数字编号。当全表只有一种计量单位时,可以把这种计量单位写在表头的右上方。

(4) 表中数字应该填写整齐,对准位数,同栏数字的单位、小数位要一致。若有相同数字应全部填列,不得写"同上"字样。当不应有数字时用"—"表示。

(5) 必要时统计表应该加注说明或注解。例如,某些指标有特殊的计算口径,某些资料只包括一部分地区，某些数字是由估算来插补的等，以上情况都要加以说明，此外还要注明统计资料的来源，以便查考。说明或注解一般写在表的下端，作为表外附加。

2.3.2 统计图

统计图是直观地展示统计数据的形式，它可以将复杂、枯燥的数据用形象生动的图形表现出来。

1. 直方图

直方图是用于展示组距数列分布特征的一种图形。它在直角坐标中，用横轴表示数据的分组，纵轴表示频数或频率，这样各组组距与相应的频数就形成了一个矩形，用矩形的宽度和高度来表示频数分布。对于等距数列，各组频数可以直接作为直方形的高度。图2-5是根据表2-6资料绘制的直方图，从这个直方图中我们可以更直观地看出学生成绩的分布状况，即成绩在70～80分的人数最多。

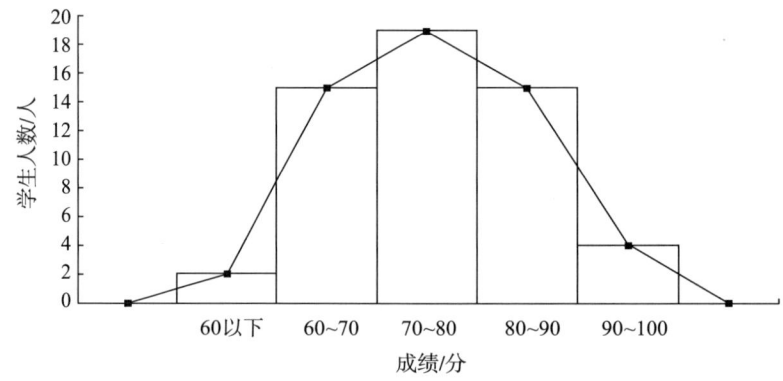

图2-5 学生成绩频数分布直方图和折线图

对于异距数列，由于各组组距不同，频数的差异不能直接表明数据分布的特征。这时就需要根据频数密度来绘制直方图，以准确反映各组数据分布的特征。其方法是：以各组频数密度（频数密度＝频数/组距）为各组矩形的高度，或先确定标准组距，将标准组距乘以各组频数密度得到标准组距频数，再以各组的标准组距频数为各组矩形的高度。

与直方图作用相似的图是折线图。它以各组的组中值为该组的代表值，然后用折线将各组次数连接起来，就形成了折线图，也称为次数多边图。直方图与折线图的面积是相等的，因此，直方图与折线图所表示的分布规律是相同的。需要注意的是，折线图的两个终点要与横轴相交，这样才会使折线图下所围成的面积与直方图的面积相等，从而使两者所表示的频数分布一致。

曲线图是折线图的理论图，当变量数列的组距无限小时，折线就表现为一条光滑的曲线。

利用Excel可对原始数据进行分组并得到频数分布和直方图：单击"数据分析"→"直方图"。在"直方图"中的"输入区域"输入数据所在区域；在"接收区域"输入指定的分组上限值所在区域⊖；在"输出区域"指定频数分布表输出区域的起点单元格；选择"图表输出"；

⊖ 需注意：Excel将变量值等于上限的个体归入该组，对组限重叠表示的数列，若要将恰好等于组限的变量值归入较大一组，在"接收区域"设置的各组上限就应略小一点。如例2-1中第一组的上限取为59（或59.99）而不是60。最后一组不必指定上限，Excel自动用"其他"来概括。

最后单击"确定",即可得到频数分布和直方图,如图 2-6 所示。它是例 2-1 用 Excel 进行分组得到的频数分布和直方图。

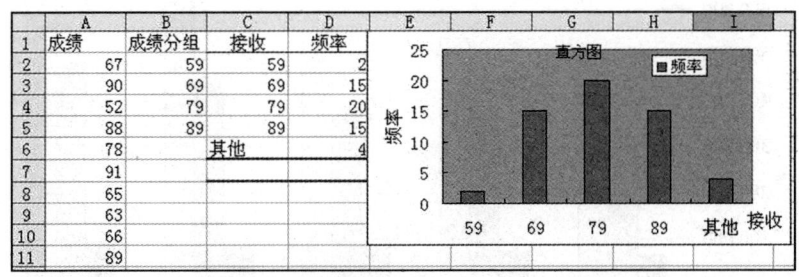

图 2-6　频数分布和直方图的 Excel 界面

图 2-6 中的输出结果不符合要求,应进行调整。在直方图的任一条形上单击右键,选择"数据系列格式",在"选项"中将"分类间距"调整为 0,即可得到条形之间无间隔的直方图。此外,将输出表中 C1 单元格和图中的"接收"改为"成绩",D1 单元格和图中的"频率"改为"频数",C2~C6 单元格的数值分别改为"60 以下""60~70""70~80""80~90""90~100"(图中的横坐标会自动做相应的修改),所得直方图就如图 2-5 所示。

2. 茎叶图

直方图虽然展示了总体数据的主要分布特征,但掩盖了各组内数据的具体差异。为了弥补这一局限,对于未分组的原始数据则可以用茎叶图来观察其分布。茎叶图由"茎"和"叶"两部分构成,其图形是由数字组成的。

绘制茎叶图的关键是设计好"茎"。制作茎叶图时,首先把一个数字分成两部分,通常是以该数据的高位数值作为"茎",以次高位的数值作为"叶"。如 125 分成"12"与"5",97 分成"9"与"7",前部分是"茎",后部分是"叶"。图 2-7 是根据例 2-1 的数据制作的茎叶图。

树　茎	树　叶	数 据 个 数
4	2	1
5	2	1
6	012345556667799	15
7	00123455566666788899	20
8	001234555678899	15
9	0147	4

图 2-7　某班统计学考试成绩的茎叶图

图 2-7 的竖线左边的数值称为"茎",竖线右边的数值称为"叶"。以第 3 行为例,竖线左边的 6 表示该行所有数值的十位数都为 6,个位数最小为 0(即成绩为 60 分),最大为 9(即成绩为 69 分),数据个数为 15,即成绩为六十几分的有 15 人。其余以此类推。

3. 柱形图

柱形图是用宽度相同、高度或长短不同的条形来表示数据多少的图形。柱形图既可以用来表示定性数据的分布,也可以用来进行同类现象在不同空间、不同时间的对比。

柱形图的类别较多,绘制时,各类别可以放在纵轴,称为条形图,也可以放在横轴,称为柱形图。图 2-8 是一个复式柱形图。

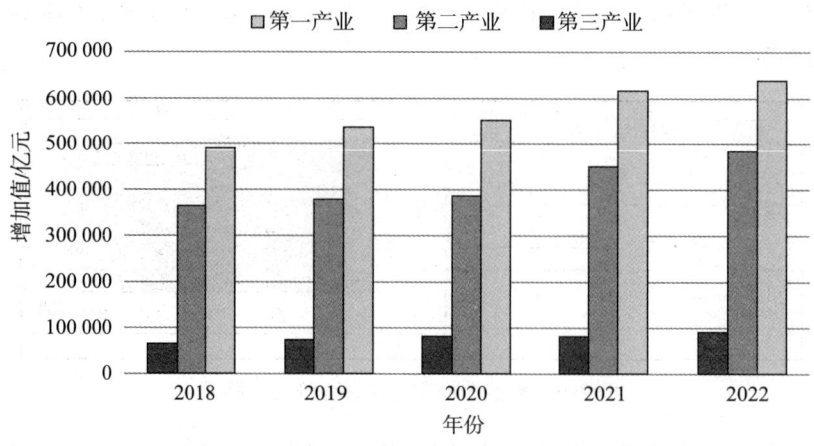

图 2-8 我国 2018~2022 年三大产业增加值

4. 饼图与环形图

饼图又称圆形图，整个饼图面积代表所研究数据的整体，每一扇形面积代表总体中每个部分所占的百分比，主要用于表示各部分对于总体的比例。图 2-9 是利用表 2-3 的数据绘制的饼图。

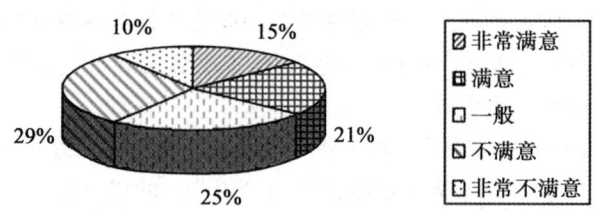

图 2-9 某地区居民住房满意度的饼图

要反映多个总体的结构，可以绘制环形图。环形图中间有一个"空洞"，每一环是一个总体数据，总体中的每一部分数据用环中的一段表示。环形图有利于我们比较不同总体的结构差异，如图 2-10 所示。

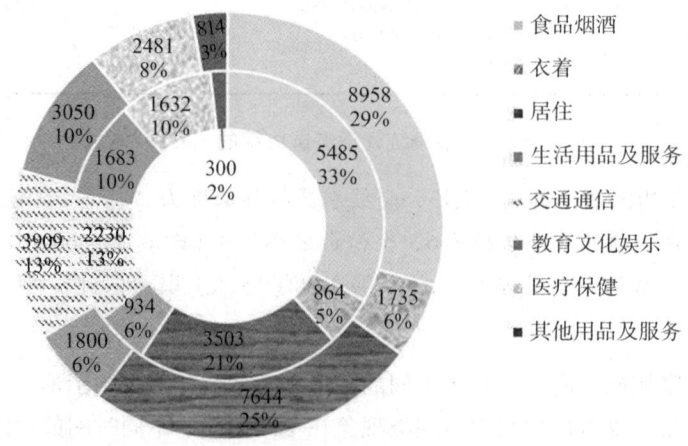

图 2-10 2022 年我国城乡居民人均消费支出及其构成

注：人均消费支出单位：元。内环为农村，外环为城镇。

5. 线图

线图是在直角坐标上用折线表现数据变化的图形，主要用于显示时间序列数据，反映现象随时间变化的特征。

图 2-11 是根据 2000~2022 年我国城乡居民人均可支配收入数据绘制的线图。从图 2-11 中可以观察到，城镇居民和农村居民的人均可支配收入都呈不断增加的趋势，城镇居民的人均可支配收入明显高于农村居民的人均可支配收入，且绝对差距在逐年扩大。

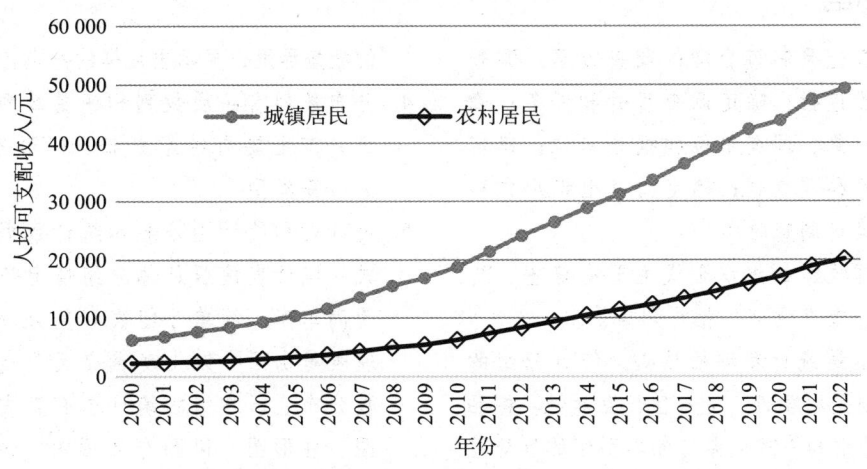

图 2-11　2000~2022 年我国城乡居民人均可支配收入

6. 雷达图

雷达图也称为蜘蛛图，是显示多个变量特征的多维图，在显示或对比各变量的数值总和时很有用。假定各变量的取值具有相同的正负号，总的绝对值与图形所围成的区域值成正比。利用雷达图也可以研究多个总体之间的相似程度，如图 2-12 所示。

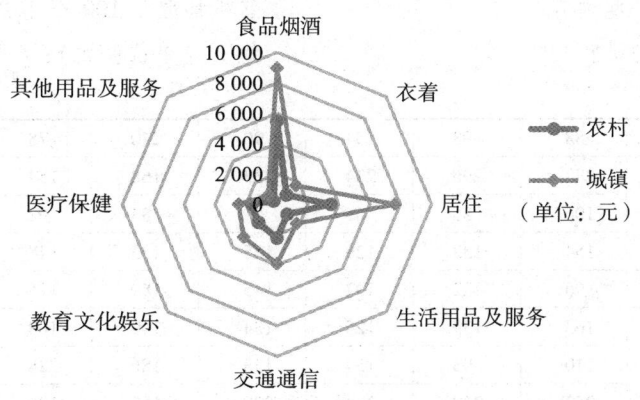

图 2-12　2022 年我国城乡居民人均消费支出

一个精心设计的统计图形是展示数据的有效工具，可以准确地表达数据所要传递的信息。设计图形时，应绘制得尽可能简洁，以能够清晰地显示数据、合理地表达内容，应避免一切不必要的修饰。选择图形时没有唯一正确的标准，分析者的判断和问题产生的背景资料将起主要作用。图形体现的视觉效果应与数据所体现的事物特征相一致，否则有可能歪曲数据，给人以错误的印象。

二维码 2-3

参考文献：《中华人民共和国统计法》

■ 本章小结

1. 统计调查先要制订合理的调查方案。调查方案一般包括：确定调查目的和任务；确定调查对象、调查单位和报告单位；确定调查项目和调查表；确定调查组织形式和方法；确定调查时间。
2. 统计数据收集的组织形式主要有普查、统计报表、重点调查、抽样调查。
3. 统计分组是统计整理的核心。统计分组的基本原则是科学性、完备性、互斥性。按品质标志分组的关键是界定各类型组的性质差异；按数量标志分组的关键是正确确定各组的数量界限，显示出数据的分布特征。
4. 分布数列有品质数列和变量数列之分。次数分布主要有钟形分布、U 形分布、J 形分布等类型。
5. 统计表和统计图是显示统计数据的重要形式。统计表按照总体分组情况不同，可分为简单表、简单分组表和复合分组表。列联表是由两个以上变量交叉分类形成的频数分布表。常用的统计图有直方图、茎叶图、柱形图、饼图与环形图、线图、雷达图等。

■ 思考与练习题

1. 要进行居民家庭经济状况调查，你认为采用什么调查方法最合适？简要说明理由。
2. 统计调查方案有哪些内容？
3. 统计误差有哪些种类？
4. 茎叶图与直方图有何异同？
5. 为了了解消费者通信费支出状况，某公司随机抽取了 100 个用户，得到其月支出额如下（单位：元）：

115	57	88	198	254	90	240	78	93	102
148	240	287	296	224	233	168	154	95	109
221	76	106	85	68	59	83	92	118	267
144	117	154	132	129	125	133	148	154	120
98	85	96	122	137	145	189	175	163	190
216	156	163	139	125	134	149	108	102	256
161	176	210	95	154	133	186	228	86	276
275	248	253	229	264	270	193	186	106	190
186	155	186	188	194	128	190	164	165	267
265	229	100	118	278	239	161	176	190	205

根据以上资料，要求：
（1）编制频数分布表、累计频数分布表。
（2）绘制直方图。

6. 下表是中国 2010～2022 年货物进出口额资料，据此绘制适当的图形。

2010~2022年中国货物进出口额　　　　　　　　（单位：亿元）

年份	出口额	进口额	年份	出口额	进口额
2010	107 023	94 700	2017	153 309	124 790
2011	123 241	113 161	2018	164 129	140 881
2012	129 359	114 801	2019	172 374	143 254
2013	137 131	121 037	2020	179 279	142 936
2014	143 884	120 358	2021	217 287	173 634
2015	141 167	104 336	2022	239 654	181 024
2016	138 419	104 967			

第3章

数据特征的描述

■ 引例

  2022年是党和国家历史上极为重要的一年。2023年2月28日国家统计局发布了《2022年国民经济和社会发展统计公报》,公报中的统计数据客观、真实、全面、系统地反映了2022年我国国民经济和社会发展各主要方面所取得的伟大成就和面临的障碍。下面的内容节选自该公报。

  初步核算,全年国内生产总值1 210 207亿元,比上年增长3.0%。其中,第一产业增加值88 345亿元,比上年增长4.1%;第二产业增加值483 164亿元,增长3.8%。全年人均国内生产总值85 698元,比上年增长3.0%。国民总收入1 197 215亿元,比上年增长2.8%。

  年末全国就业人员73 351万人。全年城镇新增就业1 206万人,比上年少增63万人。年末全国城镇调查失业率为5.5%。

  全年全国居民人均可支配收入36 883元,比上年增长5.0%,扣除价格因素,实际增长2.9%。全国居民人均可支配收入中位数31 370元,增长4.7%。城乡居民人均可支配收入比值为2.45,比上年缩小0.05。

  全年全社会固定资产投资579 556亿元,比上年增长4.9%。全年全国各类棚户区改造开工134万套,基本建成181万套。全年全国新开工改造城镇老旧小区5.25万个,涉及居民876万户。

  全年货物进出口总额420 678亿元,比上年增长7.7%。货物进出口顺差58 630亿元。对"一带一路"沿线国家进出口总额138 339亿元,比上年增长19.4%。全年服务进出口总额59 802亿元,比上年增长12.9%。服务进出口逆差2 757亿元。

  全年研究与试验发展(R&D)经费支出30 870亿元,比上年增长10.4%,与国内生产总值之比为 2.55%。

资料来源：《中华人民共和国 2022 年国民经济和社会发展统计公报》。

统计数据经过加工整理形成数列后，我们对它的分布规律已经有了一个直观的了解。然而，要进一步挖掘数据信息，做更深入的分析，仅靠直观了解是远远不够的，还需要寻找一些能充分度量统计数据特征的统计指标，对现象进行分析研究。对统计数据特征的度量包括：总量水平度量、比较关系度量、集中趋势和离中趋势的度量、分布形态的度量等。例如上述公报对我国城乡居民收入的现状使用了大量的统计指标进行描述，这些统计指标分别反映了城乡居民收入的平均水平、增长情况、对比关系，以及蕴含其中的分布形态。通过本章的学习，就能对以上的指标信息有更深刻和全面的理解。

3.1 总量指标和相对指标

3.1.1 总量指标

1. 总量指标的概念和作用

总量指标是反映现象总体规模或总体水平的指标，一般是通过将原始数值进行分类汇总后得到的绝对水平，所以也称绝对数。例如，我国国土面积 960 万平方公里，2022 年国内生产总值 1 210 207 亿元，2022 年末我国外汇储备 31 277 亿美元等。

总量指标的大小与总体范围的大小有直接关系，同一时间不同总体范围的同一总量指标的数值相加，其和仍然是总量指标。例如，各个行业全年职工的工资总额之和是全国职工的年工资总额；各个地区的年末人口数之和是全国年末人口总数。

总量指标还可以表现为不同空间（国家、地区、企业等）或不同时间总量数据之差。例如，2022 年我国粮食种植面积比上年增加 70 万公顷[①]。全年粮食产量比上年增加 368 万吨。

总量指标在实际经济工作中具有重要作用：一是认识社会经济现象的起点；二是实现经济管理、决策和调控的依据；三是计算相对数和平均数的基础。

2. 总量指标的计量单位

（1）实物单位。实物单位是根据事物的自然属性和特点所采用的计量单位，包括自然单位、度量衡单位、标准实物单位和复合单位。

自然单位是离散型数值的计量单位，是人们长期以来根据使用习惯而形成的。例如，人口数以"人"为单位，汽车以"辆"为单位，大牲畜以"头"为单位等。

度量衡单位是连续型数值的计量单位，需要用一定的计量器具或仪表来反映。例如，粮食产量以"吨"为单位，长度以"米"为单位，容量以"升"为单位等。

标准实物单位是将用途相同，但规格或含量不同的物品数量按某一标准折算而采用的计量单位。例如，能源按发热量折合为"吨标准煤"，各种粮食以水稻为标准进行折算等。

复合单位是两个单位以乘积形式构成的单位。例如，货物周转量用"吨公里"表示，发

[①] 1 公顷 = 10 000 平方米。

电量以"千瓦时"表示等。

按实物单位计量的指标称为实物指标。实物指标给人以明确的使用价值概念,但其综合性能差,不同使用价值的实物量不能汇总。实物单位用于反映主要物资的生产和消耗、主要产品的供需,特别是难以估价的土地面积和自然资源数量等。

(2) 价值单位。价值单位是用货币来计量的单位,所以也称为货币单位,如人民币、美元、欧元等。以价值单位计量的指标称为价值指标或货币指标。

价值指标具有很强的综合性能,可用于表明经济活动的总成果、总规模,进行经济效益的考核和评价等,所以在国民经济中广泛使用价值指标。例如,国内生产总值是综合反映一定时期内常住单位生产并提供给社会最终使用的货物和服务总量的价值指标;由于农产品多种多样,故要反映全国农产品总量,也需要应用价值指标。但是价值指标不能直接反映使用价值和具体内容,且要受价格波动的影响。

3. 总量指标的种类

按反映的总体内容不同,总量指标可以分为总体单位总量和总体标志总量。总体单位总量反映总体单位数的多少,通过对总体各单位计数直接得到;总体标志总量是总体单位某一数量标志值的总和,需要加总计算得到。例如,要了解某地工业生产情况,该地工业企业总数是总体单位总量,该地的工业总产值与工业企业职工总数则是总体标志总量。

按反映的时间状况不同,总量指标可以分为时期指标和时点指标。时期指标是反映现象在一段时期内发展变化的总量,如国内生产总值、投资总额、利润总额、产品产量等。时点指标是反映现象在某一时刻的数量状态,如年末人口数、设备台数、固定资产价值等。

时期指标的数值大小与时间的长短有直接关系,不同时间的同一指标数值可以直接相加,加起来反映现象在更长时间的总量;时点指标的数值大小与时点间的间隔长短没有直接关系,不同时点上的指标数值不具有可加性。

时期指标与时点指标在经济上又常称为流量和存量,二者之间有密切关系。存量是以前流量的积累,而存量的变动(增加或减少)又是流量的一种表现形式。有的流量有对应的存量,如产品产量是流量,其相应的存量是产品存货;有的流量没有对应的存量,如出口量是流量,但是没有对应的存量。但是无论哪种情况,流量与存量有相互依存、相互制约的关系,也有如下的平衡关系:

期末存量 = 期初存量 + (本期增加的流量 − 本期减少的流量)
期末资产 = 期初资产 + 本期增加的资产 − 本期减少的资产
期末存款余额 = 期初存款余额 + 本期增加的存款 − 本期减少的存款

4. 国民经济中的重要总量指标

(1) 国内生产总值。国内生产总值(gross domestic product,GDP)是按市场价格计算的一个国家(或地区)所有常住单位⊖在一定时期内生产活动的最终成果(最终产品)。对于一个地区来说,地区 GDP 称为地区生产总值。

⊖ 常住单位是在一国经济领土上具有经济利益中心的机构单位。所有不具有常住性的机构单位都是非常住单位。所有与我国常住单位发生经济往来的非常住单位归并在一起称为"国外"。

从价值形态来看，GDP是所有常住单位在一定时期内生产的全部货物和服务价值与同期投入的全部非固定资产货物和服务价值的差额，即所有常住单位的增加值之和；从收入形态来看，GDP是所有常住单位在一定时期内创造并分配给常住单位和非常住单位的初次收入之和；从产品形态来看，GDP是所有常住单位在一定时期内最终使用的货物和服务价值与货物和服务净出口价值之和。由此，国内生产总值有三种计算方法，即生产法、收入法和支出法。三种方法分别从不同的方面反映国内生产总值及其构成。

生产法：
$$增加值 = 总产出 - 中间投入$$
$$国内生产总值 = 增加值之和$$

收入法：
$$国内生产总值 = 固定资本折旧 + 劳动者报酬 + 生产税净额 + 营业盈余$$

支出法：
$$国内生产总值 = 最终消费 + 资本形成总额 + 净出口$$

(2) 国民总收入。国民总收入⊖是一国常住单位在一定时期内收入初次分配的结果。与国内生产总值不同，国民总收入是个收入概念，而国内生产总值是个生产概念。

$$国民总收入 = 国内生产总值 + 来自国外的要素收入净额$$

其中：来自国外的要素收入净额 = 来自国外的劳动报酬收入净额 + 来自国外的财产收入净额 + 来自国外的生产税净额。

(3) 国民可支配总收入。国民可支配总收入是一国常住单位与非常住单位之间在初次分配总收入的基础上，通过经常转移的形式对初次分配总收入进行再次分配而获得的总收入，其计算公式为

$$国民可支配总收入 = 国民总收入 + 来自国外的经常转移收入净额$$

国内生产总值、国民总收入与国民可支配总收入分别减去固定资产折旧，则称为国内生产净值、国民净收入与国民可支配净收入。

3.1.2 相对指标

1. 相对指标的概念

相对指标又称为相对数，是两个有联系的指标数值的比值，用以反映现象总体内部结构、比例、速度等，是最常用的对比分析方法，可以使一些不能直接对比的现象找到共同的比较基础，是进行经济管理、决策、调控的重要依据。

相对数有两种计量形式：复名数和无名数。复名数是以分子、分母的计量单位共同构成计量单位的，如人口密度用"人/平方公里"表示，人均国内生产总值用"元/人"表示等；无名数是一种抽象化的、无量纲的数，如百分数（%）、千分数（‰）、成数、倍数、系数等。

需要注意的是，在实际工作中经常会用到百分点、千分点。百分点（或千分点）说明的是以百分数（或千分数）形式表示的两个相对数的差值。例如，由于新冠疫情的影响，2020年我国国内生产总值环比增长速度下降为2.2%，比上年下降了3.8个百分点。又如，中国人

⊖ 国民总收入（GNI）原来称为国民生产总值（GNP）。

民银行自 2022 年 9 月 15 日起，下调金融机构外汇存款准备金率 2 个百分点，即外汇存款准备金率由 8% 下调至 6%。

2. 相对数的种类

根据研究目的不同和对比的基础不同，可以形成不同类型的相对数。

（1）结构相对数。结构相对数是在统计分组的基础上，用总体的部分数值与总体的数值对比得到的比值，也称比重或占比。各组结构相对数之和为 100%。其计算公式为

$$\text{结构相对数} = \frac{\text{总体中的部分数值}}{\text{总体的数值}} \times 100\% \quad (3\text{-}1)$$

结构相对数通常用来反映总体的结构和分布状况等。实际经济工作中常用的恩格尔系数、贡献率、城市化程度、中间投入率、增加值率、消费率、投资率、合格率、市场占有率等都是结构相对数。

（2）比例相对数。比例相对数是在统计分组的基础上，用总体的一部分数值与总体的另一部分数值对比得到的比值，其计算公式为

$$\text{比例相对数} = \frac{\text{总体中某一部分数值}}{\text{总体中另一部分数值}} \quad (3\text{-}2)$$

比例相对数所反映的比例关系属于结构性比例，如男性人口数与女性人口数之比，反映人口的性别比例。实际经济工作中常用的消费与投资的比例、师生比等都是比例相对数。

（3）比较相对数。比较相对数是不同空间同一现象数值对比的比值，其计算公式为

$$\text{比较相对数} = \frac{\text{甲空间的某一指标数值}}{\text{乙空间的同一指标数值}} \quad (3\text{-}3)$$

比较相对数可以比较不同国家、不同地区、不同单位等的经济实力、发展水平和工作优劣。比较相对数可以是两个总量指标的对比，也可以是相对指标或平均指标的对比。由于总量指标易受总体范围大小的影响，因此，计算比较相对数多采用相对数或平均数来对比。例如，中国的人均国内生产总值与印度的人均国内生产总值之比，反映两个发展中的人口大国的经济发展水平及人民生活水平的差异。

（4）计划完成相对数。计划完成相对数是实际完成数与计划任务数对比的比值，一般用百分数表示，所以也称为计划完成百分数，其计算公式为

$$\text{计划完成相对数} = \frac{\text{实际完成数}}{\text{计划任务数}} \times 100\% \quad (3\text{-}4)$$

计划完成相对数可以反映、检查、监督计划任务或目标规划的完成情况。

若计划任务数是按提高率或降低率规定的，则计算计划完成相对数时，分子和分母都应该包含基数（100% 或者 1），不能直接用提高率或降低率来计算。此时其计算公式可写为

$$\text{计划完成相对数} = \frac{100\% \pm \text{实际增减率}}{100\% \pm \text{计划增减率}} \times 100\% \quad (3\text{-}5)$$

对于正指标，计划完成相对数大于 100% 为超额完成计划。对于逆指标，计划完成相对数小于 100% 为超额完成计划。计划完成相对数为 100% 表示刚好完成计划。

在分析中长期规划的完成进度时，分子可以是规划期内某一段时间的实际完成累计数，分母是全期规划任务数，其计算公式为

$$\text{规划执行进度} = \frac{\text{规划期内某一段时间的实际完成数}}{\text{全期规划任务数}} \times 100\% \quad (3\text{-}6)$$

(5) 强度相对数。强度相对数是性质不同而又有联系的两个指标数值对比的比值，其计算公式为

$$强度相对数 = \frac{某一现象的数值}{另一有联系现象的数值} \quad (3-7)$$

强度相对数可以反映现象的强度、密度、普遍程度和经济效益。例如，人均国内生产总值可以反映国家的经济实力和人民生活水平；人均拥有的商店数、病床数，分别可以反映商业服务程度和医疗保健程度；资金利税率可以反映经济效益等。实际经济工作中，常用的人口密度、人均重要产品占有量、投资效果系数、外贸依存度、金融相关度、弹性系数等都是强度相对数。

由于强度相对数是性质不同的两个现象的数值对比的比值，所以有些强度相对数采用复名数表示，如人口密度用"人/平方公里"；也有一些强度相对数用百分数或千分数表示，如资产收益率、商品流通费用率用百分数表示，人口出生率用千分数表示等。有些强度相对数含有"均"的字样，但它们不是平均数，与算术平均数是有区别的。有的强度相对数的分子和分母可以互换，由此有正指标和逆指标之分。

（6）动态相对数（发展速度）。动态相对数是不同时间、同一总体或同一现象的数值对比的比值，反映现象发展变化的相对程度，其计算公式为

$$动态相对数 = \frac{报告期水平}{基期水平} \times 100\% \quad (3-8)$$

实际工作中的国内生产总值指数、资产保值增值率等，都是动态相对数，本书将在第4章专门介绍这个指标，在此不再赘述。

3. 计算和应用相对数应注意的问题

（1）正确选择对比基础。选择对比基础必须从现象的性质、特点出发，结合研究问题的目的来确定。对比基础选择不当，就不能准确反映现象间的数量对比关系，甚至会歪曲现象间的真实联系。

（2）对比的数据要有可比性。可比性主要是指对比的两个数据的内容、口径、计算方法、范围和条件是否与形成该相对数的要求相适应。

（3）相对数要与绝对数结合运用。相对指标是一个抽象的比率，不能反映现象之间绝对数量的差异。有些时候较小的相对数隐藏着较大的绝对数，或者相反。例如，我国2016年的人口自然增长率为5.86‰，这个数与很多国家相比不算高，但是13.8271亿人的基数，增长5.86‰就是增加800多万人，比好多国家的总人口还多。所以为了正确说明问题，达到深入分析研究的目的，进行对比分析时，往往需要既反映相对程度，又反映绝对数量水平。

（4）多种相对指标结合运用。社会经济现象各方面的联系错综复杂，一个现象的变化往往由诸多因素引起，又影响着与之相联系的其他现象的变化。只有将多种相对指标结合运用，进行多方面的比较，才能深入、全面地分析问题和认识问题。

3.2 数据集中趋势的描述：平均指标

总体单位的数据客观上存在着差异，统计规律表明，对绝大多数现象而言，较大或较小

的统计数据出现的频率比较小，大多数统计数据总是密集分布在某个中心附近，使全部数据具有向中心聚集或靠拢的态势，这就是统计数据的集中趋势。数据集中趋势的描述归纳起来有两大类：一类是数值平均数，它是根据全部数值计算得到的代表值；另一类是位置平均数，它是根据数据所处位置直接观察或根据与所处位置有关的部分数据计算确定的代表值。

3.2.1 数值平均数

数值平均数简称为平均数，是将总体单位间的数量差异抽象化后得到的反映现象在一定时间、地点、条件下一般水平的代表值。

平均数可以消除因总体范围不同而带来的数值差异，使不同规模的数值具有可比性；平均数与统计分组结合运用，可以分析现象之间的相互依存关系；平均数还是统计推断的一个重要指标。

1. 算术平均数

算术平均数也称为均值，是反映集中趋势最常用的平均数，其基本计算公式为

$$\text{算术平均数} = \frac{\text{总体标志总量}}{\text{总体单位总量}} \tag{3-9}$$

根据掌握的资料不同，算术平均数有不同的计算方法。

（1）简单算术平均法。简单算术平均法是在统计数据未分组的情况下，将各个数据直接相加除以数据的个数来计算平均数的方法。若以 $x_1, x_2, \cdots, x_n$ 表示变量值，$\bar{x}$ 表示平均数，则简单算术平均数的计算公式[⊖]为

$$\bar{x} = \frac{\sum_{i=1}^{n} x_i}{n} = \frac{\sum x}{n} \tag{3-10}$$

（2）加权算术平均法。如果数据已经经过分组形成变量数列，计算算术平均数要用加权算术平均法，用加权算术平均法计算的平均数称为加权算术平均数。

若用 x_i 表示变量值或者组中值，f_i 表示变量值 x_i 出现的次数，k 表示组数，则加权算术平均数的计算公式为

$$\bar{x} = \frac{x_1 f_1 + x_2 f_2 + \cdots + x_k f_k}{f_1 + f_2 + \cdots + f_k} = \frac{\sum xf}{\sum f} \tag{3-11}$$

式（3-11）也常常表达为如下形式，即用比重权数加权，可得

$$\bar{x} = x_1 \frac{f_1}{\sum f} + x_2 \frac{f_2}{\sum f} + \cdots + x_k \frac{f_k}{\sum f} = \sum x \frac{f}{\sum f} \tag{3-12}$$

【例 3-1】

某企业某日工人日产量资料如表 3-1 所示，试计算工人日平均产量。

⊖ 去掉公式中的下标，意义也很明确，本章以下的公式均省略下标。

表 3-1 某企业某日工人日产量

日产量/件	工人人数/人	比重/%
10	70	8.75
11	100	12.50
12	380	47.50
13	150	18.75
14	100	12.50
合计	800	100.00

解：工人平均日产量 = 工人日总产量/工人总数，所以，工人日平均产量应该这样计算，即

$$\bar{x} = \frac{\sum xf}{\sum f} = \frac{10 \times 70 + 11 \times 100 + 12 \times 380 + 13 \times 150 + 14 \times 100}{70 + 100 + 380 + 150 + 100}$$

$$= \frac{9\,710}{800} = 12.137\,5(件)$$

或

$$\bar{x} = \sum x \frac{f}{\sum f} = 10 \times 0.087\,5 + 11 \times 0.125 + 12 \times 0.475 + 13 \times 0.187\,5 + 14 \times 0.125$$

$$= 12.137\,5(件)$$

【例 3-2】

某班学生英语考试成绩如表 3-2 所示，试计算平均成绩。

表 3-2 某班学生英语考试成绩

成绩/分	组中值 x/分	学生人数 f/人	比重 $(f/\Sigma f)$/%
60 以下	55	2	3.57
60～70	65	15	26.79
70～80	75	20	35.71
80～90	85	15	26.79
90～100	95	4	7.14
合计	—	56	100.00

解：

所求平均成绩为

$$\bar{x} = \frac{\sum xf}{\sum f} = \frac{55 \times 2 + 65 \times 15 + 75 \times 20 + 85 \times 15 + 95 \times 4}{2 + 15 + 20 + 15 + 4} = \frac{4\,240}{56} = 75.71(分)$$

或

$$\bar{x} = \sum x \frac{f}{\sum f} = 55 \times 0.035\,7 + 65 \times 0.267\,9 + 75 \times 0.357\,1 + 85 \times 0.267\,9 + 95 \times 0.071\,4$$

$$= 75.71(分)$$

计算加权平均数时，必须将变量值与变量值出现的次数（比重）相乘，以权衡其轻重，

这就是"加权"。这是因为，在变量数列中各个变量值出现的次数不一样，次数出现多的变量值对平均数的影响大一些，次数出现少的变量值对平均数的影响小一些，对各个变量值不能等同看待，因此需要"加权"。

权数既有绝对权数，也有比重权数，二者没有实质性区别，可以相互转换。但比重权数能更直观、清楚地说明权数的实质。

（3）调和平均法。当已知各组的变量值 x 和各组标准值总量 xf 的资料，而缺乏其分母数据 f 时，为了符合基本公式，首先需要经过除法运算求得分母数据 f，再计算平均数。这样的计算过程就是调和平均法，其关系可表示为

$$\bar{x} = \frac{\sum xf}{\sum f} = \frac{\sum xf}{\sum \frac{1}{x}xf} = \frac{\sum m}{\sum \frac{1}{x}m} \tag{3-13}$$

这里 m 是一种特定权数，它不是各组变量值出现的次数，而是各组的标志值总量。

调和平均法只是算术平均法的一种变形，对同一问题计算的结果是一致的，只是因数据资料的不同而采用了不同的计算形式。

【例 3-3】

已知某日某品种鸡蛋在三个销售网点的销售数据如表 3-3 所示，试计算该日该品种鸡蛋的平均价格。

表 3-3　某日某品种鸡蛋的销售资料

销售网点	价格 x/（元/千克）	销售额 m/元	成交量 $(f=m/x)$/千克
甲	9.6	20 352	2 120
乙	8.5	14 875	1 750
丙	10.0	15 900	1 590
合计	—	51 127	5 460

资料栏　　　　　计算栏

解：

$$\bar{x} = \frac{20\ 352 + 14\ 875 + 15\ 900}{\dfrac{20\ 352}{9.6} + \dfrac{14\ 875}{8.5} + \dfrac{15\ 900}{10}} = \frac{51\ 127}{5\ 460} = 9.36(元／千克)$$

对相对数求平均数，要视掌握资料的情况考虑采用算术平均法或调和平均法。对相对数求算术平均数，其基本思想是符合相对数本身的计算公式。

（4）算术平均数的性质。

1）算术平均数与变量值个数的乘积等于各个变量值的总和，即

$$n\bar{x} = \sum x$$

这一性质表明，可以利用算术平均数来推算相应的总量。

2）各个变量值与其算术平均数的离差之和为零，即

$$\sum (x - \bar{x}) = 0 \text{ 或 } \sum (x - \bar{x})f = 0$$

证明如下：

$$\sum(x-\bar{x}) = \sum x - n\bar{x} = \sum x - n\frac{\sum x}{n} = 0$$

$$\sum(x-\bar{x})f = \sum xf - \sum \bar{x}f = \sum xf - \bar{x}\sum f = \sum xf - \frac{\sum xf}{\sum f}\sum f = 0$$

这一性质说明，算术平均数是一组数据的重心，它把总体各单位变量值的差异抽象掉了，所以它是一般水平值、代表值。

3）各个变量值与其算术平均数的离差平方之和为最小，即

$$\sum(x-\bar{x})^2 = \min \text{ 或 } \sum(x-\bar{x})^2 f = \min$$

证明如下：

设 x_0 是不等于 $\bar{x}$ 的任意数，则 $x_0 - \bar{x} = c \neq 0$

$$\sum(x-x_0)^2 = \sum[x-(\bar{x}+c)]^2 = \sum[(x-\bar{x})-c]^2$$
$$= \sum(x-\bar{x})^2 - 2c\sum(x-\bar{x}) + nc^2 = \sum(x-\bar{x})^2 + nc^2$$

∵ $c \neq 0$

∴ $nc^2 > 0$

故 $\sum(x-x_0)^2 > \sum(x-\bar{x})^2$

即 $\sum(x-\bar{x})^2 = \min$

类似地可以证明 $\sum(x-\bar{x})^2 f = \min$

该数学性质充分反映了算术平均数是集中趋势最好的代表值的特性，以算术平均数以外的任何数为中心，其离差都大于以算术平均数为中心的离差。

2. 几何平均数

几何平均数是 n 个变量值连乘积的 n 次方根，常用于总量等于各个数据之积的现象求平均数，如发展速度、某些比率（如本利率等）的平均。几何平均数也分为简单几何平均数和加权几何平均数。若以 $x_1, x_2, \cdots, x_n$ 表示变量值，$\bar{x}_G$ 表示几何平均数，则简单几何平均数的计算公式为

$$\bar{x}_G = \sqrt[n]{x_1 x_2 \cdots x_n} = \sqrt[n]{\prod x} \tag{3-14}$$

例如，某流水生产线有前后衔接的 5 道工序，某日各工序产品的合格率分别为 97%、96%、98%、98.5%、99%，整个流水生产线产品的平均合格率为

$$\bar{x}_G = \sqrt[5]{0.97 \times 0.96 \times 0.98 \times 0.985 \times 0.99} = \sqrt[5]{0.8899} = 0.9769 = 97.69\%$$

加权几何平均数的计算公式为

$$\bar{x}_G = \sqrt[f_1+f_2+\cdots+f_k]{x_1^{f_1} x_2^{f_2} \cdots x_k^{f_k}} = \sqrt[\Sigma f]{\prod x^f} \tag{3-15}$$

例如，某金融机构以复利方式计算利息。近 12 年来的年利率有 4 年为 3%，2 年为 5%，2 年为 8%，3 年为 10%，1 年为 15%，则 12 年的平均年利率为

$$\bar{x}_G - 1 = \sqrt[(4+2+2+3+1)]{1.03^4 \times 1.05^2 \times 1.08^2 \times 1.10^3 \times 1.15} - 1$$
$$= \sqrt[12]{2.2154} - 1 = 6.82\%$$

要注意的是，计算几何平均数的前提是各个变量值的乘积有经济意义，且变量值中不存在零，或者负数。

3.2.2 位置平均数

位置平均数是根据变量值在分配数列中所处的位置来确定的平均数,它不受极端值的影响。

1. 众数

众数是指总体中出现次数最多的变量值。众数非常清楚地反映了数据分布的集中趋势,如表3-1中,能够生产12件产品的工人人数最多,所以"12件"就是众数;第2章的表2-3中,对住房满意程度为不满意的户数最多,所以"不满意"就是众数。

根据未分组数据或单变量分组数据确定众数时,只需找到出现次数最多的数据即可。对于组距分组数据,众数所在组对应的变量值是一个区间,因此,通常用下面的公式推算众数。

下限公式:
$$M_o = L + \frac{\Delta_1}{\Delta_1 + \Delta_2} \times d \tag{3-16}$$

上限公式:
$$M_o = U - \frac{\Delta_2}{\Delta_1 + \Delta_2} \times d \tag{3-17}$$

式中,M_o为众数;L为众数组的下限值;U为众数组的上限值;Δ_1为众数组次数与变量值较小的相邻组次数之差;Δ_2为众数组次数与变量值较大的相邻组次数之差;d为众数组的组距。

从表3-2的数据可以看出,出现频数最多的是20,即众数组为70~80分这一组,根据公式得出56名学生的英语成绩众数如下。

根据下限公式计算:
$$M_o = 70 + \frac{20 - 15}{(20 - 15) + (20 - 15)} \times 10 = 75(\text{分})$$

根据上限公式计算:
$$M_o = 80 - \frac{20 - 15}{(20 - 15) + (20 - 15)} \times 10 = 75(\text{分})$$

计算表明,若众数组前一组的次数与后一组的次数相等,则众数等于众数组的组中值。

众数的确定有两个前提:一是总体单位总量必须相当大才有众数,若数据资料很少,虽然可以从中得到一个出现次数最多的数值,但其并无"最普遍值"的意义;二是次数分布须具有明显的集中趋势才有众数,若数列中各个数据出现的频率都差不多,则所得到的"众数"缺乏代表性;若变量数列中有两个或几个变量值的次数都比较集中,就可能有两个或多个众数。因此,一组变量值的算术平均数和中位数是客观存在的,而且是唯一的,而众数却不一定(见图3-1)。

2. 中位数

中位数是将各个变量值按大小顺序进行排序后,处于中间位置的变量值。由于位置居中,所以中位数把数列中的全部变量值分成个数相等的两部分,一半变量值小于中位数,一半变量值大于中位数。

在未分组条件下,当变量值的个数是奇数时,中位数就是位于中间位置$\left(\frac{n+1}{2}\right)$的那个变量值;当变量值的个数是偶数时,则中间位置位于两个变量值之间,这时中位数定义为这两个变

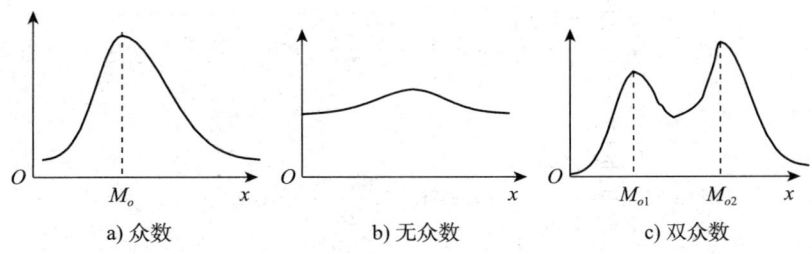

图 3-1 众数示意图

量值的简单算术平均数，即

$$M_e = \begin{cases} X_{(\frac{n+1}{2})} & \text{当 } n \text{ 为奇数时} \\ \frac{1}{2}(X_{\frac{n}{2}} + X_{\frac{n}{2}+1}) & \text{当 } n \text{ 为偶数时} \end{cases} \tag{3-18}$$

在单项式分组条件下，需要先计算向上累计（或向下累计）次数，以明确中间位置（用 $\frac{\sum f}{2}$ 代替）所在的组，即中位数组，则该组的变量值是中位数，分析表 3-1 中的数据可知，该企业工人日产量的中位数是 12 件，在组距式分组条件下，中位数组所对应变量值是一段区间，这时需要借助下列公式来推算中位数的具体数值。

下限公式：
$$M_e = L + \frac{\frac{\sum f}{2} - S_{m-1}}{f_m} \times d \tag{3-19}$$

上限公式：
$$M_e = U - \frac{\frac{\sum f}{2} - S_{m+1}}{f_m} \times d \tag{3-20}$$

式（3-19）和式（3-20）中，M_e 为中位数；L 为中位数组的下限值；U 为中位数组的上限值；S_{m-1} 为向上累计至中位数所在组前一组的次数；S_{m+1} 为向下累计至中位数所在组后一组的次数；f_m 为中位数所在组的次数；d 为中位数所在组的组距。

根据表 3-2 计算中位数的过程如表 3-4 所示。

表 3-4 某班学生英语考试成绩

成绩/分	组中值 x/分	学生人数 f/人	人数累计	
			向上累计	向下累计
60 以下	55	2	2	56
60~70	65	15	17	54
70~80	75	20	37	39
80~90	85	15	52	19
90~100	95	4	56	4
合计	—	56	—	—

由于 $\frac{\sum f}{2} = 28$，可断定中位数落在第三组内。

按下限公式有：

$$M_e = L + \frac{\frac{\sum f}{2} - S_{m-1}}{f_m} \times d = 70 + \frac{28-17}{20} \times 10 = 75.50(\text{分})$$

按上限公式有：

$$M_e = U - \frac{\frac{\sum f}{2} - S_{m+1}}{f_m} \times d = 80 - \frac{28-19}{20} \times 10 = 75.50(\text{分})$$

3. 分位数

中位数是从中间点将全部数据等分为两部分的。与中位数类似的还有四分位数、十分位数和百分位数等，统称分位数。分位数 Q_p 的位置为

$$Q_p \text{ 的位置} = (n+1)\frac{p}{M} \quad (M = 4, 10, 100) \tag{3-21}$$

式（3-21）中，p 为想要得到的那个分位数；n 为数据的项数；M 是多少分位数。

如四分位数是通过三个点将全部数据等分为四部分，其中每部分包括 25% 的数据。下四分位数 Q_1 的位置 $= \frac{n+1}{4}$，是指处在 25% 位置上的数值；上四分位数 Q_3 的位置 $= \frac{3 \times (n+1)}{4}$，是指处在 75% 位置上的数值，很显然，第 2 个四分位数就是中位数。

当四分位数的位置不在某一个数值上时，可根据四分位数的位置，按比例分摊四分位数位置两侧数据的差值。

3.2.3 平均指标的比较和应注意的问题

1. 众数、中位数与算术平均数的比较

算术平均数、中位数和众数都是反映数据分布集中趋势的平均指标，它们各具特点：算术平均数是根据所有数据计算的，中位数和众数是根据数据分布形状和位置确定的；算术平均数只适用于定量的数据，中位数适用于定量和定序的数据，众数适用于定量、定序和定类的数据，但有可能存在没有众数或多个众数的情况；算术平均数易受到极端值的影响，有极端变量值时，中位数和众数作为代表值更好。

此外，众数、中位数和算术平均数三者也存在一定的数量关系。在钟形分布中，众数是分布最高峰对应的变量值，一般中位数比较适中，算术平均数受极端变量值的影响，可能偏大或偏小。在对称钟形分布中三者相等（见图 3-2a），即 $\bar{x} = M_e = M_o$；在左偏分布中（见图 3-2b）有 $\bar{x} < M_e < M_o$；在右偏分布中（见图 3-2c）有 $\bar{x} > M_e > M_o$。

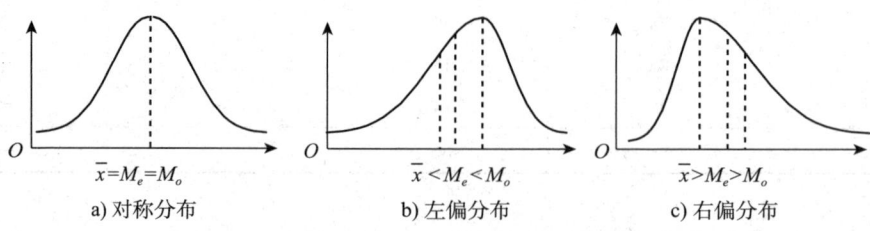

图 3-2 众数、中位数与算术平均数的关系

统计公报显示，2022 年我国城镇居民人均可支配收入为 49 283 元，人均可支配收入中位数为 45 123 元；农村居民人均可支配收入为 20 133 元，人均可支配收入中位数为 17 734 元。可见，不管是城镇居民还是农村居民，收入的中位数都低于均值，说明我国城乡居民收入分布都呈右偏分布。

2. 应用平均指标应注意的问题

（1）计算和应用平均指标的基本原则是现象的同质性。只有在同质总体的基础上计算和应用平均指标，才有真实的社会经济意义。如果根据不同性质总体的数据资料计算平均指标，就会掩盖事物的本质差别，得到的平均指标是虚构的平均指标，不能真实反映现象的一般水平。

（2）总平均数与组平均数相结合。平均指标反映了总体各单位某一数量标志值的一般水平，但却掩盖了各组之间的差异。总体各组之间及各组之内的差异往往影响总体的特征和分布规律，各组结构变动也会对总体变动产生影响。为了全面认识总体的特征和分布规律，常常用组平均数和变量分布数列补充总平均数。

（3）平均指标与变异指标相结合。平均指标和变异指标是反映总体分布的两个重要特征值。为了全面描述总体分布的特征，必须将平均指标与变异指标结合使用，用变异指标衡量平均指标的代表性，说明平均指标反映总体一般水平的有效程度，使分析结论更确切、更可靠。

3.3 数据离中趋势的描述：变异指标

3.3.1 测定数据离中趋势的意义

集中趋势是各变量值向其中心值聚集的程度，在反映统计数据一般水平的同时，掩盖了总体各单位标志值的数量差异。因此，在测定了一个数列的集中趋势后，还需要考察数据远离其中心值的程度即离中趋势，也常称作离散程度、变异程度。

变异指标是描述统计数据差异（离散）程度的综合指标，能反映均值的代表性，现象的稳定性或均衡性。数据的离散程度越大，均值的代表性越差，现象的稳定性或均衡性越低；数据的离散程度越小，均值的代表性越好，现象的稳定性或均衡性越高。

描述统计数据离散程度的测度值主要有极差、四分位差、平均差、标准差和方差，以及测度相对离散程度的离散系数等。

3.3.2 极差与四分位差

1. 极差

极差又称为全距，它是最大值 $x_{\max}$ 与最小值 $x_{\min}$ 之差。极差表示数据的波动范围，若以 R 表示极差，则有

$$R = x_{\max} - x_{\min} \tag{3-22}$$

对于组距数列，极差也可以近似表示为

$$R = 最大值组上限 - 最小值组下限$$

用极差反映总体分布的离散程度虽然简便，但它只从两端数值考察，忽略了中间数据的变动情况，不能说明整体的差异程度。尤其是存在极端值的情况下，使用极差往往会造成不准确的结论。

2. 四分位差

上四分位数与下四分位数之差，称为四分位差，也称为内距或四分间距，用 Q_D 表示。其计算公式为

$$Q_D = Q_3 - Q_1 \tag{3-23}$$

四分位差反映了中间 50% 数据的离散程度，其数值越小，说明中间的数据越集中；数值越大，说明中间的数据越分散。此外，由于中位数处于数据的中间位置，因此四分位差的大小在一定程度上也说明了中位数对一组数据的代表程度。四分位差不受极值的影响。相对极差而言，四分位差能避免极端值的影响，但它仍然只利用了两个位置的信息，没有考察全部数据的分布情况，因此对数据的变异性反映也是不全面的。

3.3.3　平均差

平均差是总体中各个变量值与其算术平均数的离差绝对值的算术平均数，用 AD 表示。根据所掌握的资料不同，平均差有简单算术平均式和加权算术平均式两种。

平均差的计算公式为

未分组资料：

$$AD = \frac{\sum |x - \bar{x}|}{n}$$

分组资料：

$$AD = \frac{\sum |x - \bar{x}|f}{\sum f} \tag{3-24}$$

根据表 3-2 的资料计算某班学生英语考试成绩平均差的过程如表 3-5 第（3）栏所示。

表 3-5　某班学生英语考试成绩平均差和方差计算表

成绩/分	组中值 x	学生人数 f	$|x-\bar{x}|f$	$(x-\bar{x})^2 f$
（甲）	(1)	(2)	(3)	(4)
60 以下	55	2	41.42	857.808
60~70	65	15	160.65	1 720.562
70~80	75	20	13.49	9.578
80~90	85	15	139.35	1 294.562
90~100	95	4	77.16	1 488.416
合计	—	56	432.07	5 370.926

$$AD = \frac{\sum |x - \bar{x}|f}{\sum f} = \frac{432.07}{56} = 7.72(\text{分})$$

计算结果表明，平均说来该班每个学生的成绩与平均成绩相差 7.72 分。由于考虑了数列中全部数据变动的影响，因此它能够全面反映所研究总体的平均差异程度，比极差、四分位差更能充分地反映数据的离散程度。但由于平均差在计算中需要取绝对值，不便于进一步的代数运算，给应用带来一定的局限，所以在统计实践中并不常见。

3.3.4 标准差和方差

1. 标准差和方差的意义

标准差又称均方根差，它是总体中各单位变量值与其算术平均数离差平方的平均数的平方根，总体标准差通常用 σ 表示。标准差的平方称为方差，总体方差通常用 σ^2 表示。标准差在数学处理上采用平方的方法避免正负离差相互抵消，在进一步的计算中具有数学上的优越性。标准差和方差是测定数据离散程度最重要与最常用的指标。其计算公式为

未分组资料： $\sigma = \sqrt{\dfrac{\sum(x-\bar{x})^2}{n}}$， $\sigma^2 = \dfrac{\sum(x-\bar{x})^2}{n}$

分组资料： $\sigma = \sqrt{\dfrac{\sum(x-\bar{x})^2 f}{\sum f}}$， $\sigma^2 = \dfrac{\sum(x-\bar{x})^2 f}{\sum f}$ (3-25)

根据表 3-2 的资料计算某班学生英语考试成绩的方差和标准差的过程如表 3-5 第（4）栏所示。

$$\sigma^2 = \frac{\sum(x-\bar{x})^2 f}{\sum f} = \frac{5\,370.926}{56} = 95.91,\ \sigma = \sqrt{\frac{\sum(x-\bar{x})^2 f}{\sum f}} = \sqrt{\frac{5\,370.926}{56}} = 9.79(\text{分})$$

方差与标准差用于测定数据分布的离散程度的作用实质是一致的，但标准差计量单位与所测定数据的计量单位相同，结果的实际意义比方差更容易理解，应用更为普遍。如上例计算结果表明，平均说来该班每个学生的成绩与平均成绩相差 9.79 分。

标准差和平均差的结果解释是一致的，但数值有差异：一般情况下（大多数离差绝对值大于 1 时），计算得到的标准差大于平均差，标准差对较大偏差的反应更为灵敏；反之，对于差异较小的数据（大多数离差绝对值小于 1 时），计算得到的标准差小于平均差。

2. 方差和标准差的数学性质

（1）若每一个变量值加上一个常数，方差和标准差不变。设 a 为任意常数，$y_i = x_i + a$，则有

$$\sigma_y^2 = \sigma_x^2,\ \sigma_y = \sigma_x$$

（2）若每一个变量值均扩大常数倍，方差和标准差也成比例变化。设 a 为任意常数，$y_i = ax_i$，则有

$$\sigma_y^2 = a^2 \sigma_x^2,\ \sigma_y = |a|\sigma_x$$

（3）分组条件下，总方差可以分解成组内方差的平均数 $\overline{\sigma^2}$ 和组间方差 δ^2 两部分，即

$$\sigma^2 = \overline{\sigma^2} + \delta^2 \tag{3-26}$$

组内方差的平均数是各组方差 σ_i^2 的加权平均数，即

$$\overline{\sigma^2} = \frac{\sum \sigma_i^2 f_i}{\sum f_i},\ \sigma_i^2 = \frac{\sum_{j=1}^{f_i}(x_{ij} - \overline{x_i})^2}{f_i},\ \overline{x_i} = \frac{\sum_{j=1}^{f_i} x_{ij}}{f_i}$$

组间方差是各组平均数的方差，即

$$\delta^2 = \frac{\sum_{i=1}^{m}(\bar{x}_i - \bar{x})^2 f_i}{\sum_{i=1}^{m} f_i} \quad (m\ \text{是组数})$$

3.3.5 离散系数与异众比率

1. 离散系数

极差、四分位差、平均差和标准差都是反映标志变异的绝对指标或平均指标,与平均数有相同的计量单位。它们在反映变异程度大小时,不仅取决于统计数据的离散程度,还取决于这些统计数据一般水平的高低。当我们比较具有不同水平的数列的变异程度时,一般不能直接用这些变异指标,如比较某公司员工的年龄和月收入的离散程度,其变异指标的计量单位分别为"岁"和"元",因此并不能直接比较。

为解决这一问题,应该采用标志变异的相对指标——离散系数,即标志变异的绝对指标与数列均值的比值。其意义是单位平均数上的差异,离散系数小,标志变异程度小,平均数的代表性就高,反之则低。在统计分析中常用的离散系数是标准差系数,计算公式为

$$V_\sigma = \frac{\sigma}{\bar{x}} \tag{3-27}$$

2. 异众比率

以上的变异指标均只适用于定量数据。对于定性数据,可以通过计算"异众比率"来衡量集中趋势值众数的代表性。异众比率是指非众数值的次数之和在总次数中所占比重,如果用 V_{m_o} 表示异众比率,f_m 和 $\sum f_i$ 分别表示众数所在组的次数和总次数,则异众比率的计算公式为

$$V_{m_o} = \frac{\sum f_i - f_m}{\sum f_i} = 1 - \frac{f_m}{\sum f_i} \tag{3-28}$$

异众比率越大,说明非众数组的频数占总频数的比重越大,众数的代表性就越差;异众比率越小,说明非众数组的频数占总频数的比重越小,众数的代表性越好。

3.4 数据分布形态的描述:偏度和峰度

数据的分布特征除了描述其集中趋势和离中趋势外,还需要了解数据的分布曲线是否对称或偏斜,偏斜的程度和方向,以及分布曲线的陡峭程度,曲线顶端是尖峭还是扁平等。数据分布的偏态和峰态就是对这些分布特征的描述。偏态也称为偏度,是指变量值围绕其均值的非对称方向和程度;峰态也称为峰度,指的是数据分布曲线的凸起或平坦程度。测量偏度和峰度需要理解"矩"的概念。

3.4.1 k 阶矩

矩又叫作动差,是力学中的一个概念,表示力、力臂与平衡点之间的数量关系。由于这个关系跟统计学中所讨论的变量值、权数与均值的关系在性质上很相似,因此统计学就借助矩的概念来说明数据的分布形态。

矩的基本表达形式是,A 为任意常数,所有变量值 x 与 A 之离差的 k 次方的平均数为变量 x 关于 A 的 k 阶矩,即

$$\frac{\sum(x-A)^k}{n} \text{ 或 } \frac{\sum(x-A)^k f}{\sum f} \qquad (3\text{-}29)$$

当 $A=0$ 时，即变量以原点为中心，称式（3-29）为 k 阶原点矩。不难看出，一阶原点矩即算术平均数，二阶原点矩即变量值平方的平均数。

当 $A=\bar{x}$ 时，即变量以均值为中心，称式（3-29）为 k 阶中心矩，用 m_k 表示。根据算术平均数的性质和方差的定义可知，一阶中心矩为 0，二阶中心矩为方差，即

$$m_1 = \sum(x-\bar{x})/n = 0$$
$$m_2 = \sum(x-\bar{x})^2/n = \sigma^2$$

3.4.2 偏态的测定

以对称分布为标准，偏态分布通常分为右向偏态（也称为正偏）与左向偏态（也称为负偏）。测定偏态的方法不止一种，本书只介绍中心矩测定方法。

中心矩实际上是通过高于平均数的离差（正离差）之和与低于平均数的离差（负离差）之和来度量分布的对称性。当正离差之和与负离差之和相等时，为对称分布；当正离差之和与负离差之和不相等时，为偏态分布。一阶中心矩恒等于 0，偶数阶中心矩恒为正数，只有奇数阶中心矩才可能有正离差之和与负离差之和抵消，才能用其测度分布的对称性或非对称性。

在对称分布的条件下，当 k 为奇数时，每一项离差经过 k 次方后，正负离差可以全部相互抵消，故 $m_k=0$。而在非对称分布中，除了 m_1 外，m_k 都不等于 0。因此，可以利用这种关系测定频数分布的非对称程度。如上所述，奇数阶中心矩才能用于分布的形态的测度，显然，三阶中心矩最为简单，故常用三阶中心矩 m_3 来测度偏态。

由于中心矩是有计量单位的数，所以利用 m_3 测定偏态的方法，是将三阶中心矩 m_3 除以标准差的三次方 σ^3，所得的系数通常称为偏度或偏度系数，用 Skew 表示，其计算公式为

未分组资料： $\quad \text{Skew} = \dfrac{m_3}{\sigma^3} = \dfrac{\sum(x-\bar{x})^3}{n\sigma^3}$

分组资料： $\quad \text{Skew} = \dfrac{m_3}{\sigma^3} = \dfrac{\sum(x-\bar{x})^3 f}{\sigma^3 \sum f} \qquad (3\text{-}30)$

Skew = 0 时为对称分布；当 Skew 为正值时，表示正离差值较大，可以判断为右偏分布或正偏分布；当 Skew 为负值时，表示负离差数值较大，可以判断为左偏分布或负偏分布。Skew 的绝对值越大，表示偏斜的程度越大。

3.4.3 峰态的测定

峰态是以正态分布曲线为标准来衡量数据的集中程度与分布曲线的尖峭程度，通常区分为正态、尖顶与平顶三种。当频数分布曲线较正态分布曲线更为隆起、更瘦、更高时，称为尖顶峰度；反之，当频数分布曲线较正态分布曲线更为平坦、更胖、更矮时，称为平顶峰度，如图 3-3 所示。

测定峰态往往以四阶中心矩 m_4 为基础。将四阶中心矩 m_4 除以标准差的四次方 σ^4，所得到的相对数就是峰态的测度值，一般称为峰度系数，简称峰度，用 Kurt 表示，其计算公式为

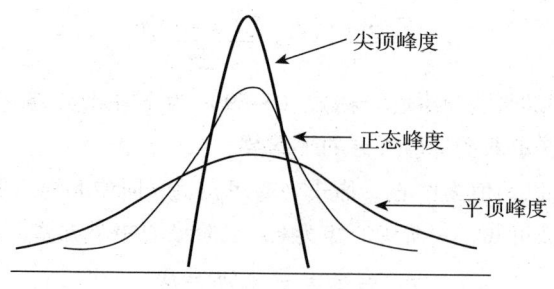

图 3-3　峰度示意图

未分组资料：
$$\text{Kurt} = \frac{m_4}{\sigma^4} = \frac{\sum(x-\bar{x})^4}{n\sigma^4}$$

分组资料：
$$\text{Kurt} = \frac{m_4}{\sigma^4} = \frac{\sum(x-\bar{x})^4 f}{\sigma^4 \sum f} \quad (3\text{-}31)$$

当 Kurt = 3 时，频数分布曲线为正态曲线；当 Kurt < 3 时，为平顶曲线；当 Kurt > 3 时，为尖顶曲线。如果 Kurt 的数值越大于 3，则频数分布曲线的顶端越尖峭。如果 Kurt 的数值越小于 3，则频数分布曲线之顶端越平坦，待到 Kurt 接近于 1.8 时，频数分布趋向一条水平线，即各组包括相同频数，因而分布形态成为矩形分布；当 Kurt 的数值在 1.8 以下时，频数分布曲线是 U 形分布。

必须注意的是，实际中也常常将式（3-31）直接减去 3，用峰态系数的正、负直观地显示频数分布曲线相对于正态分布曲线的陡峭程度，即以 0 为比较基准，当 Kurt = 0 时，为正态曲线；当 Kurt < 0 时，为平顶曲线；当 Kurt > 0 时，为尖顶曲线。Excel 的 KURT 函数及数据分析中的"描述统计"计算的峰度都是已经减去 3 的样本峰度系数。

根据表 3-2 的数据，已经计算得到：$\bar{x}=75.71$ 分，$\sigma=9.79$ 分，偏度及峰度的计算过程如表 3-6 所示。

表 3-6　某班学生英语成绩的偏度及峰度计算表

成绩/分	组中值 x	学生人数 f/人	$(x-\bar{x})^3 f$	$(x-\bar{x})^4 f$
60 以下	55	2	-17 765.208	367 917.454
60~70	65	15	-18 427.214	197 355.458
70~80	75	20	-6.800	4.828
80~90	85	15	12 026.476	111 725.965
90~100	95	4	28 711.552	553 845.845
合计	—	56	4 538.807	1 230 845.551

$$\text{Skew} = \frac{m_3}{\sigma^3} = \frac{\sum(x-\bar{x})^3 f}{\sigma^3 \sum f} = \frac{4\,538.807}{9.79^3 \times 56} = 0.086$$

由计算结果可以看出，偏度系数为正值且数值较小，说明某班学生英语考试成绩的分布为右偏分布，偏斜的程度较小。

$$\text{Kurt} = \frac{m_4}{\sigma^4} - 3 = \frac{\sum(x-\bar{x})^4 f}{\sigma^4 \sum f} - 3 = \frac{1\,230\,845.551}{9.79^4 \times 56} - 3 = 2.393 - 3 = -0.607$$

由于 Kurt = -0.607 < 0，故该班学生成绩的分布曲线为平顶分布。

3.5 Z-分数与相关定理

3.5.1 Z-分数

对于一组数据,我们除了描述它的中心位置、变异程度和分布形态,还对数据分布的相对位置感兴趣。数据分布的相对位置能揭示这个数据是靠近数据的中心,还是处于远离数据集的另一端。Z-分数(Z-score)是对数据分布的相对位置的测度,其计算公式为

$$Z = \frac{x - \bar{x}}{\sigma} \tag{3-32}$$

可见,Z-分数度量了某一原始数据偏离平均数的相对距离,这一相对位置的测度也称作数据的标准化,据此,我们还能对来自不同现象的数据进行比较。例如,某大学女生跳远成绩是 4.43 米,掷铅球成绩是 7.30 米,尽管两项体育成绩的计量单位均是"米",但由于性质不同,该女生的跳远成绩与铅球成绩是不能直接比较的。因此,我们可以借助 Z-分数,将不同性质的变量值转化为标准化的值,就能对其进行比较。

【例 3-4】
某大学某专业 8 个女生某次的体育测试,其中跳远和掷铅球成绩如表 3-8 所示。

表 3-8 某专业女生跳远与掷铅球的成绩

学生代号	A	B	C	D	E	F	G	H
跳远 x_1/米	4.12	4.43	3.99	4.75	3.97	4.09	3.97	4.67
掷铅球 x_2/米	6.68	7.30	7.14	8.59	6.64	6.38	7.53	6.71

试比较 B 同学哪一个项目的测试成绩更好?

解:

$$\bar{x}_1 = 4.2488(\text{米}) \quad \sigma_1 = 0.3012(\text{米})$$
$$\bar{x}_2 = 7.1213(\text{米}) \quad \sigma_2 = 0.6616(\text{米})$$

$Z_{B1} = 0.6016$,$Z_{B2} = 0.2701$,因此 B 同学的跳远成绩好于掷铅球成绩,且两项测试均好于平均水平。

3.5.2 切比雪夫定理与经验法则

1. 切比雪夫定理

切比雪夫定理是指在任意一个数据集中,位于其平均数 m 倍标准差范围之内的数据项所占比例至少为 $(1 - 1/m^2)$,其中 m 是大于 1 的任意实数。这一定理是由 19 世纪俄罗斯数学家切比雪夫证明得到,故被称为切比雪夫定理。

因此,依据该定理,分别有如下结果:

当 $m = 2$ 时,至少有 3/4(或 75%)的数据位于平均数 2 倍标准差范围内;
当 $m = 3$ 时,至少有 8/9(或约 89%)的数据位于平均数 3 倍标准差范围内;
当 $m = 4$ 时,至少有 15/16(或约 94%)的数据位于平均数 4 倍标准差范围内。

例如，某公司某部门100名员工的月平均工资是5 000元，标准差是400元，那么依据切比雪夫定理，可以得到该部门至少有75名员工的月工资在4 200元~5 800元，至少有89名员工的月工资在3 800元~6 200元。那么，又有多少名员工的月工资在4 000元~6 000元呢？[○]

切比雪夫定理的优点之一是它对数据分布形态没有要求，适用于任何数据集。

2. 经验法则

在实际应用中，由于广泛存在呈钟形分布的数据集，这时我们可以运用经验法则（empirical rule），以得到更为精确的结论。经验法则基于正态分布理论来确定距离平均数某个特定倍数的标准差之内，数据项所占的比例。

经验法则的具体内容是，对于具有钟形分布的数据：

大约有68%的数据项与平均数的距离在1倍标准差范围之内；

大约有95%的数据项与平均数的距离在2倍标准差范围之内；

大约有99.7%的数据项与平均数的距离在3倍标准差范围之内。

例如，某超市的日销售收入大致呈钟形分布，已知上个月30天的日均销售收入为25 000元，标准差为3 000元。由经验法则可知：

大约有20天的销售收入介于22 000元至28 000元；

大约有29天的销售收入介于19 000元至31 000元；

几乎全部的日销售收入都介于16 000元至34 000元。

运用经验法则不仅可以得到上述结论，反过来也可以据此判断数据集是否呈近似的正态分布。

二维码 3-1
利用 Excel 的数据分析工具计算相关指标

3.6 箱线图

箱线图（boxplot）作为描述统计的工具之一，可以直观明了地识别数据中的异常值。一组数据中的异常值是值得关注的，把异常值包括进数据集进行计算分析，会对结果带来不良影响；重视异常值的出现，分析其产生的原因，常常成为发现问题进而改进决策的契机。箱线图为我们提供了识别异常值的一个标准：异常值被定义为小于（$Q_1 - 1.5Q_D$）或大于（$Q_3 + 1.5Q_D$）的值，其中 Q_D 是四分位差。

基于正态分布的 3σ 法是以假定数据服从正态分布为前提的，但实际数据往往并不严格服从正态分布。其判断异常值的标准是以计算数据的均值和标准差为基础的，而异常值本身会对它们产生较大影响，以此来判断非正态分布数据中的异常值，显然是不可靠的。一方面，箱线图的绘制依靠实际数据，不需要事先假定数据服从特定的分布形式，没有对数据做任何限制性

○ 答案：$\left(1 - \dfrac{1}{(2.5)^2}\right) \times 100 = 84$（人）

要求，它只是真实直观地表现数据形状的本来面貌；另一方面，利用箱线图判断异常值的标准以四分位数和四分位距为基础，四分位数不易受异常值的影响，因此，通过箱线图识别异常值的结果比较客观。

同一数轴上，几组数据的箱线图并行排列，几组数据的中位数、尾长（上下边缘线与箱体的距离）、异常值、分布区间等信息一目了然。各组数据的四分位距大小，正常值的分布是集中还是分散，观察各箱体和尾长便可明了。每组数据分布的偏态如何，分析中位线和异常值的位置也可估计出来。箱线图常用于质量管理、人事测评、探索性数据分析等统计分析。

绘制箱线图的步骤是：①计算下四分位数 Q_1，中位数 Me，上四分位数 Q_3；②在纵轴上设置适当的尺度，以 Q_1 为底、Q_3 为顶绘制一个矩形箱体（也可以在横轴上绘制箱体）；③在矩形箱体内用一条线代表 Me；④延长箱体上端至最大值、延长箱体下端至最小值做横线，但是，这两条横线与 Q_1 或 Q_3 的距离不大于箱体长度的 1.5 倍。箱线图如图 3-4 所示。

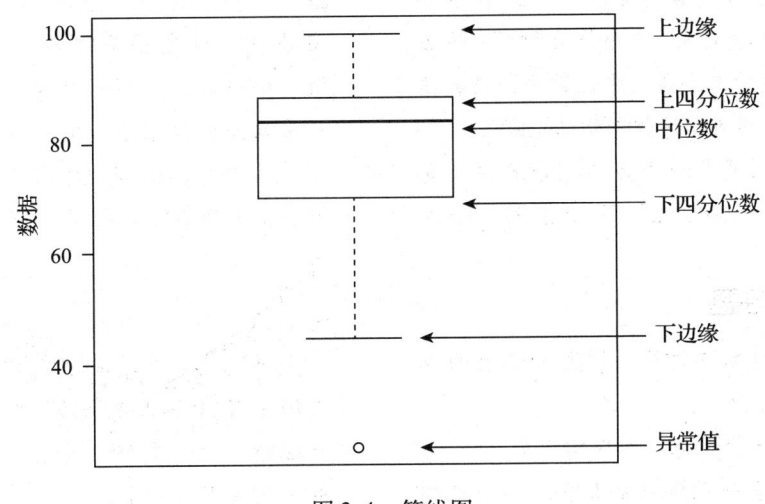

图 3-4　箱线图

二维码 3-2
利用 SPSS 绘制箱线图的示例

■ 本章小结

1. 总量指标是说明现象总规模和总水平的数值，又称为绝对数。绝对数的计量单位有实物单位和价值量单位。按反映的总体内容不同，总量指标可分为总体单位总量和总体标志总量；按反映的时间状况不同，总量指标可分为时期指标和时点指标。

2. 将两个有联系的数值对比得到的比率称为相对数。相对数既有无名数形式，也有复名数形式。根据研究目的和对比基础的不同，有结构相对数、比例相对数、计划完成相对数、比较相对数、动态相对数和强度相对数等。计算和应用相对数时一定要注意正确选择对比基础、两个对比数值具有可比性、要与绝对数结合应用、多种相对数结合运用。

3. 集中趋势的测度主要有数值平均数和位置平均数。数值平均数包括算术平均数和几何平均数。在社会经济统计中，算术平均数最常用。几何平均数主要用于计算平均比率或平均速度。上述几种平均数又有简单式与加权式之分。权数是权衡各个变量值影响作用轻重的数，可以是绝对数，也可以是相对数。位置平均数主要包括众数和中位数。集中趋势的测度还可以利用分位数，常用四分位数、十分位数和百分位数等。算术平均数与众数、中位数和分位数结合运用，可以详细描述数据分布的特征。

4. 离中趋势的测度通过变异指标来表示。变异指标主要包括极差、四分位差、平均差、方差、标准差和变异系数。方差和标准差是最常用的变异指标。比较不同性质或不同水平的变量的变异程度时，需要运用变异系数。

5. 偏态是指频数分布曲线的非对称的方向和程度，常用基于三阶中心矩 m_3 的偏度系数来测定。峰态是指频数分布曲线的尖峭程度，一般以四阶中心矩 m_4 为基础来计算峰度系数。

6. Z-分数将数据标准化，用于描述数据分布的相对位置。切比雪夫定理和经验法则是关于数据概率分布的定理。切比雪夫定理适用于任何数据。经验法则适用于正态分布数据。箱线图是用最小值、下四分位数、中位数、上四分位数与最大值5个统计量来描述数据分布的一种常用方法。通过箱线图可以粗略地看出数据是否具有对称性，分布的分散程度等信息。

■ 思考与练习题

1. 比较数值平均数与位置平均数所适用的数据范围。
2. 算术平均数有什么特点和数学性质？
3. 一个数列的每一项都增加2倍，其方差和标准差将如何变化？
4. 有3批产品，废品率分别为1.5%、2%、1%，相应的废品数量为25件、30件、45件，则这3批产品的平均废品率是多少？
5. 某企业生产一种产品需顺次经过4个车间，这4个车间某月的废品率分别为1.5%、2.0%、2.5%和1%，该企业该月这4个车间的平均废品率是多少？
6. 某集团公司下属A、B、C三个子公司，其资产规模分别为1 500万元、2 500万元和4 000万元，当年三个公司的资产收益率分别为8%、7%和10%，则3个子公司的平均资产收益率为多少？
7. 某调查显示，某地居民的人均可支配收入是36 000元，标准差是12 000元。根据切比雪夫定理，可以认为该地至少75%的居民的可支配收入在什么范围？如果人均可支配收入大致呈钟形分布，这一收入区间的占比会有变化吗？
8. 某商业企业30天的销售额数据如下（单位：万元）：

207　226　247　202　188　260　190
186　215　228　221　242　211　231
251　224　217　230　241　208　222
234　218　253　223　213　272　199
219　245

试计算：

（1）该企业日销售额的均值、中位数和众数。

（2）去掉两个最高销售额和两个最低销售额的切尾均值。

（3）下四分位数、上四分位数，极差和四分位差。

（4）平均差、标准差和方差。

9. 某调查机构对两个城市居民住房满意程度的状况进行调查,结果如下表所示。试从数据分布的集中趋势和离中趋势来分析两个城市居民各自对住房的满意程度。

回答类别	调查结果	
	甲城市/人	乙城市/人
非常不满意	24	23
不满意	108	72
一般	93	17
满意	45	20
非常满意	30	18

第4章

时间序列分析

■ 引例

某酿酒公司生产一种红葡萄酒,这种红葡萄酒颇受市场欢迎,其销售量稳步上升(见表4-1),对公司盈利起到重要作用。

表4-1 某酿酒公司红葡萄酒销售量   (单位:件)

年份	月份											
	1月	2月	3月	4月	5月	6月	7月	8月	9月	10月	11月	12月
一	6 632	6 534	6 675	6 692	6 984	7 133	6 385	7 364	7 171	8 690	10 299	11 997
二	6 979	6 962	7 606	7 909	8 504	7 977	7 816	6 520	8 525	9 510	12 079	13 746
三	8 255	8 164	9 324	8 820	9 313	9 419	8 700	6 960	9 091	10 933	13 117	15 337
四	11 267	8 889	9 612	10 511	10 571	10 644	9 766	7 672	11 016	11 802	14 923	17 460
五	10 053	10 807	10 713	10 731	11 344	11 510	10 725	8 395	11 983	14 028	17 202	18 821
六	11 098	11 089	11 730	11 534	12 323	12 067	10 893	9 137	12 805	14 612	18 844	22 207
七	10 272	10 602	11 156	11 602	10 791	11 970	12 269	9 686	13 442	14 774	18 460	21 951
八	12 287	11 519	12 767	13 235	13 643	13 552	13 349	10 240	14 781	17 123	20 396	23 609
九	14 031	13 109	14 248	14 468	14 250	15 024	13 837	10 522				

资料来源:钟彼德. 管理统计案例 [M]. 温厉,等译. 北京:机械工业出版社,1999.

为了更好地掌握公司红葡萄酒的销售情况,为公司的生产决策提供依据,公司管理人员需要知道:这些年葡萄酒的销售量增长情况如何?各年销售量的增长是多少?年平均增长是多少?销售量的月同比增长量以及销售量各年的发展速度、年平均发展速度、年平均增长速度、月同比增长速度等。此外，公司管理层还需要知道，葡萄酒销售量是否具有季节性规律？季节变化规律是什么？如果没有季节因素的影响，销售量是否具有一种基本变化趋势？其趋势变化规律是什么？能不能建立起一个模型，以便对未来时期的销售量做出预测？通过本章的学习，我们将获得答案。

大千世界中，现象总是发展变化的。要想全面认识和了解现象发展变化的本质特征与规律性并预测现象未来的水平，就需要进行时间序列分析。时间序列分析包括指标分析和构成要素分析两大内容。

4.1 时间序列概述

4.1.1 时间序列的概念

把某种统计指标数值按时间先后顺序排列起来所形成的数列称为时间序列，也称为时间数列、动态数列。任何一个时间序列都具有两个基本要素：一是统计指标数值所属的时间，可以是年度、季度、月份或其他时间，通常用 t 表示（t 的值可以是数据所属的具体时间，也可以只是时间序号）；二是统计指标数值，是各个时间上的发展水平，可以用 y 表示，如 y_t 表示时间 t 所对应的观测值，也称为现象在时间 t 上的发展水平。表 4-2 是我国历年的国内生产总值等 7 个时间序列合成的一个表格。

表4-2 我国若干指标的时间序列

年份	国内生产总值/亿元	第三产业增加值/亿元	第三产业所占比重/%	人均国内生产总值/元	年末人口/万人	城镇居民人均可支配收入/元	人口自然增长率/‰
1978	3 678.7	905.1	24.6	385	96 259	343.3	12.00
1980	4 587.6	1 023.4	22.3	468	98 705	477.6	11.87
1985	9 098.9	2 670.7	29.4	866	105 851	739.1	14.26
1990	18 872.9	6 111.4	32.4	1 663	114 333	1 700.6	14.39
1995	61 339.9	20 641.9	33.7	5 091	121 121	4 283	10.55
2000	100 280.1	39 897.9	39.8	7 942	126 743	6 280	7.58
2001	110 863.1	45 700.0	41.2	8 717	127 627	6 859.6	6.95
2002	121 717.4	51 421.7	42.2	9 506	128 453	7 702.8	6.45
2003	137 422.0	57 754.4	42.0	10 666	129 227	8 472.2	6.01
2004	161 840.2	66 648.9	41.2	12 487	129 988	9 421.6	5.87
2005	187 318.9	77 427.8	41.3	14 368	130 756	10 493	5.89
2006	219 438.5	91 762.6	41.8	16 738	131 448	11 759.5	5.28
2007	270 232.3	115 787.7	42.9	20 505	132 129	13 785.8	5.17
2008	319 515.5	136 827.5	42.9	24 121	132 802	15 780.8	5.08
2009	349 081.4	154 765.1	44.4	26 222	133 450	17 174.7	4.87
2010	412 119.3	182 061.9	44.2	30 876	134 091	19 109.4	4.79

(续)

年份	国内生产总值/亿元	第三产业增加值/亿元	第三产业所占比重/%	人均国内生产总值/元	年末人口/万人	城镇居民人均可支配收入/元	人口自然增长率/‰
2011	487 940.2	216 123.6	44.3	36 403	134 916	21 809.8	6.13
2012	538 580.0	244 856.2	45.5	40 007	135 922	24 564.7	7.43
2013	592 963.2	277 983.5	46.9	43 852	136 726	26 955.1	4.92
2014	643 563.1	310 654.0	48.3	47 203	137 646	29 381.0	5.90
2015	688 858.2	349 744.7	50.8	49 992	138 326	31 790.3	4.93
2016	746 395.1	390 828.1	52.4	53 783	139 232	31 194.5	6.53
2017	832 035.9	438 365.9	52.7	59 592	140 011	36 396.2	5.58
2018	919 281.1	489 700.8	53.3	65 534	140 641	39 250.8	3.79
2019	986 515.2	535 371.0	54.3	70 078	141 008	42 358.8	3.32
2020	1 013 567.0	551 973.7	54.5	71 828	141 212	43 833.8	1.45
2021	1 143 669.7	609 579.7	53.3	80 976	141 260	47 411.9	0.34
2022	1 210 207.0	638 698.0	52.8	85 698.0	141 175	49 283.0	−0.60

资料来源：2022 年数据来自国家统计局 2023 年 2 月 28 日《中华人民共和国 2022 年国民经济和社会发展公报》，其余数据来自《中国统计年鉴 2022》。

注：年末人口指大陆总人口，包括 31 个省、自治区、直辖市和中国人民解放军现役军人，不包括香港特别行政区、澳门特别行政区和台湾省以及海外华侨人数。

时间序列可以反映现象的发展变化过程和趋势，是动态分析的依据。在编制时间序列的基础上，可以通过图形或指标来描述现象发展过程，分析现象变化的各种特征和规律性，并通过模型进行预测，展望现象未来的变化态势。

4.1.2 时间序列的种类

根据指标的表现形式，时间序列可以分为绝对数时间序列、相对数时间序列和平均数时间序列三种。

反映某一现象的总量指标数值按时间先后顺序排列而成的序列为总量指标时间序列或绝对数时间序列，反映该现象在各个时间上达到的绝对水平。例如，表 4-2 中的国内生产总值、第三产业增加值和年末总人口序列都是绝对数时间序列。按数值所反映时间状态的不同，绝对数时间序列又可分为时期序列和时点序列。表 4-2 中的国内生产总值和第三产业增加值序列是时期序列，而年末总人口序列是时点序列。

反映某一现象的相对数按时间先后顺序排列而成的序列是相对数时间序列；反映某一现象的平均数按时间先后顺序排列而成的序列是平均数时间序列。例如，表 4-2 中的第三产业所占比重、人均国内生产总值、人口自然增长率序列是相对数时间序列，城镇居民家庭人均可支配收入序列是平均数时间序列。

绝对数时间序列是最基本的时间序列，相对数时间序列和平均数时间序列都是由有关绝对数时间序列派生而来的。

4.1.3 时间序列的编制原则

保证时间序列中各项指标数值的可比性，是编制时间序列的基本原则。可比性具体的含义如下。

1. 统计数值所属时间可比

统计数值所属时间可比，即要求各项指标数值所属时间的可比。对时期数据序列而言，由于序列中各项指标数值的大小与所属时间的长短有直接关系，因此各项指标数值所属时期的长短应该一致，否则不便于对比分析。对于时点数据序列，虽然两相邻时点间时间的间隔长短与时点数值大小没有明显的关系，但为了更好地反映现象的发展变化状况，两相邻时点间时间的间隔长短也最好相等。时间的可比性是编制时间序列的一般原则，但也不能太绝对化。为了特定的研究目的或由于事物的特殊背景，有时我们也可以将不同时期长短或不同时间间隔的数值进行对比。例如，将21世纪历年的在校大学生人数与改革开放前若干年、"六五"至"九五"期间的在校大学生人数总和编制成时间序列，反映改革开放后的高等教育事业的发展；将我国七次人口普查（1953年7月1日零点、1964年7月1日零点、1982年7月1日零点、1990年7月1日零点、2000年11月1日零点、2010年11月1日零点和2020年11月1日零点）的有关资料组成间隔不等的时点序列进行对比，也是有意义的。

2. 统计数值反映的总体范围可比

统计数值反映的总体范围可比，是就现象所属空间范围而言的，如行政区划范围、行业所属范围、分组范围、经营范围等。当时间序列中某些数值总体范围不一致时，必须进行调整使其一致，否则前后期数值不能直接对比。若无法将总体范围调整一致时，应分段使用数据。

3. 统计数值的计算口径可比

这里的计算口径，既是指计算方法的一致性，也是指价格和计量单位的一致性。例如，劳动生产率指标，在同一序列中，要么都是全员劳动生产率，要么都是生产工人劳动生产率；要么都是按总产出计算，要么都是按国内生产总值计算；要么都按某种实物量计算，要么都按可比价格的价值量计算。显然，前后期计算口径不一致的数值是不能直接对比的。

4. 统计数值的经济内容可比

计算口径不一致的数值，其经济内容也必然不一致。对于名称相同而经济内涵不一致的指标，尤其要注意这一点。各时间上的指标数值的经济内涵必须一致，否则也不具备可比性。

4.2 时间序列的水平分析

4.2.1 发展水平

发展水平是现象在不同时间上所达到的规模或水平的数量反映，也就是时间序列中的每一项指标数值。

按发展水平在时间序列分析中所处的位置,发展水平分为期初水平和期末水平。期初水平是时间序列中第一项数值,常用 y_0 或 y_1 表示;期末水平是时间序列中最后一项数值,常用 y_n 表示。

按发展水平在时间序列分析中的作用,发展水平分为报告期水平和基期水平。报告期水平是需要分析研究的那个时间上的发展水平;基期水平是作为比较基础时期的发展水平。

利用文字描述发展水平时要用"到""为"等。如表 4-1 所示,我们可以说国内生产总值由 2021 年的 1 143 669.7 亿元增加到(为)2022 年 1 210 207.0 亿元;人口自然增长率由 1978 年的 12‰下降到(为)2022 年的 -0.60‰。

4.2.2 平均发展水平

平均发展水平是不同时间上发展水平的平均数。统计上习惯把这种不同时间上数据的平均数称为序时平均数。它将现象在不同时间上的数量差异抽象化,反映现象在一段时间发展的一般水平。

1. 时期序列的平均发展水平

时期序列中各项数据相加等于现象在一段时期内的总量,所以计算时期序列的平均发展水平,采用的是简单算术平均法,即将各期数据之和除以时期项数。若以 $\bar{y}$ 代表平均发展水平,则其计算公式为

$$\bar{y} = \frac{y_1 + y_2 + \cdots + y_n}{n} = \frac{\sum_{t=1}^{n} y_t}{n} \quad (t = 1, 2, \cdots, n) \tag{4-1}$$

【例 4-1】

根据表 4-2 的数据,计算我国 2001~2022 年国内生产总值的年平均水平。

由式(4-1)得

$$\bar{y} = \frac{1}{22} \sum_{i=1}^{22} y_i = \frac{1}{22}(110\ 863.1 + 121\ 717.4 + \cdots + 1\ 210\ 207.0)$$

$$= \frac{12\ 093\ 124.3}{22} = 549\ 687.5(亿元)$$

计算表明:2001~2022 年平均每年国内生产总值为 549 687.5 亿元。

2. 时点序列的平均发展水平

(1) 连续时点序列的平均发展水平。时点是一个瞬间概念,严格说不存在"连续"之说。但由于时点数据通常间隔较长一段时间才进行一次统计,因此,对于每天都能进行计量的数据(如银行每天的存、贷款余额),在统计上就已经是很详尽的时点数据了。因而也就把这种连续的、按逐日排列的时点序列称为连续时点序列。其平均发展水平的计算采用式(4-1)所示的简单算术平均方法。

(2) 不连续时点序列的平均发展水平。统计实践中,很多现象并不需要逐日、连续对其时点数量进行计量,而是间隔一段时间如几天、一个月、一个季度、一年等才进行一次统计。这样的时点数据排列形成的序列,称为不连续时点序列。

对于不连续时点序列,若要计算整个考察期的平均发展水平,需要假定现象的数量在相

邻两时点间是均匀变动的、上期期末数即为本期期初数，反之亦然。然后计算出相邻两个时点之间现象水平的代表值，再以时点间隔长度为权数，将这些代表值进行加权算术平均。若分别以 $f_1, f_2, \cdots, f_{n-1}$ 代表各个时点间隔长度，则整个考察期内平均发展水平的计算公式可写为

$$\bar{y} = \frac{\frac{y_1+y_2}{2}f_1 + \frac{y_2+y_3}{2}f_2 + \cdots + \frac{y_{n-1}+y_n}{2}f_{n-1}}{\sum_{t=1}^{n-1}f_t} \tag{4-2}$$

【例 4-2】

某地区报告年对生猪饲养情况进行了调查，得到生猪存栏数量的几个时点数据如表 4-3 所示，试计算该地区全年的生猪平均存栏数量。

表 4-3　某地区报告年生猪存栏数量

时间	1月1日	1月31日	5月1日	7月31日	11月1日	12月31日
存栏数/万头	47	24	41	34	56	45

由式（4-2）得

$$\bar{y} = \frac{\frac{47+24}{2}\times 1 + \frac{24+41}{2}\times 3 + \frac{41+34}{2}\times 3 + \frac{34+56}{2}\times 3 + \frac{56+45}{2}\times 2}{1+3+3+3+2}$$

$$= 40.125(\text{万头})$$

计算结果表明，该地区报告年的生猪平均存栏数量为 40.125 万头。

当各时点间隔相等，即 $f_1 = f_2 = \cdots = f_{n-1}$ 时，式（4-2）可简化为

$$\bar{y} = \frac{\frac{y_1}{2} + y_2 + \cdots + y_{n-1} + \frac{y_n}{2}}{n-1} \tag{4-3}$$

式（4-3）就是由间隔相等的时点序列计算平均发展水平的方法，称为"首末折半法"。

【例 4-3】

根据表 4-2 中各年年末人口数，计算 2001~2022 年的平均人口数。

表 4-2 中给出了各年年末人口数，2000 年的年末人数即为 2001 年的年初人数。由式（4-3）可得这 22 年间的平均人口数为

$$\bar{x} = \frac{1}{22}\times\left(\frac{1}{2}\times 126\ 743 + 127\ 627 + 128\ 453 + \cdots + 141\ 260 + \frac{1}{2}\times 141\ 175\right)$$

$$= \frac{2\ 970\ 830}{22} = 135\ 037.7(\text{万人})$$

即 2001~2022 年我国平均每年人口数为 135 037.7 万人。

由不连续时点序列计算平均发展水平时，应注意计算公式是有假定条件的。实际中，现象在相邻时点间的数量变动并不总是均匀的，所以计算结果通常只是近似值。一般认为，间隔越短，相邻两时点数值的简单算术平均数就越能较好地代表相应时段内的平均水平，整个考察期

内平均发展水平的计算结果就越准确。例如，由一年中各月底数计算的全年平均数，就比只用年初和年末两项数据计算的结果更符合实际。

（3）相对数和平均数[⊖]时间序列的平均发展水平。相对数与平均数有一个共同点，那就是它们归根结底都是由两个有关的总量指标数值对比而得到的。设各期的相对数或平均数为 z_t，它是 y_t 和 x_t 两个总量指标派生的。由于各个 z_t 的对比基数 x_t 不尽相同，所以计算平均发展水平 $\bar{z}$ 时，不能将各期 z_t 简单算术平均。正确的计算方法是：先对形成该相对数或平均数序列的绝对数序列 $\{y_t\}$ 和 $\{x_t\}$，分别计算其平均发展水平 $\bar{y}$ 和 $\bar{x}$，再由这两个平均发展水平对比来得到所求的平均发展水平 $\bar{z}$，其计算公式为

$$\bar{z} = \frac{\bar{y}}{\bar{x}} \tag{4-4}$$

【例 4-4】

根据表 4-2 的数据，试计算 2001～2022 年我国人均国内生产总值的平均发展水平。

各年人均国内生产总值的平均发展水平应该等于各年国内生产总值的平均发展水平除以人口数的平均发展水平。根据例 4-1 和例 4-3 的计算结果，2001～2022 年平均人口数为 135 037.7 万人，年平均国内生产总值为 549 687.5 亿元，故这 22 年间的人均国内生产总值的年平均水平为

$$\bar{z} = \frac{\bar{y}}{\bar{x}} = \frac{549\ 687.5}{135\ 037.7} = 4.070\ 621(亿元/万人) = 40\ 706.21(元/人)$$

不难证明，式（4-4）实质上等同于对各期相对数或平均数进行加权算术平均，其权数为各期的对比基数。比如，例 4-4 的计算结果等同于对各年的人均国内生产总值进行加权算术平均，权数为各年的平均人口数。

4.2.3 增减量

增减量是报告期水平与基期水平之差，反映现象在一定时期内增减变化的绝对数量。由于基期的选择不同，增减量可分为逐期增减量和累计增减量。

逐期增减量是报告期水平 $y_t(t=1,2,\cdots,n)$ 与前一期水平 y_{t-1} 之差，反映现象逐期增减变化的绝对数量（例如，表 4-4 第 2 行）。

累计增减量是报告期水平 $y_t(t=1,2,\cdots,n)$ 与某一固定基期水平（通常为期初水平 y_0）之差，反映现象从期初到报告期这段时期内的总增减量（表 4-4 第 3 行）。

增减量为负，则表示现象减少或下降的数量。如表 4-4 所示，某地贸易总额第二年比第一年增加了 280 亿元，而第三年比第二年减少了 168 亿元。

逐期增减量与累计增减量之间存在一定的数量关系：逐期增减量之和等于相应的累计增减量；两个相邻时期的累计增减量之差等于相应时期的逐期增减量，即

$$\begin{aligned} y_t - y_0 &= \sum_{i=1}^{t}(y_i - y_{i-1}) \\ (y_t - y_0) - (y_{t-1} - y_0) &= y_t - y_{t-1} \quad (t=1,2,\cdots,n) \end{aligned} \tag{4-5}$$

⊖ 指的是算术平均数。

表 4-4　某地连续六年的贸易总额资料

指　　标	年　　份					
	第一年	第二年	第三年	第四年	第五年	第六年
1. 贸易总额/亿元	800	1 080	912	1 100	1 300	1 450
2. 逐期增减量/亿元	—	280	-168	188	200	150
3. 累计增减量/亿元	—	280	112	300	500	650
4. 环比发展速度/%	—	135.0	84.4	120.6	118.2	111.5
5. 定基发展速度/%	100	135.0	114.0	137.5	162.5	181.3
6. 环比增减速度/%	—	35.0	-15.6	20.6	18.2	11.5
7. 定基增减速度/%	—	35.0	14.0	37.5	62.5	81.3
8. 增长1%的绝对量/亿元	—	8.0	10.8	9.12	11.0	13.0

由于月度数据和季度数据往往会受到季节因素的影响，为了消除季节变动的影响，可以计算报告期水平与上年同期水平之差，这种增减量称为同比增减量或年距增减量。其计算公式为

$$\text{同比增减量} = \text{报告年某期水平} - \text{上年同期水平} \tag{4-6}$$

4.2.4　平均增减量

平均增减量是观察期内各个逐期增减量的平均，反映现象在一段时期内平均每期的增减数量。计算平均增减量，是将各个逐期增减量相加后除以其项数。由于各个逐期增减量之和等于累计增减量，故也可直接以累计增减量除以时间序列项数减 1 而求得。由表 4-4 可得

$$\text{年均贸易增加额} = \frac{280 + (-168) + 188 + 200 + 150}{5} = \frac{650}{5} = 130(\text{亿元})$$

$$\text{或} = \frac{1\,450 - 800}{5} = 130(\text{亿元})$$

4.3　时间序列的速度分析

4.3.1　发展速度

发展速度是报告期水平与基期水平之比，反映报告期水平发展为（相当于）基期水平的百分之多少或多少倍。

$$\text{发展速度} = \frac{\text{报告期水平}}{\text{基期水平}} \tag{4-7}$$

由于基期的选择不同，发展速度可以分为环比发展速度和定基发展速度。
环比发展速度是报告期水平与前一期水平之比（如表 4-4 第 4 行），即

$$\text{环比发展速度} = \frac{\text{报告期水平}}{\text{前一期水平}} = \frac{y_t}{y_{t-1}} \quad (t = 1,2,\cdots,n) \tag{4-8}$$

定基发展速度也称为发展总速度，是报告期水平与固定基期水平（通常为期初水平）之

比（如表4-4第5行），即

$$\text{定基发展速度} = \frac{\text{报告期水平}}{\text{固定基期水平}} = \frac{y_t}{y_0} \quad (t = 1, 2, \cdots, n) \tag{4-9}$$

环比发展速度与定基发展速度的关系是：环比发展速度的连乘积等于相应的定基发展速度；相邻两个定基发展速度之商，等于相应时期的环比发展速度，即

$$\frac{y_t}{y_0} = \frac{y_1}{y_0} \times \frac{y_2}{y_1} \times \cdots \times \frac{y_t}{y_{t-1}}$$

$$\frac{\frac{y_t}{y_0}}{\frac{y_{t-1}}{y_0}} = \frac{y_t}{y_{t-1}} \tag{4-10}$$

为了消除季节变动的影响，也可以计算同比发展速度（也称为年距发展速度）。其计算公式为

$$\text{同比发展速度} = \frac{\text{报告年某期水平}}{\text{上年同期水平}} \tag{4-11}$$

4.3.2 增减速度

增减速度也称为增减率，是报告期增减量与基期水平之比，反映报告期水平比基期水平增减了百分之多少或多少倍。

$$\text{增减速度} = \frac{\text{增减量}}{\text{基期水平}} = \frac{\text{报告期水平} - \text{基期水平}}{\text{基期水平}} = \text{发展速度} - 1 \tag{4-12}$$

根据基期的选择不同，增减速度也分为环比增减速度和定基增减速度（如表4-4第6行和第7行）。

$$\text{环比增减速度} = \frac{\text{逐期增减量}}{\text{前一期水平}} = \text{环比发展速度} - 1 \tag{4-13}$$

$$\text{定基增减速度} = \frac{\text{累计增减量}}{\text{固定基期水平}} = \text{定基发展速度} - 1 \tag{4-14}$$

需要特别注意的是，虽然环比增减速度和定基增减速度分别是环比发展速度和定基发展速度的派生指标，但是环比增减速度的连乘积并不等于相应时期的定基增减速度；两相邻定基增减速度之商也不等于相应时期的环比增减速度。若要以环比增减速度求定基增减速度，必须将各环比增减速度分别加1变成环比发展速度，连乘得到定基发展速度再减去1而求得。同理，若以两相邻定基增减速度推算相应时期的环比增减速度，也应将两定基增减速度分别加1变成定基发展速度，两者相除得到环比发展速度再减去1而求得。

为了消除季节变动的影响，也可以计算同比增减速度（也称为年距增减速度），即

$$\text{同比增减速度} = \frac{\text{同比增减量}}{\text{上年同期水平}} = \text{同比发展速度} - 1 \tag{4-15}$$

当增减速度大于0时，表示报告期水平比基期增加或提高的程度；当增减速度小于0时，表示报告期水平比基期减少或降低的程度。如表4-4所示，某地贸易总额第二年比第一年增长了35%，而第三年比第二年下降了15.6%。

4.3.3 平均发展速度和平均增减速度

各期的发展变化总是有快有慢，因此经常要计算某一发展阶段的平均速度来比较和分析。平均速度包括平均发展速度和平均增减速度。平均发展速度是环比发展速度的平均数，说明现象在某个发展阶段上的逐期发展变化程度的一般水平。平均增减速度表示环比增减速度的一般水平，说明现象在某个发展阶段上平均逐期相对增减程度，但不能直接将各个环比增减速度加以平均，应根据它与平均发展速度之间的内在联系来计算，其计算公式为

$$\text{平均增减速度} = \text{平均发展速度} - 1 \tag{4-16}$$

平均增减速度与平均发展速度之间相差一个基数。平均发展速度大于1，则平均增减速度为正值，表明现象在考察期内是逐期递增的，此时的平均增减速度也称为平均递增率。平均发展速度小于1，则平均增减速度为负值，表明现象在考察期内是逐期递减的，此时的平均增减速度也称为平均递减率。

平均发展速度所要平均的环比发展速度是一种动态相对数，因此它不能采用计算平均发展水平的方法。平均发展速度的计算通常采用几何平均法，也可采用方程式法。

1. 计算平均发展速度的几何平均法

由于现象发展的总速度不等于各期环比发展速度的总和，而是等于各期环比发展速度的连乘积，因此，对这些环比发展速度求平均数不能采用算术平均法而应采用几何平均法。

若以 x_i 代表各期环比发展速度，n 代表环比发展速度的项数，$\bar{x}_G$ 代表几何平均法计算的平均发展速度，则其计算公式为

$$\bar{x}_G = \sqrt[n]{x_1 \times x_2 \times \cdots \times x_n} = \sqrt[n]{\prod_{i=1}^{n} x_i} \tag{4-17}$$

由于环比发展速度的连乘积等于定基发展速度即总速度（用 R 表示），而总速度又等于期末水平 y_n 与期初水平 y_0 之比，所以，式（4-17）可变换为下面两种形式，即

$$\bar{x}_G = \sqrt[n]{R} \tag{4-18}$$

$$\bar{x}_G = \sqrt[n]{\frac{y_n}{y_0}} \tag{4-19}$$

显然，式（4-17）~式（4-19）这三个计算公式实质上是一回事。实际应用中可根据所掌握的数据选择较为简便的公式来计算。

【例 4-5】

根据表 4-4 的数据，计算某地第二年至第六年的平均发展速度和平均增长速度。

可分别采用式（4-17）~式（4-19）计算出平均发展速度为

$$\bar{x}_G = \sqrt[5]{1.35 \times 0.844 \times 1.206 \times 1.182 \times 1.115} = 112.6\%$$

或

$$\bar{x}_G = \sqrt[5]{1.813} = 112.6\%$$

或

$$\bar{x}_G = \sqrt[5]{\frac{1\,450}{800}} = 112.6\%$$

$$\text{平均增长速度} = 112.6\% - 100\% = 12.6\%$$

【例 4-6】

与时俱进的经济建设奋斗目标：根据邓小平设想的现代化发展"三步走"战略[一]，"十二大"（1982 年 9 月 1~11 日）提出"从 1981 年到 20 世纪末的 20 年，我国经济建设总的奋斗目标是，在不断提高经济效益的前提下，力争使全国工农业的年总产值[二]翻两番，即由 1980 年的 7 100 亿元增加到 2000 年的 28 000 亿元左右"。

我国 1980 年的国内生产总值为 4 587.6 亿元，欲在 2000 年翻两番，年平均增长速度至少为多少才能达到此目标？

$$y_0 = 4\,587.6 \quad y_n = 4\,587.6 \times 2^2 \quad n = 20$$

$$\bar{x} = \sqrt[n]{\frac{y_n}{y_0}} = \sqrt[20]{\frac{4\,545.6 \times 2^2}{4\,545.6}} = 1.072 = 107.2\%$$

$$\bar{x} - 1 = 7.2\%$$

即平均增长速度至少为 7.2%，才能够达到 20 年国内生产总值翻两番的任务。

由此可见，翻番是一个总发展速度的概念，表示某个经济总量从基期开始，经过一段时间，达到基期的 2^m 倍，翻两番即为 2^2。

事实上，按可比价计算，1995 年我国国内生产总值已为 1980 年的 4.33 倍[三]，年平均增长速度为 10.3%，两个十年翻两番任务已完成。根据《关于国民经济和社会发展"九五"计划和 2010 年远景目标纲要的报告》的相关内容，2000 年，在我国人口将比 1980 年增长 3 亿左右的情况下，实现人均国内生产总值比 1980 年翻两番。这个目标已经实现了。

党的"十七大"提出全面建设小康社会的目标主要可以概括为：在优化结构和提高效益的基础上，国内生产总值到 2020 年力争比 2000 年翻两番，综合国力和国际竞争力明显增强。同样是 20 年国内生产总值翻两番，年均增长率也是 7.2%，但是 2000 年国内生产总值为 100 280.1 亿元，基数大大高于 1980 年，这个目标能否实现呢？2001~2007 年我国按可比价的国内生产总值增长速度分别为：8.1%、9.1%、10.0%、10.1%、11.4%、12.7% 和 14.2%，那么从 2008 年起的 13 年，年均增长速度只需要为

$$\bar{x} - 1 = \sqrt[13]{\frac{2^2}{1.081 \times 1.091 \times 1.10 \times 1.101 \times 1.114 \times 1.127 \times 1.142}} - 1 = 5.3\%$$

显然，这样的年均增长速度太低，所以党的"十七大"又提出了"实现人均国内生产总值 2020 年比 2000 年翻两番"的新经济发展战略目标。

2000 年我国人均国内生产总值为 7 942 元，年平均增长速度至少为多少才能达到此目标？考虑人口增长因素，2020 年国内生产总值应为多少才能达到此目标？

$$y_0 = 7\,942 \quad y_n = (7\,942 \times 2) \times 2 = 7\,942 \times 2^2 = 31\,768(元) \quad n = 20$$

$$\bar{x} - 1 = \sqrt[20]{\frac{7\,942 \times 2^2}{7\,942}} - 1 = \sqrt[20]{2^2} - 1 = 7.18\%$$

[一] 第一步，1981~1990 年，国民生产总值翻一番，实现温饱；第二步，从 1991 年到 20 世纪末，再翻一番，达到小康；第三步，到 21 世纪中叶，再翻两番，达到中等发达国家水平。

[二] 后把全国工农业的年总产值改为国民生产总值，再改为国内生产总值。

[三] 根据《中国统计年鉴 2016》数据换算：1980 年为 1978 年的 116%，1995 年为 1978 年的 502.6%，则 1995 年为 1980 年的 4.33 倍。

计算表明，要实现人均国内生产总值 20 年翻两番的目标，年平均增长速度不能低于 7.18%。

人均国内生产总值翻两番要求按 2000 年价格计算的人均国内生产总值达到 31 768 元。31 768 元乘以 2020 年的人口数即为 2020 年的国内生产总值。2020 年我国总人口是什么水平？国务院印发的《国家人口发展规划（2016—2030 年）》（以下简称《规划》）提出，实施全面两孩政策后，"十三五"时期出生人口有所增多，"十四五"时期受育龄妇女数量减少及人口老龄化带来的死亡率上升影响，人口增长势能减弱。总人口将在 2030 年前后达到峰值 14.5 亿人左右。

按照《规划》中的 14.2 亿人[一]计算，2020 年按 2000 年价格计算的 GDP 至少应达到 451 105.6 亿元[二]。这样一来，国内生产总值总量就不止翻了两番，而是翻了 2.17 番[三]了，计算过程为

$$M = \frac{\lg 451\,105.6 - \lg 100\,280.1}{\lg 2} = \frac{5.654\,278 - 5.001\,214}{0.301\,0} = 2.17$$

则从 2008～2020 年的 13 年，GDP 的年均增长速度只需要为

$$\bar{x} - 1 = \sqrt[13]{\frac{2^{2.17}}{1.083 \times 1.091 \times 1.10 \times 1.101 \times 1.113 \times 1.127 \times 1.142}} - 1$$

$$= \sqrt[13]{\frac{4.500\,2}{2.049\,8}} - 1 = 6.24\%$$

对于达到 6.24% 的年均增长速度我们是坚信不疑的，人均国内生产总值翻两番，这个目标已提前实现。《中国统计年鉴 2016》公布的居民消费价格定基指数，2015 年价格为 2000 年价格的 1.195 853。以此乘以 451 105.6 亿元为 539 455.8 亿元。而 2015 年 GDP 为 685 505.8 亿元。鉴于此，在党的十八大上，我国提出了国内生产总值 2020 年比 2010 年翻一番的目标；党的十九大上进一步提出，综合分析国际国内形势和我国发展条件，从 2020 年到 21 世纪中叶可以分两个阶段来安排。

第一个阶段，从 2020 年到 2035 年，在全面建成小康社会的基础上，再奋斗 15 年，基本实现社会主义现代化。到那时，我国经济实力、科技实力将大幅跃升，跻身创新型国家前列；人民平等参与、平等发展权利得到充分保障，法治国家、法治政府、法治社会基本建成，各方面制度更加完善，国家治理体系和治理能力现代化基本实现；社会文明程度达到新的高度，国家文化软实力显著增强，中华文化影响更加广泛深入；人民生活更为宽裕，中等收入群体比例明显提高，城乡区域发展差距和居民生活水平差距显著缩小，基本公共服务均等化基本实现，全体人民共同富裕迈出坚实步伐；现代社会治理格局基本形成，社会充满活力又和谐有序；生态环境根本好转，美丽中国目标基本实现。

第二个阶段，从 2035 年到 21 世纪中叶，在基本实现现代化的基础上，再奋斗 15 年，把我国建成富强民主文明和谐美丽的社会主义现代化强国。到那时，我国物质文明、政治文明、精神文明、社会文明、生态文明将全面提升，实现国家治理体系和治理能力现代化，成为综合

[一] 根据最新的人口普查数据，全国人口共约 14.12 亿人。此处为了教学方便，暂且使用 14.2 亿人的数据。

[二] 还应该乘上 2020 年相对于 2000 年的价格指数。

[三] 番数一般用整数表示，这里只是说明人均翻番与总量翻番是不一样的。

国力和国际影响力领先的国家,全体人民共同富裕基本实现,我国人民将享有更加幸福安康的生活,中华民族将以更加昂扬的姿态屹立于世界民族之林。

用几何平均法计算的平均发展速度,名义上它是各期环比速度的平均,因而要受各期水平高低的影响,但由式(4-19)不难看出,它实际上只取决于期初和期末的发展水平。因此,利用几何平均法计算平均发展速度的特点是着眼于考察期末水平,所以也称为"水平法"。在基期确定的情况下,不论中间变化过程如何,平均速度的快慢就只取决于期末水平高低了。用几何平均法计算的平均发展速度还具有一个特性,即用它作为各期环比发展速度的代表值去推算最末一期的水平,则推算结果与实际水平相等。

利用几何平均法求平均发展速度的原理,还可进行年度增长率与月度或季度增长率之间的换算。由于一年有 4 个季度、12 个月,设季度增长率为 z_s,月度增长率为 z_m,则它们与年度增长率 z_y 之间的关系可表示为

$$z_y = (1 + z_s)^4 - 1 = (1 + z_m)^{12} - 1 \tag{4-20}$$

2. 计算平均发展速度的方程式法

在一个时间序列中,各期实际水平之总和(不包括固定基期水平)为

$$y_1 + y_2 + y_3 + \cdots + y_n = \sum_{i=1}^{n} y_i$$

将各期水平 y_t 用期初水平与各期环比发展速度 x_t 的乘积来表示,则上式变成为

$$y_0 x_1 + y_0 x_1 x_2 + y_0 x_1 x_2 x_3 + \cdots + y_0 x_1 x_2 x_3 \cdots x_n = \sum_{i=1}^{n} y_i$$

若以平均发展速度 $\bar{x}_F$ 作为各期环比发展速度的代表值,用它来推算各期水平,并希望它能使所推算的各期水平总和与实际水平总和相等,则有

$$y_0 (\bar{x}_F) + y_0 (\bar{x}_F)^2 + y_0 (\bar{x}_F)^3 + \cdots + y_0 (\bar{x}_F)^n = \sum_{i=1}^{n} y_i$$

即

$$(\bar{x}_F) + (\bar{x}_F)^2 + (\bar{x}_F)^3 + \cdots + (\bar{x}_F)^n = \frac{\sum_{i=1}^{n} y_i}{y_0} \tag{4-21}$$

式(4-21)是只含有一个未知数 $\bar{x}_F$ 的高次方程。根据已知的时间序列各项数据解此方程,其正根就是所求的平均发展速度。这种计算平均发展速度的方法称为方程式法。由式(4-21)可见,方程式法计算的平均发展速度取决于考察期内各期实际水平的累计总和,所以计算平均发展速度的方程式法又称为"累计法"。

在 Excel 中很容易通过"数据"菜单下的"规划求解"来实现 $\bar{x}_F$ 的求解。

选择几何平均法还是方程式法计算平均发展速度,应视现象的特点而定。如果侧重考察最末一年所达到的水平,并按水平法制定规划(如国内生产总值、社会商品零售额、平均工资、人口总数等),宜采用几何平均法

二维码 4-1
利用 Excel 的"规划求解"计算方程式法下的平均发展速度

计算平均发展速度;如果侧重考察全期水平的总和,并按累计法制定规划(如基本建设投资额、职工培训总人数、新增固定资产数额、垦荒造林总数等),宜采用方程式法计算平均发展速度。

4.3.4 时间序列指标分析应注意的问题

水平分析与速度分析都是利用一系列指标来对现象进行动态分析，但两种分析各有不同的侧重点，分析结果的表现形式也各不相同。实际应用中，为了全面认识现象的变化特征，往往需要将这两个方面的分析结合运用，取长补短。具体地说，应注意以下几个问题。

1. 正确选择基期

各种速度指标和增长水平指标都是在一定基期水平上计算的。进行这些计算和分析时，首先要根据研究目的，正确选择基期。例如，分析我国经济体制改革以来的变化，可以1978年作为基期；分析进入新世纪后我国经济发展，可以将2000年作为基期。基期的选择一般要避开异常时期，如果基期水平因为异常因素的影响而过高或过低，相应的速度分析和水平分析都会失去参考意义或得出错误的结论。

2. 注意异常数据

速度分析不容许有零和负数，否则就不适宜计算速度，而只能直接用绝对数进行水平分析。例如，对利润额、净资产数额等经济指标进行分析时，就可能遇到这类情况。如果现象在某个阶段内的发展非常不平衡，大起大落，就会降低甚至丧失平均速度的代表性和意义。这一点对于水平分析中的平均发展水平和平均增长量也同样适用。

3. 将总平均速度与分段平均速度及环比速度结合分析

总平均速度概括反映现象在较长一段时期内的平均变化程度，现象在各个较短的发展阶段上的变化又各有特殊性。因此，在分析总平均速度时，有必要结合各个特定历史时期的分段平均速度和环比速度来深入分析。这个原理也适合分析平均发展水平和平均增长量。

4. 将速度与水平结合起来分析

一般而言，基期水平低，容易产生高速度；基期水平高，速度就相对低。因此，高速度可能掩盖低水平，而低速度又可能隐藏高水平。为了对现象的动态做出正确分析，既要考虑速度的快慢，也要考虑实际水平的高低，把相对速度与绝对水平结合起来进行分析。为此，通常可计算增长1%的绝对量来补充说明增长速度。增长1%的绝对量等于增长的绝对量除以增长的百分比，即等于基期水平的1/100（表4-4第8行）。若对环比增长速度进行计算，其计算公式可写为

$$\text{增长 1\% 的绝对量} = \frac{y_t - y_{t-1}}{\left(\frac{y_t - y_{t-1}}{y_{t-1}}\right) \times 100} = \frac{y_{t-1}}{100} \quad (t = 1, 2, \cdots, n) \tag{4-22}$$

4.4 时间序列的构成因素分析

4.4.1 时间序列的构成因素和组合形式

现象随着时间推移而呈现的发展变化状况，是受多种因素共同影响的结果。不同的现象有不同的产生原因。这些因素有主有次，有强有弱，既有长期性的、周期性的，也有短暂性的；

既有决定性的,也有偶然性的。一般将时间序列的众多影响因素归结为长期趋势、季节变动、循环变动和不规则变动。

1. 长期趋势

长期趋势是指现象在相当长一段时间内沿某一方向持续发展变化的一种态势或规律性。它是时间序列中最基本的构成因素,是受某些长期性、起决定性作用的基本因素影响的结果。按变化方向不同来分,长期趋势有上升趋势、下降趋势和水平趋势三类;按变化的形态来分,长期趋势可分为线性趋势和非线性趋势两类。

2. 季节变动

季节变动本来是指现象在一年内所呈现的较有规律的周期性起伏波动。但是目前一般把任何小于一年(如一季、一月、一周或一日等)的有规律的周期性起伏波动也称为季节变动或准季节变动。引起季节变动的原因既可能是自然条件,如一年四季的更替;也可能是法规制度和风俗习惯等,如节假日。季节变动在许多现象的发展变化中都存在。例如,农产品的生产、销售和储存通常都有淡季和旺季之分,以一年为一个周期;超市的营业额和顾客人数的变动常常以七天为一个周期,每个周末是高峰期。

3. 循环变动

循环变动是指在若干年呈现出涨落相间、峰谷交替的周期性波动。循环变动与长期趋势都是需要长期观察才能显现的规律性,但不同的是,长期趋势基本上是沿着单一方向的持续变动,而循环变动是具有涨落循环特征的波动,通常围绕长期趋势上下起伏。循环变动与季节变动都是周期性波动,但二者也有区别,循环变动的周期至少在一年以上,而且周期长短不像季节变动的周期那样很固定,波动形态和波幅等规律性也都不是很规则,引起循环变动的原因通常也不像季节变动的原因那么直观明显。因此,对循环变动的识别和分析往往比较困难。

4. 不规则变动

不规则变动是没有规律可循的变动,它是从时间序列分离了长期趋势、季节变动和循环变动之后剩余的因素,又称为剩余变动。不规则变动可细分为随机扰动和异常变动两种类型。随机扰动是短暂的、不可预期的和不可重复出现的众多因素综合作用的结果,其中每个因素的影响很小,从较长观察时间内的总和或平均来看,这种变动在一定程度上可以相互抵消。异常变动则是指一些具有偶然性、突发性的重大事件(如战争、社会动乱和重大自然灾害等)引起的变动,其单个因素的影响较大,不可能相互抵消,在时间序列分析中往往需要对这种变动进行特殊处理。后面所讲的不规则变动一般仅指随机扰动。

对时间序列进行因素分解的目的,是要分别测定和分析每种类型的构成因素对时间序列变动的影响作用,揭示现象发展变化的规律性,并在此基础上进行预测。要进行这些分析和预测,就必须先明确时间序列与各种构成因素之间的关系。按照四种构成因素相互作用的方式不同,可以将上述关系设定为不同的合成模型,实际中最常用的是乘法模型,其计算公式为

$$Y_t = T_t \times S_t \times C_t \times I_t \tag{4-23}$$

式中,Y 表示时间序列中的指标数值,T 表示长期趋势值,S 表示季节变动值,C 表示循环变动值,I 表示不规则变动值,下标 t 表示时间 ($t = 1, 2, \cdots, n$)㊀。

㊀ 不带下标也不会引起歧义,以下常常省去下标。

乘法模型假定四种因素的影响作用大小是有联系的（引起它们变动的原因仍然是相互独立的），只有长期趋势值与时间序列 Y 的计量单位和表现形式相同，其余各种因素的数值均表现为以长期趋势值为基准的一种相对变化幅度。在乘法模型中，各个时间上的季节变动和循环变动数值在 100% 上下波动，在它们各自的一个周期范围内，其平均值为 100%；不规则变动值也是在 100% 上下波动，但只有从长时间来看其平均值才趋于 100%。在乘法模型中，对各因素的分离则采用除法。例如，要从时间序列中剔除季节变动的影响，则用 (Y_t/S_t)。

虽然时间序列可以分解为以上四种因素，但在一个具体的时间序列中这四种因素并不一定都是齐全的。一般来说，在任何一个时间序列中，长期趋势和不规则变动总是存在的，而季节变动和循环变动则不一定存在。例如，年度数据形成的时间序列就不包括季节变动，因为在年度数据中这种季节性的起伏波动相互抵消了；有些现象在长期发展过程中本身不存在周期在一年以上的周期性起伏，因而也就没有循环变动。所以，不是每一个时间序列都同时由这四类因素所构成。这就形成了时间序列的不同组合形式。

趋势模式：$Y = T \times I$

趋势季节模式：$Y = T \times S \times I$

趋势季节循环模式：$Y = T \times S \times C \times I$

循环变动的周期往往不固定，其规律性不是很明显，通常很难识别和分解。一般来说，循环变动需要相当长时间的观察数据才能得出一定的规律性，在实际应用中获得所需的数据也是一个问题。

不规则变动就是没有规律可循的，它不可能像其他因素那样可以直接进行测定，因此只能从时间序列中逐一将长期趋势、季节变动和循环变动分离出去，之后剩余的因素统统归结为不规则变动，又称为剩余变动或残余变动。

4.4.2 时间序列长期趋势测定与预测

长期趋势是时间序列中最基本的构成因素。对长期趋势进行测定，是时间序列分析中最主要的一项任务。测定长期趋势最常用的方法有移动平均法、指数平滑法和趋势方程拟合法。

1. 移动平均法

移动平均法是采用逐项递进的办法，将原时间序列中的若干项数据进行平均，通过平均来消除或减弱时间序列中的不规则变动和其他变动，从而呈现出现象发展变化的长期趋势。若平均的数据项数为 k，就称为 k 项移动平均，k 项移动平均值用 $\text{MA}(k)$ 表示，其计算公式为

$$\text{MA}(k) = \frac{y_{i+1} + y_{i+2} + \cdots + y_{i+k}}{k} \quad (i = 0, 1, \cdots, n-k) \tag{4-24}$$

移动平均值一般放在时间中间位置上，如 5 项移动平均值放在第三个时间上；偶数项移动平均值需再进行一次二项移动平均，即移正平均。移动平均值也可以放在最后一个时间上，Excel 就是这样。

【例 4-7】

根据表 4-5 的某大学用电量分别计算 5 项移动平均和 12 项移动平均数。

采用 5 项简单移动平均，第一年第 1~5 月用电量的平均值为 731 200 千瓦时，第 2~6 月用

电量的平均值为 787 920 千瓦时,依此类推[见表 4-5 第(2)列]。采用 12 项移动并移正平均,第一年第 1~12 月用电量的平均值为 821 517 千瓦时,放在第一年第 7 月位置上,第一年第 2 月~第二年第 1 月用电量的平均值为 831 567 千瓦,放在第一年第 8 月位置上,依此类推[见表 4-5 第(3)列]。Excel 计算的第一年 12 项移动平均值放在第一年的第 12 月位置上,第一年第 2 月至第二年第 1 月的 12 项移动平均值放在第二年第 1 月位置上,依此类推[见表 4-5 第(4)列]。

表 4-5 某大学用电量及移动平均值和指数平滑值

年份	月份	用电量/千瓦时	5 项移动平均	12 项移正平均	Excel12 项移动平均	指数平滑值 ($\alpha=0.1$)	指数平滑值 ($\alpha=0.3$)	指数平滑值 ($\alpha=0.7$)
(甲)	(乙)	(1)	(2)	(3)	(4)	(5)	(6)	(7)
第一年	1 月	826 400						
	2 月	573 600				826 400	826 400	826 400
	3 月	444 400	731 200			801 120	750 560	649 440
	4 月	988 000	787 920			765 448	658 712	505 912
	5 月	823 600	894 000			787 703	757 498	843 374
	6 月	1 110 000	919 760			791 293	777 329	829 532
	7 月	1 104 000	849 440	821 517		823 164	877 130	1 025 860
	8 月	573 200	831 120	831 567		851 247	945 191	1 080 558
	9 月	636 400	809 840	834 450		823 443	833 594	725 407
	10 月	732 000	789 680	825 367		804 738	774 436	663 102
	11 月	1 003 600	856 240	822 350		797 464	761 705	711 331
	12 月	1 003 200	876 000	826 700	818 200	818 078	834 273	915 919
第二年	1 月	906 000	800 000	824 850	824 833	836 590	884 951	977 016
	2 月	735 200	771 760	826 117	838 300	843 531	891 266	927 305
	3 月	352 000	746 480	831 183	830 600	832 698	844 446	792 831
	4 月	862 400	797 520	833 950	820 133	784 628	696 712	484 249
	5 月	876 800	852 160	839 483	824 567	792 405	746 419	748 955
	6 月	1 161 200	921 600	838 717	828 833	800 845	785 533	838 446
	7 月	1 008 400	875 520	835 483	820 867	836 880	898 233	1 064 374
	8 月	699 200	860 720	833 067	831 367	854 032	931 283	1 025 192
	9 月	632 000	841 600	830 783	831 000	838 549	861 658	796 998
	10 月	802 800	824 480	829 917	836 900	817 894	792 761	681 499
	11 月	1 065 600	866 400	834 233	842 067	816 385	795 773	766 410
	12 月	922 800	874 880	836 100	835 367	841 306	876 721	975 843
第三年	1 月	908 800	785 920	837 967	835 600	849 456	890 545	938 713
	2 月	674 400	739 920	835 617	830 533	855 390	896 021	917 774
	3 月	358 000	756 800	824 317	831 033	837 291	829 535	747 412
	4 月	835 600	790 160	825 950	828 800	789 362	688 074	474 824
	5 月	1 007 200	883 040	826 850	839 667	793 986	732 332	727 367

(续)

年份	月份	用电量/ 千瓦时	5项 移动平均	12项 移正平均	Excel12项 移动平均	指数平滑值 ($\alpha=0.1$)	指数平滑值 ($\alpha=0.3$)	指数平滑值 ($\alpha=0.7$)
(甲)	(乙)	(1)	(2)	(3)	(4)	(5)	(6)	(7)
第三年	6月	1 075 600	913 920	820 433	832 533	815 307	814 792	923 250
	7月	1 138 800	856 320	814 267	843 400	841 336	893 035	1 029 895
	8月	512 400	840 160	800 583	827 833	871 083	966 764	1 106 129
	9月	547 600	817 760	796 483	820 800	835 215	830 455	690 519
	10月	926 400	764 160	802 050	831 100	806 453	745 599	590 476
	11月	963 600	824 240	796 867	822 600	818 448	799 839	825 623
	12月	870 800	803 120	783 000	818 267	832 963	848 967	922 207
第四年	1月	812 800	716 240	768 983	810 267	836 747	855 517	886 222
	2月	442 000	690 560	767 883	790 900	834 352	842 702	834 827
	3月	492 000	693 040	771 367	802 067	795 117	722 491	559 848
	4月	835 200	703 840	768 600	802 033	764 805	653 344	512 354
	5月	883 200	817 680	767 833	791 700	771 845	707 901	738 346
	6月	866 800	842 000	768 183	774 300	782 980	760 491	839 744
	7月	1 011 200	780 960		763 667	791 362	792 383	858 683
	8月	613 600	779 840		772 100	813 346	858 028	965 445
	9月	530 000	805 280		770 633	793 371	784 700	719 153
	10月	877 600	772 800		766 567	767 034	708 290	586 746
	11月	994 000			769 100	778 091	759 083	790 344
	12月	848 800			767 267	799 682	829 558	932 903

从表4-5及图4-1中我们可以看出，通过移动平均，原序列的上下波动被削弱了（统计上也称为平滑或修匀），且平均的项数越大，波动被削弱的幅度越大。12月移动平均值消除了原序列中的季节变动，其长期趋势很清楚地表现出来——该大学总用电量基本呈水平略有下降的趋势。

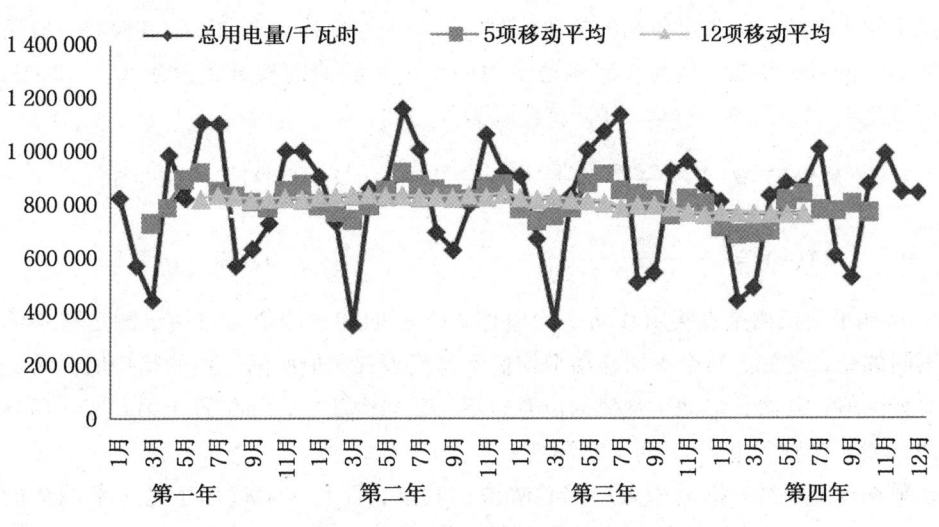

图4-1 用电量与移动平均值比较图

移动平均法测定长期趋势简便、灵活，有着较为广泛的应用。例如，在证券及期货的价格走势分析中，移动平均法一直是最常用的基本分析方法之一。应用移动平均法，必须注意以下几点。

（1）移动平均法对原时间序列具有修匀或平滑的作用，使原序列的起伏波动被削弱了，一般平均的时距项数 k 越大，移动平均的修匀作用越强。

（2）当序列包含周期性变动时，移动平均的项数 k 应与周期长度一致，这样才能在消除不规则变动的同时，也消除周期性波动，使移动平均值序列只反映长期趋势。由表 4-5 或图 4-1 中的两种移动平均值序列可见，12 项移动平均值序列中的逐期增长量更稳定，不规则变动被削弱的程度更大，趋势线更加平滑。因此，季度数据通常采用 4 项移动平均，月度数据通常采用 12 项移动平均。由于季节变动的周期比较固定，移动平均对季节变动的消除一般都有很好的效果。至于移动平均是否能消除循环变动，这取决于移动平均的项数是否能与序列中的循环周期长度一致。循环波动的周期长度远不如季节周期长度那么有规律，在一个时间序列中，各循环周期的长度是各不相同的。因而，固定平均项数的移动平均也就很难将序列中的循环波动完全消除。

（3）移动平均值代表的是所平均数据的中间位置上的趋势值。因此当平均项数 k 为奇数时，只需一次移动平均即可得到各期的趋势值；当 k 为偶数时，则需对移动平均的结果进行中心化处理，即再做一次二项移动平均，这样才能使移动平均值正对某一时期，使各期趋势值与实际值相对应。这种方法也称为中心化移动平均法。

（4）移动平均值序列的项数比原序列减少，中心化移动平均时，当平均项数 k 为奇数时，新序列首尾各减少 $(k-1)/2$ 项；当 k 为偶数时，首尾各减少 $k/2$ 项；当移动平均值放在最后一个时间点上时，新序列少 $k-1$ 项。所以移动平均会使原序列首尾的数据缺少对应的趋势值，k 越大，缺失的信息就越多。所以移动平均的项数不宜过大。

（5）利用简单移动平均法测定线性趋势具有较好的效果。当现象呈非线性趋势时，简单移动平均法得到的趋势值很容易出现较大的误差。加权移动平均在一定程度上可弥补这一不足。确定权数的方法是灵活多样的，可视具体情况来选择，但通常都要遵循"近大远小"的原则，即认为近期数据比远期数据对趋势值的影响更大，应给近期数据赋予较大权数，而给远期数据赋予较小权数。在测定各期的趋势值时，采用中心化移动平均法，其权数一般呈"中间大、两端小"的对称结构。例如 5 期移动平均中 5 个观测值的权数可分别为 1，2，3，2，1；或者也可以是 1，3，5，3，1 等。其计算公式为

$$\mathrm{MA}(k) = \frac{y_{i+1} + 2y_{i+2} + 3y_{i+3} + 2y_{i+4} + y_{i+5}}{k} \quad (i = 0,1,2\cdots,n-5) \quad (4\text{-}25)$$

$$\mathrm{MA}(k) = \frac{y_{i+1} + 3y_{i+2} + 5y_{i+3} + 3y_{i+4} + y_{i+5}}{k} \quad (i = 0,1,2\cdots,n-5) \quad (4\text{-}26)$$

（6）移动平均预测是直接用移动平均值作为下一期的预测值。与用于测定趋势的移动平均法所不同的是，首先，每个 k 期移动平均值不是代表观测值中间一期的趋势值，而是第 $k+1$ 期的趋势预测值；其次，移动平均值的位置也不再是居中放置，而是置于第 k 期（所平均数据末尾一期）或直接置于第 $k+1$ 期（预测期）。

移动平均预测只具有推测未来一期趋势值的功能，而且一般适用于呈水平趋势的时间序列。如果现象的发展变化具有明显的上升（或下降）趋势，则移动平均预测的结果就会产生

偏低（或偏高）的滞后偏差，即预测值的变化滞后于实际趋势值的变化。移动平均的项数 k 越大，滞后偏差就越大。

利用 Excel 计算移动平均序列的方法是：单击"数据"菜单下的"数据分析"，选择"移动平均"选项，在随即弹出的对话框中指定数据所在区域、间隔（即移动平均的项数）和输出区域的起点单元格后，单击"确定"按钮，即显示输出结果。Excel 将移动平均值放在计算期的末尾一期，若选择图表输出，还可以同时得到原数列实际值与移动平均值的折线图。图 4-2 是利用 Excel 对表 4-5 中的用电量计算的 12 月移动平均的对话框和图表输出结果。

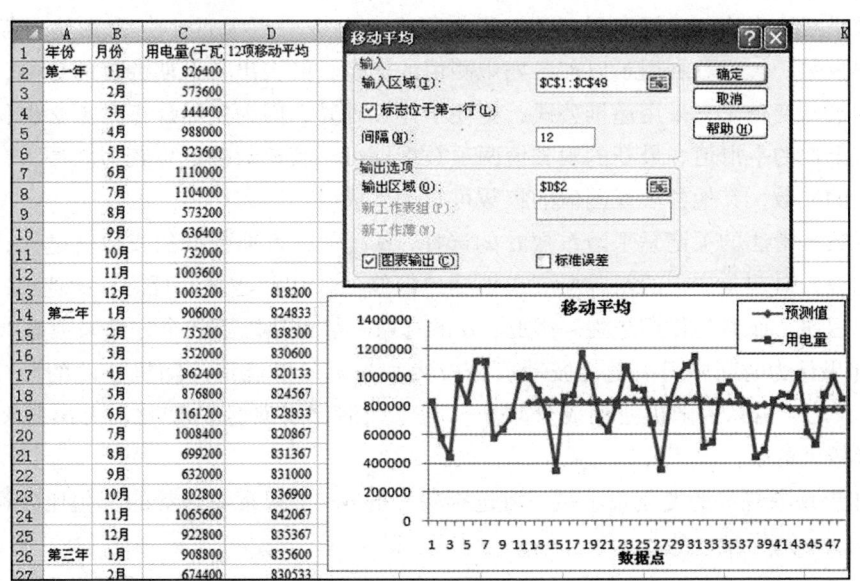

图 4-2　Excel 中 12 月移动平均的对话框和图表输出结果

2. 指数平滑法

指数平滑法是在加权移动平均法基础上改进而来的一种广泛使用的统计分析方法，其实质是包含一系列指数权重的移动平均法，所以称为指数平滑法。它通过计算一系列指数平滑值来消除不规则变动，以反映时间序列的长期趋势[一]，每一个平滑值都是根据已有时间序列的全部值计算的。指数平滑法既是对时间序列进行修匀的一种方法，也可以直接用于预测，还可以用于估计预测模型的参数。

用 E_t 表示第 t 期的指数平滑值，其计算公式为

$$E_t = \alpha y_t + (1 - \alpha) E_{t-1} \tag{4-27}$$

式中，E_t 和 E_{t-1} 分别表示第 t 期和第 $t-1$ 期的指数平滑值；y_t 为第 t 期的观测值；α 称为平滑系数，$0 < \alpha < 1$。

显然，指数平滑具有递推性质，各期平滑值是在上期平滑值的基础上递推而得的。将式（4-27）展开，可得

$$E_t = \alpha y_t + \alpha(1-\alpha) y_{t-1} + \alpha(1-\alpha)^2 y_{t-2} + \alpha(1-\alpha)^3 y_{t-3} + \cdots + \alpha(1-\alpha)^{t-1} y_1 + (1-\alpha)^t E_0$$

㊀ 指数平滑有一次指数平滑、二次指数平滑和多次指数平滑之分。本书只介绍一次指数平滑法。

$$= \alpha \sum_{i=1}^{t} (1-\alpha)^{t-i} y_i + (1-\alpha)^t E_0 \tag{4-28}$$

式（4-28）中，E_0 为初始值，数列项数较多时，初始值对平滑值的影响不大，通常将时间序列的最初水平作为初始值 E_0。由于 α 是介于 0 与 1 之间的数，当 $t \to \infty$ 时，最后一项系数 $(1-\alpha)^t$ 趋近于零，其余各项的系数构成一个无穷递减等比数列，该数列总和为 $\frac{\alpha}{(1-\alpha)} = 1$。由此可见，指数平滑值 E_t 实质上是以前各期观测值的加权算术平均数，各期观测值的系数就是其比重权数。

用指数平滑法来修匀时间序列，具有很多优点。它按"近大远小"原则给各期观测值赋予了不同的权数，既充分利用了以前各期观测值的信息，又突出了近期数据的影响，能够及时跟踪现象的最新变化。它采用递推公式，更便于连续计算，因为实际计算时不必保留以前全部信息，只需上期的平滑值和最新的观测值两项数据即可。其权数确定也较为简便，只需确定最新一期数据的权数，其他各项观测值的权数可自动生成。

应用指数平滑法的关键是平滑系数 α 的选择。α 越大，近期数据的权数就越大，权数递减的速度就越快，对现象变化的跟踪反应越敏捷，但修匀作用就越弱。反之，α 越小，对数据的跟踪反应越迟缓，而修匀作用越强。因此，α 的选取一般可从以下几个方面来考虑。

（1）如果认为时间序列中随机波动成分较大，为了尽可能消除随机波动的影响，可选较小的 α；反之，若认为随机波动成分较小，为了及时跟踪现象的变化，突出最新数据的信息，可选择较大的 α。

（2）如果现象趋势的变化很平缓，可选择较小的 α；如果现象趋势的变化比较剧烈，如呈阶梯式特征，应选择较大的 α。

（3）通过大小不同的 α 值进行试算，使预测误差最小的 α 值就是最合适的平滑系数。

当时间序列呈水平趋势或没有明显波动规律时，可以用一次指数平滑进行短期预测，即直接将第 t 期的指数平滑值 E_t 作为第 $t+1$ 期的预测值 $\hat{y}_{t+1}$。一次指数平滑预测的模型为

$$\hat{y}_{t+1} = E_t = \alpha y_t + (1-\alpha) E_{t-1} \tag{4-29}$$

由于同样有 $\hat{y}_t = E_{t-1}$，所以式（4-29）又可改写为：$\hat{y}_{t+1} = \hat{y}_t + \alpha(y_t - \hat{y}_t)$。由此式可知：第 $t+1$ 期的预测值等于上期预测值加用 α 调整后的上期预测误差。这个公式体现了一次指数平滑预测的基本思想：如果第 t 期的预测没有误差，则第 t 期预测值仍然是第 $t+1$ 期的预测值；如果有预测误差，则认为这种误差不外乎包括两部分，一部分是随机波动所引起的误差，预测时应尽可能予以剔除，另一部分是由于 t 期的现象与以前比较确实有了实质性变化而造成的误差，对此须及时跟踪，这就要求根据预测误差调整预测值。α 值实质上就体现了预测者对预测误差中实质性变化所占比重的一种估计。

指数平滑值的计算可利用 Excel 的"数据分析"宏。方法是：进入 Excel 工作簿的"数据分析"→"指数平滑"→根据对话框提示输入原始数据区域、阻尼系数（注：这里的阻尼系数指 $1-\alpha$）、输出区域等即可［如表 4-5 第（5）（6）（7）列］。但指数平滑值的位置是按 $t-1$ 期的平滑值作为 t 期趋势估计值处理的。

3. 趋势方程拟合法

趋势方程拟合法是通过拟合以时间 t 为解释变量、所考察指标为被解释变量的回归方程来测定现象的长期趋势的。此回归方程也称为趋势方程。

客观现象的实际变化是复杂多样的，有的呈现直线趋势，有的呈现曲线趋势，有的呈现混合形式[①]。对这些趋势形态各异的序列，要准确判断其发展变化的趋势规律，选择出准确的函数形式确非易事，实际操作中有几种做法可供参考。

(1) 定性分析，即根据经济理论、经济常识和现象的客观性质判断该现象在一般情况下遵循什么规律发展，从定性角度选择拟合的曲线。例如，人口增长、耐用消费品销售量等通常选择 S 曲线进行拟合。

(2) 图形分析。它是指绘制观测值散点图或时间序列折线图。这些图形常能很直观地表现出序列的趋势类型，配合定性分析，一般能对拟合曲线做出选择。这是最常用的有效方法。

(3) 数据特征分析。如果时间序列的逐期增长量（一次差）大致相同，可配合线性方程 $\hat{y} = a + bt$，其中 t 表示时间（下同）；推而广之，时间序列的 k 次差大致相同，可配合 k 次曲线，如二次差大致相同可配合二次曲线方程 $\hat{y} = a + bt + ct^2$；当现象的环比发展速度或增长速度大体相同时，可配合指数方程 $\hat{y} = ab^t$。

(4) 分段拟合。对混合趋势形式的序列，可采取分段拟合的方法，分别考察各阶段的趋势变化。但若要对未来的趋势发展做出预测，只能根据最后一阶段的趋势方程进行外推预测。

线性趋势方程为

$$\hat{y}_t = a + bt \tag{4-30}$$

式中，$\hat{y}_t$ 为时间序列 y_t 的趋势值；t 为时间（也可以对自变量时间编制代码，如取 $t = 1, 2, \cdots, n$）；a 为趋势线的截距，表示 $t = 0$ 时的趋势值，即既定时间序列长期趋势的初始值；b 为趋势线的斜率，表示当时间 t 每变动一个单位，趋势值的平均变动量。

估计线性趋势方程中参数 a、b 的方法通常采用最小平方法，也称为最小二乘法。趋势方程拟合法的主要任务就是要建立能够近似反映真实时间序列趋势的方程，我们总是希望趋势估计值 $\hat{y}$ 尽可能地接近时间序列的实际观测值 y。可是，由于 $(y - \hat{y})$ 可正可负，简单的代数和会相互抵消，因此为了便于处理，通常采用离差平方和作为衡量所有 $(y - \hat{y})$ 总差异的尺度。所谓最小二乘法就是根据这一思路，通过使离差平方和为最小来估计趋势方程系数的一种方法。设

$$Q = \sum (y - \hat{y})^2 = \sum (y - a - bt)^2 = \min$$

根据微积分中求极小值的原理（具体见第10章相关与回归分析），可得

$$\begin{cases} \sum y = na + b \sum t \\ \sum ty = a \sum t + b \sum t^2 \end{cases} \tag{4-31}$$

方程组（4-31）称为正规方程组或标准方程组，式中的 n 是时间序列项数。求解这一方程组可得

$$\begin{cases} b = \dfrac{n \sum ty - \sum t \sum y}{n \sum t^2 - (\sum t)^2} \\ a = \dfrac{\sum y}{n} - \dfrac{b \sum t}{n} = \bar{y} - b\bar{t} \end{cases} \tag{4-32}$$

【例 4-8】

根据表 4-2 中的我国 2000~2019 年的年末总人口数据，建立趋势方程。

从图 4-3 中可以看出，2000~2019 年，我国人口基本呈直线上升趋势，从 2017 年开始，

---

① 本书只介绍线性趋势方程拟合法。

人口增长减缓,到 2022 年人口负增长。因此,不宜用全部数据建立趋势方程,可以分段建立。

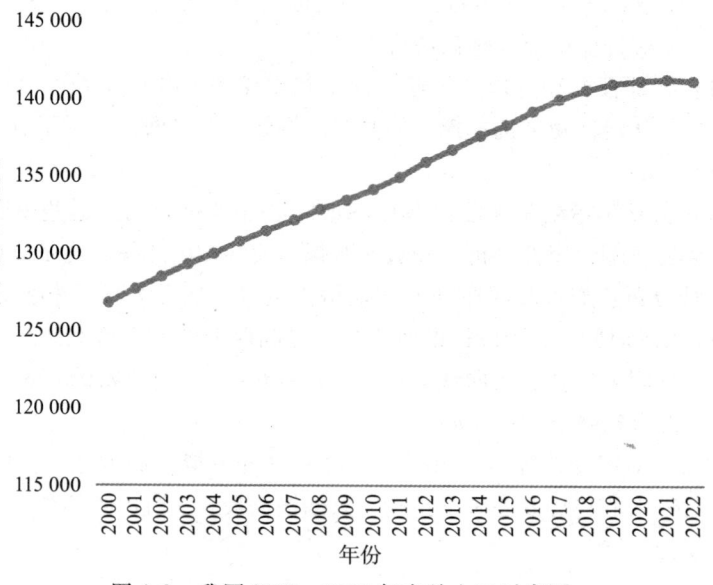

图 4-3 我国 2000~2022 年末总人口时序图

比如用 2000~2019 年的人口数据建立直线趋势方程。从 Excel 的"回归"输出结果的"Coefficients"下可得到截距项 a 的估计值为 126 065.02,回归系数 b 的估计值为 761.150 38,表明 2000~2019 年,我国平均每年增加 761.150 38 万人。据此可得线性趋势方程(其中,t 为时间序号,2000 年末 $t=1$)为

$$\hat{y}_t = 126\,065.02 + 761.150\,38t$$

趋势方程不仅可以测定出时间序列中各期的趋势值,而且所拟合的趋势方程还具有延伸外推的功能,可以根据趋势方程进行预测。例如,根据上述线性趋势方程,可预测 2020 年($t=21$)我国总人口数为

$$\hat{y}_{21} = 126\,065.02 + 761.150\,38 \times 21 = 142\,049.18(万人)$$

事实上,2020 年末我国总人口 141 212 万人,预测误差为 0.59%。根据直线趋势方程进行预测会假定现象始终按照平均增长量增长,一般不宜做长期预测。

二维码 4-2
利用 Excel 的"回归"计算出直线趋势方程参数的估计值 a 和 b

4.4.3 时间序列的季节变动测定

测定季节变动的意义主要在于掌握现象的季节变动规律,为决策和预测提供重要依据,此外也是为了从原时间序列中剔除季节变动的影响,以便更好地分析其他因素。

在时间序列的乘法模型中,季节变动的测定和分离都是通过季节指数来实现的。测定季节变动的方法很多,按是否消除长期趋势的影响来划分,可分为两大类:一是不考虑长期趋势的

影响,直接根据原时间序列去测定季节变动,常用方法是同期平均法;二是先剔除长期趋势,然后根据趋势剔除后的序列来测定季节变动。

测定季节变动一般至少要有三个以上季节周期的数据。例如,月份数据就要有不少于三年即 36 个月的数据。如果季节变动的规律性不是很稳定,则所需要的数据还应更多一些为好。测定季节变动的基本原理和方法也适用于周期小于一年的各种准季节变动。

1. 测定季节变动的同期平均法

同期平均法适合呈水平趋势的时间序列。其一般步骤如下。

(1) 计算同期平均数 $\bar{y}_i$ ($i = 1, 2, \cdots, L$。L 为一年所包含的时序数据项数),其目的是消除不规则变动的影响。

(2) 计算全部数据的总平均数 $\bar{y}$,用以代表消除了季节变动和不规则变动之后的全年平均水平,亦即整个时间序列的水平趋势值。

(3) 计算季节指数 S_i,它等于同期平均数与总平均数的比率,即

$$S_i = \frac{\bar{y}_i}{\bar{y}} \times 100\% \tag{4-33}$$

同期平均法计算的季节指数实质是:各季节水平相对于总平均水平的相对变化程度。当季节指数 S_i 大于 100%,表示所研究现象在第 i 期处于旺季;反之,当季节指数 S_i 小于 100%,表示第 i 期是个淡季。

季节指数应满足一个平衡关系:在一个完整的季节周期中,季节指数的总和等于季节周期的时间项数,或季节指数的均值等于 1,即

$$\sum_{i=1}^{L} S_i = L \text{ 或 } \bar{S} = \frac{1}{L}\sum_{i=1}^{L} S_i = 100\% \tag{4-34}$$

若计算结果不满足式 (4-34),就需要根据式 (4-35) 计算调整系数对其进行调整,即归一化处理。这种调整实质上就是将误差平均分摊到各期季节指数中去。调整方法是用各项季节指数除以全部季节指数的均值,或者说,将所求的各项季节指数都乘以一个调整系数,即可得到最终所求的季节指数。此调整系数的公式为

$$\text{季节指数的调整系数} = \frac{1}{\bar{S}} = L / \sum_{i=1}^{L} S_i \tag{4-35}$$

【例 4-9】根据表 4-6 某大学用电量计算季节指数。

表 4-6　某大学用电量及季节指数计算表[⊖]

月份	第一年	第二年	第三年	第四年	同月平均 $\bar{y}_i$	季节指数 $\bar{y}_i/\bar{y}$
1 月	826 400	906 000	908 800	812 800	863 500	1.066 3
2 月	573 600	735 200	674 400	442 000	606 300	0.748 7
3 月	444 400	352 000	358 000	492 000	411 600	0.508 3
4 月	988 000	862 400	835 600	835 200	880 300	1.087 1
5 月	823 600	876 800	1 007 200	883 200	897 700	1.108 6

⊖ 为了计算方便,一般要先将各年同一季节的数据对齐排列,本表经过了整理。

（续）

月份	第一年	第二年	第三年	第四年	同月平均 $\bar{y}_i$	季节指数 $\bar{y}_i/\bar{y}$
6 月	1 110 000	1 161 200	1 075 600	866 800	1 053 400	1.300 9
7 月	1 104 000	1 008 400	1 138 800	1 011 200	1 065 600	1.315 9
8 月	573 200	699 200	512 400	613 600	599 600	0.740 5
9 月	636 400	632 000	547 600	530 000	586 500	0.724 3
10 月	732 000	802 800	926 400	877 600	834 700	1.030 8
11 月	1 003 600	1 065 600	963 600	994 000	1 006 700	1.243 2
12 月	1 003 200	922 800	870 800	848 800	911 400	1.125 5
平 均					809 775	1.000 0

从表 4-6 可以看出，某大学用电量基本呈水平趋势，因此，适宜用同期平均法测得其季节变动趋势。

根据各月的季节指数可以绘制出季节指数图（见图 4-4）。从表 4-6 和图 4-4 可以看出，某大学用电量的旺季是夏季和冬季，其中用电量最旺的季节是 7 月，比全年平均高出 31.59%；用电量最淡的季节是 3 月，只为全年平均的 50.83%。

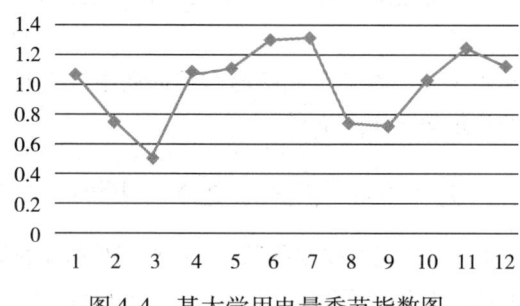

图 4-4 某大学用电量季节指数图

由于同期平均法计算的季节指数是相对于平均水平的变化程度，所以，欲对现象的未来发展做出预测，只需要以一个水平趋势值乘以相应的季节比率即可，其计算公式为

$$\hat{y}_{t+i} = \hat{a} \times \hat{S}_i \quad (i = 1, 2, \cdots, L) \tag{4-36}$$

若时间序列呈现明显的上升或下降趋势，同期平均法计算的季节指数就不够准确了。比如，当存在上升趋势时，即使完全没有季节变动，按同期平均法计算，年末季节指数也会大于年初季节指数。所以，按同期平均法计算，当现象呈现明显的上升趋势时，总会高估年末季节指数，相应地低估年初季节指数；相反，若现象呈现明显的下降趋势，则会高估年初季节指数，相应地低估年末季节指数。为了避免这种局限性，测定季节变动时就应先剔除长期趋势。

2. 测定季节变动的趋势剔除法

该法适合于趋势季节模型 $Y = T \times S \times I$。运用趋势剔除法的步骤是：首先测定出时间序列各期的趋势值，然后从原序列中消除趋势成分，最后再通过平均的方法消除不规则变动，从而测定出季节变动程度。

长期趋势的测定可用移动平均法，也可用趋势方程拟合法，还可以先采用移动平均法修匀时间序列，再采用趋势方程拟合法。但在计算季节指数的过程中，测定长期趋势最简便、最常用的方法是移动平均法。这是因为在长期趋势、季节变动和不规则变动三种因素共存时，若用趋势方程拟合法直接对原序列计算趋势值，会因为季节变动的影响而使趋势值不准确。而移动平均法可以同时消除不规则变动和季节变动的影响，只反映出长期趋势。

通过移动平均趋势剔除法计算季节指数的具体步骤如下。

（1）计算移动平均值（M）。对原序列计算平均项数等于季节周期L的中心化移动平均值。通过这样的移动平均可消除原序列中的季节变动S和不规则变动I。若序列不包含循环变动，即$Y = T \times S \times I$，则所求移动平均值就作为长期趋势值，即$M = T$。（若时间序列也包含循环变动，即$Y = T \times S \times C \times I$，则所求移动平均值包含着趋势和循环变动，即$M = T \times C$，可称之为趋势–循环值）

（2）剔除原序列中的趋势成分。用原数列各项数据Y除以对应的移动平均值（M），得到消除了长期趋势的序列，亦即得到只含季节变动和不规则变动的比率序列，即

$$\frac{Y}{M} = \frac{T \times S \times I}{T} = S \times I$$

（3）消除不规则变动I。将各年同期（同月或同季）的比率（$S \times I$）进行简单算术平均，可消除不规则变动I，从而可得到季节指数S。

（4）调整季节指数。若经由上述过程所得的季节指数不满足式（4-34），需要根据式（4-35）计算调整系数对所求季节指数进行归一化处理。

【例 4-10】

根据我国某连续六年流通中现金M_0［如表4-7第（1）栏］数据计算季节指数。

表4-7 我国某六年流通中现金及趋势剔除计算表

年	月	M_0/亿元	12项移动平均值/亿元	剔除长期趋势的M_0	年	月	M_0/亿元	12项移动平均值/亿元	剔除长期趋势的M_0
		(1)	(2)	(3)=(1)/(2)			(1)	(2)	(3)=(1)/(2)
第一年	1	58 063.94			第二年	1	59 820.72	49 344.81	1.212
	2	47 270.24				2	51 448.78	49 721.71	1.035
	3	44 845.22				3	49 595.74	50 093.35	0.990
	4	45 489.03				4	50 199.32	50 617.37	0.992
	5	44 602.83				5	49 039.72	51 024.73	0.961
	6	44 477.80				6	49 284.64	51 447.63	0.958
	7	45 183.10	47 291.49	0.955		7	49 705.85	51 773.58	0.960
	8	45 775.29	47 437.89	0.965		8	50 235.06	51 992.65	0.966
	9	47 145.29	47 786.1	0.987		9	53 433.49	52 731.39	1.013
	10	46 579.39	48 181.97	0.967		10	51 467.71	53 220.12	0.967
	11	47 317.26	48 574.5	0.974		11	52 392.12	53 670.78	0.976
	12	50 748.46	48 944.24	1.037		12	54 659.77	54 120.08	1.010

(续)

年	月	M_0/亿元 (1)	12项移动平均值/亿元 (2)	剔除长期趋势的 M_0 (3)=(1)/(2)	年	月	M_0/亿元 (1)	12项移动平均值/亿元 (2)	剔除长期趋势的 M_0 (3)=(1)/(2)
第三年	1	62 449.63	54 518.35	1.145	第五年	1	63 040.51	60 576.50	1.041
	2	60 313.65	54 910.6	1.098		2	72 896.19	60 715.18	1.201
	3	55 460.52	55 301.46	1.003		3	61 949.81	60 803.87	1.019
	4	55 607.15	55 556.38	1.001		4	60 772.46	60 985.36	0.997
	5	54 431.39	55 900.38	0.974		5	59 075.97	61 169.43	0.966
	6	54 063.91	56 237.81	0.961		6	58 604.26	61 326.91	0.956
	7	54 412.78	56 564.03	0.962		7	59 010.71	61 573.33	0.958
	8	54 925.35	57 733.94	0.951		8	59 061.79	62 363.83	0.947
	9	56 492.53	57 901.22	0.976		9	61 022.97	62 074.27	0.983
	10	55 595.72	58 140.28	0.956		10	59 900.48	62 299.39	0.961
	11	56 441.27	58 390.98	0.967		11	60 328.24	62 601.95	0.964
	12	58 574.44	58 692.63	0.998		12	63 216.58	62 910.68	1.005
第四年	1	76 488.60	58 933.22	1.298	第六年	1	72 526.51	63 261.90	1.146
	2	62 320.95	59 177.70	1.053		2	69 421.50	63 617.34	1.091
	3	58 329.30	59 433.72	0.981		3	64 651.21	63 983.41	1.010
	4	58 615.54	59 629.76	0.983		4	64 403.17	64 320.55	1.001
	5	58 051.11	59 804.42	0.971		5	62 780.71	64 680.09	0.971
	6	56 951.05	59 970.86	0.950		6	62 818.89	65 061.36	0.966
	7	57 346.50	60 111.28	0.954		7	63 276.01	65 485.30	0.966
	8	57 997.61	58 990.61	0.983		8	63 454.70		
	9	58 844.99	59 871.88	0.983		9	65 068.62		
	10	57 691.64	60 173.58	0.959		10	64 214.93		
	11	58 438.53	60 353.33	0.968		11	64 903.50		
	12	60 259.53	60 438.73	0.997		12	68 303.87		

从第一年1月至第六年12月的 M_0 趋势图（见图4-5）看，其既有季节变动，又存在长期趋势，计算季节指数时应该剔除长期趋势。剔除长期趋势的过程如表4-7第（2）栏和第（3）栏所示。

根据表4-7中第（3）栏数据计算季节指数的过程如表4-8所示。

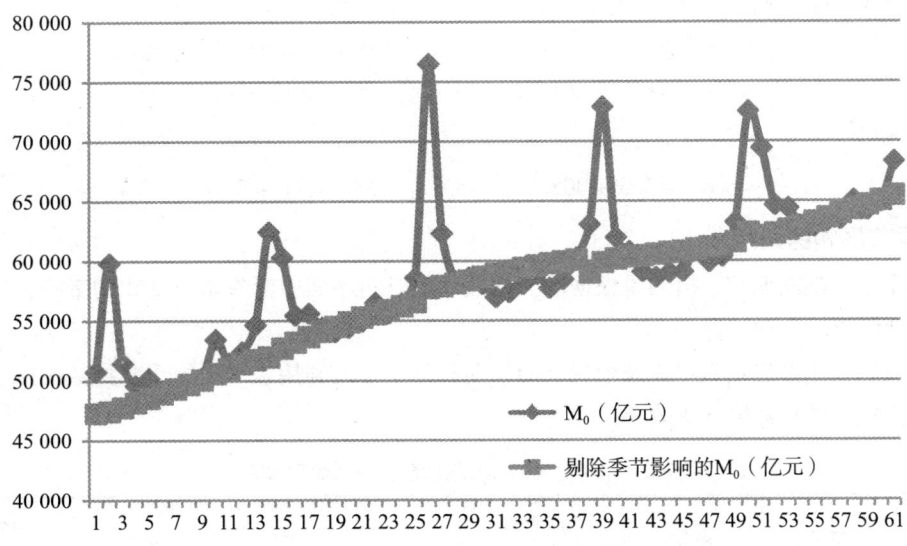

图 4-5　我国六年的 M_0 及其 12 项移动平均趋势图

表 4-8　我国的 M_0 季节指数计算表

月份	第一年	第二年	第三年	第四年	第五年	第六年	同月平均	季节指数
1		1.212	1.145	1.298	1.041	1.146	1.169	1.165
2		1.035	1.098	1.053	1.201	1.091	1.096	1.092
3		0.990	1.003	0.981	1.019	1.010	1.001	0.998
4		0.992	1.001	0.983	0.997	1.001	0.995	0.992
5		0.961	0.974	0.971	0.966	0.971	0.968	0.965
6		0.958	0.961	0.950	0.956	0.966	0.958	0.955
7	0.955	0.960	0.962	0.954	0.958		0.958	0.955
8	0.965	0.966	0.951	0.983	0.947		0.963	0.960
9	0.987	1.013	0.976	0.983	0.983		0.988	0.985
10	0.967	0.967	0.956	0.959	0.961		0.962	0.959
11	0.974	0.976	0.967	0.968	0.964		0.970	0.967
12	1.037	1.010	0.998	0.997	1.005		1.009	1.006
合计							12.036	12.000

计算表明，我国流通中现金 M_0 的旺季是 1 月，其次是 12 月；最淡季是 6 月。

趋势剔除法计算的季节指数，实质上是相对长期趋势的变化程度，所以，欲对现象的未来发展做出预测，需首先预测出长期趋势值，再乘以相应的季节指数，预测公式为

$$\hat{y}_t = \hat{T}_t \times \hat{S}_{对应季节} \tag{4-37}$$

根据表 4-7，若以最后一个（第六年 6 月）移动平均值 65 485.3 为趋势方程的起始值 a，以移动平均值的平均增长量 308.37 [= (65 485.3 − 47 291.49)/59] 为趋势方程的斜率 b，可得趋势方程（$t = 1$ 代表第六年 7 月），即

$$\hat{y} = a + bt = 65\,485.3 + 308.37\,t$$

第七年各月 M_0 的预测值（时间序号 t 分别为 $7,8,\cdots,18$）为

$$\hat{y}_{01} = (65\,485.3 + 308.37 \times 7) \times 1.165 = 78\,805.13(亿元)$$

$$\hat{y}_{02} = (65\,485.3 + 308.37 \times 8) \times 1.092 = 74\,203.87(亿元)$$

$$\vdots$$

$$\hat{y}_{12} = (65\,485.3 + 308.37 \times 18) \times 1.006 = 71\,462.18(亿元)$$

3. 季节影响的调整

所谓季节影响的调整，指的是根据季节指数从原时间序列中消除季节变动的影响，以更清晰地显示其他因素的变动特征。

如欲反映我国某连续六年流通中现金的长期趋势，可以利用表4-8的季节指数去除表4-7相应的流通中现金的实际值（见表4-9）。

表4-9 消除了季节影响的流通中现金时间序列

年	月	M_0/亿元	季节指数	剔除季节影响的 M_0/亿元	年	月	M_0/亿元	季节指数	剔除季节影响的 M_0/亿元
		(1)	(2)	(3)=(1)/(2)			(1)	(2)	(3)=(1)/(2)
第一年	1	58 063.94	1.165	49 840.29	第三年	1	62 449.63	1.165	53 604.83
	2	47 270.24	1.092	43 287.77		2	60 313.65	1.092	55 232.28
	3	44 845.22	0.998	44 935.09		3	55 460.52	0.998	55 571.66
	4	45 489.03	0.992	45 855.88		4	55 607.15	0.992	56 055.59
	5	44 602.83	0.965	46 220.55		5	54 431.39	0.965	56 405.59
	6	44 477.80	0.955	46 573.61		6	54 063.91	0.955	56 611.42
	7	45 183.10	0.955	47 312.15		7	54 412.78	0.955	56 976.73
	8	45 775.29	0.960	47 682.59		8	54 925.35	0.960	57 213.91
	9	47 145.29	0.985	47 863.24		9	56 492.53	0.985	57 352.82
	10	46 579.39	0.959	48 570.79		10	55 595.72	0.959	57 972.60
	11	47 317.26	0.967	48 932.02		11	56 441.27	0.967	58 367.39
	12	50 748.46	1.006	50 445.79		12	58 574.44	1.006	58 225.09
第二年	1	59 820.72	1.165	51 348.26	第四年	1	76 488.60	1.165	65 655.45
	2	51 448.78	1.092	47 114.27		2	62 320.95	1.092	57 070.47
	3	49 595.74	0.998	49 695.13		3	58 329.30	0.998	58 446.19
	4	50 199.32	0.992	50 604.15		4	58 615.54	0.992	59 088.25
	5	49 039.72	0.965	50 818.36		5	58 051.11	0.965	60 156.59
	6	49 284.64	0.955	51 606.95		6	56 951.05	0.955	59 634.61
	7	49 705.85	0.955	52 048.01		7	57 346.50	0.955	60 048.69
	8	50 235.06	0.960	52 328.19		8	57 997.61	0.960	60 414.18
	9	53 433.49	0.985	54 247.20		9	58 844.99	0.985	59 741.11
	10	51 467.71	0.959	53 668.10		10	57 691.64	0.959	60 158.12
	11	52 392.12	0.967	54 180.06		11	58 438.53	0.967	60 432.81
	12	54 659.77	1.006	54 333.77		12	60 259.53	1.006	59 900.13

（续）

年	月	M_0/亿元	季节指数	剔除季节影响的M_0/亿元	年	月	M_0/亿元	季节指数	剔除季节影响的M_0/亿元
		(1)	(2)	(3)=(1)/(2)			(1)	(2)	(3)=(1)/(2)
第五年	1	63 040.51	1.165	54 112.03	第六年	1	72 526.51	1.165	62 254.52
	2	72 896.19	1.092	66 754.75		2	69 421.50	1.092	63 572.80
	3	61 949.81	0.998	62 073.96		3	64 651.21	0.998	64 780.77
	4	60 772.46	0.992	61 262.56		4	64 403.17	0.992	64 922.55
	5	59 075.97	0.965	61 218.62		5	62 780.71	0.965	65 057.73
	6	58 604.26	0.955	61 365.72		6	62 818.89	0.955	65 778.94
	7	59 010.71	0.955	61 791.32		7	63 276.01	0.955	66 257.60
	8	59 061.79	0.960	61 522.70		8	63 454.70	0.960	66 098.65
	9	61 022.97	0.985	61 952.25		9	65 068.62	0.985	66 059.51
	10	59 900.48	0.959	62 461.40		10	64 214.93	0.959	66 960.30
	11	60 328.24	0.967	62 387.01		11	64 903.50	0.967	67 118.41
	12	63 216.58	1.006	62 839.54		12	68 303.87	1.006	67 896.49

二维码 4-3

季节影响的调整：X11 方法简介

4.4.4 时间序列的循环变动测定

由于循环变动通常很难识别，而且需要相当长时间的观察数据才能看出一定的规律性，所以，循环变动的测定和分析不仅需要运用统计方法，还必须借助于定性分析，并对现象的变化过程进行深入具体的研究。但是可以用下列简约方法测定循环变动。

1. 直接法

测定循环变动的直接法，是指将时间序列中的各项数据与其上年同期（同月或同季）的数据进行对比，即计算同比发展速度或年距发展速度，以消除或减弱长期趋势和季节变动的影响，从而由同比发展速度的波动来粗略地描述循环变动的特征。直接法也可以用于年度数据，只不过此时所计算的发展速度也就是各年的环比发展速度。

在实际工作中，如果研究目的只是大体观察时间序列的循环波动特征，就可用直接法。直接法虽然简便直观，但是这种方法的理论依据并不充分，由于它只考虑两期数值的差异程度，没有消除不规则波动的影响，往往也不能真正消除长期趋势和季节变动的影响。当某期数值偏高时，一方面会使本期的速度偏高，另一方面又会使下一年同期的速度偏低，从而导致循环波动的振荡幅度被拉大。因此，直接法很难准确描述时间序列循环波动的波峰、波谷和振荡幅度等特征。

2. 剩余法

剩余法也称为分解法，其基本思想是以时间序列的构成模型为基础，分别从时间序列中分离出长期趋势和季节变动因素，再消除不规则变动，则剩余的成分就是时间序列的循环变动。

假定各因素的构成模型为乘法模型 $Y = T \times S \times C \times I$。可以先消除季节变动 S，也可以先消除长期趋势 T，或者同时消除季节变动 S 和长期趋势 T。从数学原理上讲，结果都应该相同，但是实际中通常先消除季节变动。这是因为通过对短期（月或季度）数据进行合并，或者通过移动平均等方法，就可以很方便地抵消季节变动，从而使长期趋势的测定及随后的循环变动的测定更加准确可靠。其具体方法和步骤如下。

(1) 消除季节变动，得到无季节影响的序列。

$$\frac{Y}{S} = \frac{T \times S \times C \times I}{S} = T \times C \times I$$

(2) 由无季节影响的序列计算出各期的趋势值 T，再剔除趋势，求得循环变动和不规则变动序列。

$$\frac{T \times C \times I}{T} = C \times I$$

(3) 再对 $C \times I$ 进行移动平均，以消除不规则变动 I，求得循环变动值 C。

剩余法的思路从逻辑上讲是非常合理的，但计算复杂，而且在实际应用中，最后计算结果的准确性也要受其他各因素分离效果的影响，尤其是长期趋势值是否准确、不规则变动的抵消是否令人满意，都对最后所测定的循环变动值有很大的影响。其中，对 $C \times I$ 的移动平均以多长时距为宜，理论上也无法一概而论，实际应用中就难免出现一定的随意性。一般来说，若移动平均的项数较多，C 的变化更趋平滑而相应的不规则变动值就会更大。

■ 本章小结

1. 时间序列是把同一现象在不同时间上的观察数据按时间先后顺序排列起来所形成的数列，它是动态分析的基础。时间序列的分析有指标分析和构成因素分析两类。时间序列的影响因素可归纳为长期趋势、季节变动、循环变动和不规则变动四种，常以乘法模型为基础来进行时间序列的分解和组合。

2. 水平分析指标主要有平均发展水平、增减量（逐期、累计）和平均增减量。通过不同类型的时间序列计算平均发展水平的方法有所不同，累计增减量等于相应逐期增减量之和，平均增减量是观察期内各个逐期增减量的平均数。速度分析指标有发展速度、增减速度、平均发展速度和平均增减速度。定基发展速度即发展总速度，它等于相应时期内各环比发展速度的连乘积；增减速度等于发展速度减1；平均发展速度是环比发展速度的平均数，其计算方法通常采用几何平均法；平均增减速度等于平均发展速度减1。

3. 长期趋势的分析方法主要有移动平均法、指数平滑法和趋势方程拟合法。移动平均法的关键在于选择平均项数，能消除序列中的季节影响（平均项数与季节周期长度必须一致）；指数平滑法的关键在于确定平滑系数；趋势方程拟合法通常采用最小二乘法来估计趋势方程中的参数。

4. 季节比率的测定方法：同期平均法和趋势剔除法。同期平均法适用于水平趋势的季节序列；趋势剔除法适用于有明显上升（或下降）趋势的季节序列。当没有季节因素影响时，季节比率为 1 或 100%。序列的季节调整即以原始数据除以对应季节的季节比率，目的是从时间序列中去掉季节影响，便于分析其他成分。
5. 利用分析工具库中的"移动平均""指数平滑法""回归"或图表中的添加趋势线功能，可以测定时间序列的长期趋势。

■ 思考与练习题

1. 由时点序列计算平均发展水平需要什么假定？
2. 试说明时间数列分析指标的下列关系。
   (1) 发展速度和增长速度。
   (2) 定基发展速度和环比发展速度。
   (3) 增长1%的绝对值和前期水平。
   (4) 增长量、增长速度和增长1%的绝对值。
   (5) 逐期增长量和累计增长量。
   (6) 平均发展速度和环比发展速度。
   (7) 平均发展速度和平均增长速度。
3. 如果你是一家公司的经理，对于公司历年的销售额时间数列资料，你认为可以进行哪些方面的分析以为公司的生产经营决策提供参考？
4. 对于有增长趋势的季节数列，从数列中分解出趋势，既可以用移动平均的方法，也可以用趋势方程拟合的方法，你认为哪一种方法更合理？为什么？
5. 某公司报告年固定资产净值的有关数据如下表所示。

时间	1月1日	3月1日	5月31日	10月1日	12月31日
固定资产净值/万元	530	520	640	670	580

试计算该公司报告年固定资产总额的平均水平。

6. 某地近几年财政收入统计资料如下：

项目	第一年	第二年	第三年	第四年	第五年	第六年	第七年
财政收入/亿元		455					
逐期增长量/亿元		25					
累计增长量/亿元					200		
环比发展速度/%							
定基发展速度/%							
环比增长速度/%				5.26			
定基增长速度/%			10.46				93.02
增长1%绝对值/亿元							7

要求：
(1) 根据表中资料，计算并填制表中空白栏指标。
(2) 计算该财政收入的年平均发展水平、年平均增长水平和年平均增长速度。
(3) 超过平均增长速度的年份有哪些？

7. 根据引例（见表4-1），选择指标和方法，计算并分析该酿酒公司的红酒销售量的变化特征。
8. 对引例（见表4-1）中的数据进行分析，回答公司管理人员需要知道的问题。

二维码4-4
纪念改革开放40周年系列报告

第5章 统计指数与综合评价

■ 引例

国家统计局定期公布一些常用的价格指数,以此作为反映我国经济活动的晴雨表,如居民消费价格指数、商品零售价格指数、工业生产者价格指数、70个大中城市住宅销售价格指数等。在国家统计局公布的指数中,运用最广泛的是居民消费价格指数,它常常用于通货膨胀的测度。国家统计局网站2023年4月11日公布的数据显示,2023年3月,全国居民消费价格同比上涨0.7%。其中,城市上涨0.7%,农村上涨0.6%;食品价格上涨2.4%,非食品价格上涨0.3%;消费品价格上涨0.5%,服务价格上涨0.8%。1—3月平均,全国居民消费价格比上年同期上涨1.3%。2023年3月,全国居民消费价格环比下降0.3%。其中,城市下降0.3%,农村下降0.3%;食品价格下降1.4%,非食品价格持平;消费品价格下降0.5%,服务价格上涨0.1%。

什么是指数?价格指数与价格涨跌百分比是什么关系?指数应如何计算?为什么要同比还要环比?城市和农村为什么要分别计算?指数还有什么作用?对这些问题的解答正是本章的主要内容。本章将重点介绍指数的编制原理、应用及几种常用的价格指数,此外也简要介绍对现象进行多指标综合评价的基本原理和常用方法。

5.1 统计指数的概念、作用和分类

5.1.1 统计指数的概念

指数起源于18世纪中叶欧洲资本主义快速发展时期。此后200多年,指数应用和指数理

论不断发展，逐步扩展到社会经济领域的各个方面。指数是社会经济统计中历史最悠久、应用最广泛、与社会经济生活关系最密切的一种统计指标。一般对指数有广义和狭义两种理解。

广义指数是指一切说明社会经济现象数量变动或差异程度的相对数，《不列颠百科全书》对其的定义："指数是用来测定一个变量对于一个特定变量值大小的相对数"。例如，第3章中讲的相对数都可以称为指数。

狭义指数是指综合反映复杂现象总体数量变动或差异程度的特殊相对数。所谓复杂现象总体是指那些由许多计量单位不同、性质各异的个体组成，数量上不能直接加总的现象总体。例如，居民在一定时期所消费的食品、日用品、服务项目等，其数量不能直接相加；这些食品、日用品、服务项目等的价格虽然都以"元"计量，但也不能直接相加。因此，居民消费总量和居民消费价格是复杂现象总体。要反映居民消费数量和价格的变动，就必须想办法使不能相加的现象变成能够相加的、能够对比的现象，这样得到的特殊相对数就是狭义的指数。从指数理论和方法上看，所研究的主要是狭义指数⊖。指数具有综合性和平均性的特点。

所谓综合性，是指狭义指数是综合反映多个个体构成的复杂现象总体的变动。综合性说明指数是一种特殊的相对数，它是由一组变量或项目综合对比形成的。例如，居民消费价格指数不是反映一种消费品或是一种服务的价格的变动，而是综合反映居民所有生活消费项目价格的总变动。

所谓平均性，是指狭义指数反映的总变动本质上是一种平均变动，是总体水平的一个代表性数值。由于各个个体的变动是参差不齐的，指数反映的这种总变动实际上是将个体差异抽象化，反映总体中各个个体变动的一般程度。例如，2023年3月我国居民消费价格同比指数为100.7%，表示与上年同期相比，平均说来我国居民各项生活消费价格上涨了0.7%，但有的项目价格上涨幅度高于0.7%，如食品价格上涨了2.4%，其中食用油价格上涨5.8%；也有的项目价格上涨幅度低于0.7%，甚至有的价格在下跌，如交通通信价格下降1.9%。

5.1.2 统计指数的作用

1. 综合反映复杂现象总体变动的方向和程度

统计研究社会经济现象的变动时，往往要说明由许多个体组成的总体的综合变动，如全部产品产量的总变动、全部商品价格的总变动。而这些复杂现象总体是不能直接对比的，必须根据狭义指数的原理，将不能相加的现象变成能够相加的现象再对比，从而综合反映复杂现象总体变动的方向和程度。

2. 利用指数体系对现象总额或总平均数变动进行因素分析

许多社会经济现象的总额或总平均数变动受若干因素变动的影响。比如，商品销售额的变动受商品销售量和价格变动的共同影响；产品总成本的变动受产品产量和单位产品成本变动的共同影响；劳动生产率的变动受各类别职工人数（或比重）和各类别职工劳动生产率变动的共同影响。通过指数体系可以对现象的总变动进行因素分析，揭示各个影响因素的变动方向和变动程度以及对现象总额或总平均水平变动的影响方向和影响程度。

⊖ 若没有特别说明，本章中的指数均指的是狭义指数。

5.1.3 统计指数的分类

1. 按反映现象的范围划分

按反映现象的范围划分，指数可分为个体指数和总指数。

个体指数是反映单个事物变动的相对数，即广义的指数。例如，某种产品的产量指数，某种产品的单位成本指数等。事实上，发展速度就是一种个体指数，总额指数也可归为个体指数。

总指数是反映由多个个体构成、个体数量不能直接加总的复杂现象总体综合变动的相对数，即狭义的指数。如多种产品的产量指数，多种产品的单位成本指数等。

在总体分组的情形下，常常需要编制介于个体指数与总指数之间的组（类）指数，反映总体中某一组（类）现象的变动。当由个体指数计算类指数时，类指数实质上是总指数；当由类指数计算总指数时，将类指数视为个体指数。

2. 按反映现象的特征划分

按反映现象的特征划分，指数可分为数量指标指数和质量指标指数。

在统计指数理论中，把所要反映其数量变动的那个指标称为指数化指标。数量指标指数即指数化指标是数量指标，说明现象总规模、总水平的变动，如产品产量指数、商品销售量指数。质量指标指数即指数化指标是质量指标，说明现象对比关系、质量水平的变动，如价格指数、单位产品成本指数等。

3. 按反映现象的对比基础划分

按反映现象的对比基础划分，指数可分为动态指数和静态指数。

动态指数是用于说明现象在不同时间上对比的相对数，反映现象在时间上的变化过程和程度。动态指数按采用的对比基期的不同，又分为环比指数和定基指数。

静态指数包括空间对比指数和计划完成指数。静态指数是指数理论应用的扩展，本书只介绍动态指数的计算和应用。

5.2 总指数的计算

总指数的基本计算方法有综合法和平均法两种。

5.2.1 综合法指数

1. 综合法指数的原理

综合法指数是总指数的基本计算方法，是通过两个时期的综合总量对比计算的总指数。其主要特点是先综合后对比。

如前所述，构成复杂现象总体的多个个体由于其使用价值不同、度量单位不同，不能直接加总，统计上称为不同度量。因此，要综合反映复杂现象总体的变动，就必须首先解决不同度量的问题，为此，我们需要引入一个媒介因素，使不同度量、不能加总的现象转化为同度量、可以加总的现象。这种媒介因素在统计指数理论中被称为同度量因素。

对于具体研究的现象，以什么因素为同度量因素，要视现象之间的客观经济联系来决定。很多社会经济现象之间的联系，都可以用一种经济方程式来表示，比如：

$$销售总额 = \sum(销售量 \times 价格)$$
$$总成本 = \sum(产量 \times 单位成本)$$
$$工业总产出 = \sum(工业产品产量 \times 出厂价格)$$

这些经济方程式等号右边的两个现象都是复杂现象总体，就指标的性质而言，其中一个是数量指标，如销售量、产品产量等；另一个是质量指标，如价格、单位成本，它们是影响等号左边价值总量的因素。由于二者的乘积是价值量，而价值量是同度量的。因此，在计算指数时，经济方程式中的数量指标和质量指标互为同度量因素。

价值总量的变动中不仅包含了所研究现象（指数化指标）的变动，也包含了同度量因素的变动。因此，在引进同度量因素的同时，还必须将同度量因素的时期固定下来，使所得的指数只反映指数化指标的变动。

2. 综合法指数的计算

我们用 q 表示数量指标、p 表示质量指标、下标 1 表示报告期、下标 0 表示基期、I 表示个体指数、$\bar{I}$ 表示总指数。

【例 5-1】

根据表 5-1（1）~（4）栏的数据，计算产量总指数和单位成本总指数。

表 5-1　某企业三种产品产量及单位成本资料

产品名称	计量单位	产量		单位成本/万元		总成本/万元			
		基期 q_0	报告期 q_1	基期 p_0	报告期 p_1	基期 $q_0 p_0$	报告期 $q_1 p_1$	假定 $q_1 p_0$	假定 $q_0 p_1$
（甲）	（乙）	（1）	（2）	（3）	（4）	（5）	（6）	（7）	（8）
A	台	12 000	10 500	2.0	2.3	24 000	24 150	21 000	27 600
B	件	10 000	12 000	0.8	0.9	8 000	10 800	9 600	9 000
C	吨	760	1 000	1.5	1.62	1 140	1 620	1 500	1 231.2
合计	—	—	—	—	—	33 140	36 570	32 100	37 831.2

资料栏（1）~（4）；计算栏（5）~（8）

数量指标个体指数 $I_q = q_1/q_0$。根据表 5-1 资料，三种产品的产量个体指数分别为：10 500/12 000 × 100% = 87.5%，12 000/10 000 × 100% = 120%，1 000/760 × 100% = 131.58%，表示报告期与基期相比三种产品的产量分别减少 12.5%、增长 20% 及 31.58%。

产量这一实物量指标是不能直接加总的，计算产量总指数需要引入单位成本为同度量因素，用产量乘以单位成本，使不能加总的产量转化为可以加总的总成本。同时，单位成本还起到权数的作用，因为单位成本直接影响总成本，单位成本高的产品，其产量乘以单位成本所得总成本相对较大，对产量总指数的影响也较大，而单位成本低的产品，其产量乘以单位成本所得总成本相对较小，对产量总指数的影响也较小。

质量指标个体指数 $I_p = p_1/p_0$。表 5-1 三种产品的单位成本个体指数分别为：$2.3/2.0 \times 100\% = 115\%$，$0.9/0.8 \times 100\% = 112.5\%$，$1.62/1.5 \times 100\% = 108\%$，表示报告期与基期相比三种产品的单位成本分别增长了 15%，12.5%，8%。

要反映不同产品单位成本的总变动，应以各种产品的产量为同度量因素，计算单位成本总指数。根据表 5-1 的资料，各种不同使用价值、不同计量单位的产品的单位成本是不能直接加总对比的。要反映不同产品单位成本的总变动，应以各种产品的产量为同度量因素，用单位成本乘以产量，使不能加总的单位成本转化为可以加总的总成本。这里的产量，一方面起到同度量的作用，另一方面起到权数的作用。产量高的产品，其单位成本乘以产量所得总成本相对较大，对单位成本总指数的影响也较大；产量低的产品，其单位成本乘以产量所得总成本相对较小，对单位成本总指数的影响也较小。由此可见，同度量因素不仅具有同度量的作用，还具有权数的作用。因此，同度量因素也称为权数。

在引进同度量因素的同时，还必须将同度量因素的时期固定下来。同度量因素固定的时期如何选择，是国内外统计理论界长期讨论的一个重要问题。

（1）把同度量因素固定在基期——拉氏指数。

1864 年，德国经济学家埃蒂恩·拉斯贝尔斯（Etienne Laspeyres，1834—1913）提出，计算指数时把同度量因素固定在基期，称为拉斯贝尔斯指数，简称拉氏指数。将同度量因素固定在基期，所计算出的指数不包含同度量因素的变化，只单纯反映指数化指标的变化。拉氏数量指标指数和拉氏质量指标指数计算公式分别为

$$\text{拉氏数量指标指数：} \bar{I}_q = \frac{\sum q_1 p_0}{\sum q_0 p_0} \tag{5-1}$$

$$\text{拉氏质量指标指数：} \bar{I}_p = \frac{\sum q_0 p_1}{\sum q_0 p_0} \tag{5-2}$$

根据表 5-1（1）~（4）栏的数据可以求得如表 5-1（5）~（8）栏所示的产品总成本数据。拉氏数量指标指数为

$$\bar{I}_q = \frac{\sum q_1 p_0}{\sum q_0 p_0} \times 100\% = \frac{32\,100}{33\,140} \times 100\% = 96.86\%$$

计算结果的含义是，报告期三种产品的产量总的来说（或平均来说）比基期下降 3.14%。上述公式中分母 $\sum q_0 p_0$ 为基期实际成本总额，分子 $\sum q_1 p_0$ 为报告期生产的产品数量按基期单位成本计算的成本总额，即如果单位成本不变，报告期的成本总额。但是，分子与分母的差异是由于产量变动而引起的，所以，上述计算结果还表示由于三种产品产量平均下降 3.14%，使成本总额下降了 3.14%。

由于产量下降而使成本总额减少的绝对额为

$$\sum q_1 p_0 - \sum q_0 p_0 = 32\,100 - 33\,140 = -1\,040（\text{万元}）$$

根据表 5-1 的资料，拉氏质量指标指数为

$$\bar{I}_p = \frac{\sum q_0 p_1}{\sum q_0 p_0} \times 100\% = \frac{37\,831.2}{33\,140} \times 100\% = 114.16\%$$

计算结果的含义是，报告期三种产品的单位成本总的（平均）来说比基期上涨 14.16%，由于单位成本上涨 14.16%，使成本总额增加 14.16%。

由于单位成本上涨而增加的成本总额为

$$\sum q_0p_1 - \sum q_0p_0 = 37\ 831.2 - 33\ 140 = 4\ 691.2(万元)$$

（2）把同度量因素固定在报告期——帕氏指数[⊖]。

1874 年，另一位德国经济学家哈曼·帕舍（Hermann Paasche，1851—1925）提出，应该把同度量因素固定在报告期。帕氏指数的计算公式分别为

$$\text{帕氏数量指标指数：} \bar{I}_q = \frac{\sum q_1p_1}{\sum q_0p_1} \tag{5-3}$$

$$\text{帕氏质量指标指数：} \bar{I}_p = \frac{\sum q_1p_1}{\sum q_1p_0} \tag{5-4}$$

以表 5-1 的资料代入帕氏数量指标指数公式，可得

$$\bar{I}_q = \frac{\sum q_1p_1}{\sum q_0p_1} \times 100\% = \frac{36\ 570}{37\ 831.2} \times 100\% = 96.67\%$$

由于产量下降而减少的成本总额为

$$\sum q_1p_1 - \sum q_0p_1 = 36\ 570 - 37\ 831.2 = -1\ 261.2(万元)$$

以表 5-1 的资料代入帕氏质量指标指数公式，可得

$$\bar{I}_p = \frac{\sum q_1p_1}{\sum q_1p_0} \times 100\% = \frac{36\ 570}{32\ 100} \times 100\% = 113.93\%$$

由于单位成本上升而增加的成本总额为

$$\sum q_1p_1 - \sum q_1p_0 = 36\ 570 - 32\ 100 = 4\ 470(万元)$$

拉氏指数和帕氏指数与总额指数有以下关系，即

$$\frac{\sum q_1p_1}{\sum q_0p_0} = \frac{\sum q_1p_0}{\sum q_0p_0} \times \frac{\sum q_1p_1}{\sum q_1p_0} \tag{5-5}$$

$$\frac{\sum q_1p_1}{\sum q_0p_0} = \frac{\sum q_1p_1}{\sum q_0p_1} \times \frac{\sum q_0p_1}{\sum q_0p_0} \tag{5-6}$$

为了指数体系的成立和进行因素分析，在计算数量指标指数时，通常将同度量因素固定在基期，即用拉氏指数；计算质量指标指数时，通常将同度量因素固定在报告期，即用帕氏指数。

（3）把同度量因素固定在某一特定时期——固定权数指数。

计算产品数量指数时，为了便于各个时期指数的相互对比，还可用不变价格或某一特定时期的价格 p_n 为同度量因素，目的是消除各时期价格变动的影响，反映数量的变化，即

$$\bar{I}_q = \frac{\sum q_1p_n}{\sum q_0p_n} \tag{5-7}$$

5.2.2 平均法指数

1. 平均法指数的原理

平均法指数是通过对个体指数加权平均求总指数的方法。其主要特点是先对比后综合。

计算平均法指数要解决的主要问题是：采用哪种平均方法？权数如何确定？常用的平均方法主要包括算术平均法和调和平均法。权数的确定既要考虑经济意义，又要考虑获取资料的可

⊖ 帕氏指数也被称为派氏指数、派许指数。

行性，一般有基期总额（q_0p_0）、报告期总额（q_1p_1）和比重（w）等权数形式。

2. 平均法指数的计算

按指数化指标的性质和平均方法划分，平均法指数可分为加权算术平均法指数和加权调和平均法指数。

（1）加权算术平均法指数。加权算术平均法指数是采用算术平均形式对个体指数进行加权平均求总指数的方法。其计算公式为

$$\bar{I}_q = \frac{\sum \frac{q_1}{q_0} q_0 p_0}{\sum q_0 p_0} \tag{5-8}$$

$$\bar{I}_p = \frac{\sum \frac{p_1}{p_0} q_0 p_0}{\sum q_0 p_0} \tag{5-9}$$

【例5-2】

根据表5-2的有关资料，用加权算术平均法计算产量及单位成本总指数。

表5-2 某企业产品个体指数及总成本统计表

产品名称	计量单位	产量个体指数 $I_q = q_1/q_0$	单位成本个体指数 $I_p = p_1/p_0$	总成本/万元	
				基期 p_0q_0	报告期 p_1q_1
甲	台	0.875	1.15	24 000	24 150
乙	件	1.200	1.125	8 000	10 800
丙	吨	1.316	1.08	1 140	1 620
合计	—	—	—	33 140	36 570

产量总指数为

$$\bar{I}_q = \frac{\sum \frac{q_1}{q_0} q_0 p_0}{\sum q_0 p_0} = \frac{0.875 \times 24\ 000 + 1.2 \times 8\ 000 + 1.316 \times 1\ 140}{24\ 000 + 8\ 000 + 1\ 140}$$

$$= \frac{32\ 100.24}{33\ 140} = 96.86\%$$

产量变动对成本总额的影响为

$$\sum \frac{q_1}{q_0} q_0 p_0 - \sum q_0 p_0 = 32\ 100 - 33\ 140 = -1\ 040(万元)$$

单位成本总指数为

$$\bar{I}_p = \frac{\sum \frac{p_1}{p_0} q_0 p_0}{\sum q_0 p_0} = \frac{1.15 \times 24\ 000 + 1.125 \times 8\ 000 + 1.08 \times 1\ 140}{24\ 000 + 8\ 000 + 1\ 140}$$

$$= \frac{37\ 831.2}{33140} = 114.16\%$$

单位成本变动对成本总额的影响为

$$\sum \frac{p_1}{p_0} q_0 p_0 - \sum q_0 p_0 = 37\ 831.2 - 33\ 140 = 4\ 691.2(万元)$$

上述计算结果与前述拉氏指数的结果完全相同。从计算公式（5-8）和式（5-9）不难看出，在同一资料情况下，以基期总额 q_0p_0 为权数的加权算术平均法指数与拉氏综合法指数的经济意义和计算结果完全相同。

加权算术平均法指数不仅可以用绝对数加权，也可以用比重加权，其基本形式为

$$\bar{I} = \frac{\sum Iw}{\sum w} \tag{5-10}$$

式中，I 为个体指数：$I_p = p_1/p_0$；$I_q = q_1/q_0$。

采用比重权数的平均法指数，不仅可以避免每次编制指数时收集权数资料的困难，而且便于前后不同时期的对比；但无法根据分子分母之差反映指数所引起的总额变化的绝对差额。

（2）加权调和平均法指数。加权调和平均法指数是采用调和平均形式对个体指数进行加权平均计算总指数的方法，计算公式为

$$\bar{I}_q = \frac{\sum q_1 p_1}{\sum \frac{1}{q_1/q_0} q_1 p_1} \tag{5-11}$$

$$\bar{I}_p = \frac{\sum q_1 p_1}{\sum \frac{1}{p_1/p_0} q_1 p_1} \tag{5-12}$$

根据表 5-2 的资料，用加权调和平均法计算的产量总指数和单位成本总指数为

$$\bar{I}_q = \frac{\sum q_1 p_1}{\sum \frac{1}{q_1/q_0} q_1 p_1} = \frac{24\ 150 + 10\ 800 + 1\ 620}{\frac{24\ 150}{0.875} + \frac{10\ 800}{1.20} + \frac{1\ 620}{1.316}} = \frac{36\ 570}{37\ 831} = 96.67\%$$

产量变动对成本总额的影响为

$$\sum q_1 p_1 - \sum \frac{1}{q_1/q_0} q_1 p_1 = 36\ 570 - 37\ 831 = -1\ 261(万元)$$

$$\bar{I}_p = \frac{\sum q_1 p_1}{\sum \frac{1}{p_1/p_0} q_1 p_1} = \frac{24\ 150 + 10\ 800 + 1\ 620}{\frac{24\ 150}{1.15} + \frac{10\ 800}{1.125} + \frac{1\ 620}{1.08}} = \frac{36\ 570}{32\ 100} = 113.93\%$$

单位成本变动对成本总额的影响为

$$\sum q_1 p_1 - \sum \frac{1}{p_1/p_0} q_1 p_1 = 36\ 570 - 32\ 100 = 4\ 470(万元)$$

可见，其计算结果与前面用帕氏综合法指数计算的结果完全相同。从式（5-11）和式（5-12）不难看出，就同一资料，以报告期总额 q_1p_1 为权数的加权调和平均法指数与帕氏综合法指数的经济意义和计算结果完全相同。

5.2.3 几种常用的经济指数

1. 居民消费价格指数

居民消费价格指数（consumer price index，CPI）是度量居民生活消费品和服务价格水平随着时间变动的相对数，综合反映居民购买的生活消费品和服务价格水平的变动情况。它是各国政府都非常重视并且一直在编制的一种经济指数。居民消费价格指数同人们生活密切相关，同

时，在整个国民经济价格体系中也具有重要的地位。它是进行经济分析和决策、价格总水平监测和调控及国民经济核算的重要指标，通常影响着政府关于财政、货币、消费、工资、社会保障等政策的制定，是研究人民生活水平、监测社会稳定性、进行宏观经济分析和调控的重要依据。其具体作用和应用主要体现在以下几个方面。

（1）测定通货膨胀。通货膨胀的严重程度用通货膨胀率来反映，说明一定时期内商品价格持续上升的幅度。通货膨胀率一般用居民消费价格指数减100%来测定。

（2）反映货币购买力的变动程度。货币购买力是指单位货币所能购买的消费品和服务的数量。价格上升意味着货币贬值，货币购买力下降；反之，价格下降意味着货币升值，货币购买力上升。货币购买力指数通常就是用居民消费价格指数的倒数来计算的。

（3）将价值量指标的名义值减缩为实际值，以消除价格变化的影响。如用名义工资除以居民消费价格指数，得到实际工资。类似地，可测定居民实际可支配收入水平和实际消费水平等。

我国每月都要编制和发布居民消费价格指数，采用固定加权算术平均指数方法编制。其主要编制过程和特点是：首先，把居民消费分为食品烟酒、衣着、居住、生活用品及服务、交通和通信、教育文化和娱乐、医疗保健、其他用品和服务等8大类262个基本分类。基本涵盖了城乡居民的全部消费内容。全国采用抽样调查方法抽选确定调查网点，按照"定人、定点、定时"的原则，直接派人到调查网点采集原始价格。数据来源于全国31个省、自治区、直辖市（不包括港澳台地区）500个市县、8.8万余家价格调查点，包括商场（店）、超市、农贸市场、服务网点和互联网电商等。

为了使居民消费价格指数调查所涉及的商品和服务更具有代表性，更及时准确地反映居民消费结构的新变化和物价的实际变动，居民消费价格指数需要进行基期轮换。按照统计制度要求，我国居民消费价格指数

二维码 5-1
为什么 CPI 有时与人们的感觉不一样

每5年进行一次基期轮换，2016年1月开始使用2015年作为新一轮的对比基期，前3轮基期分别为2000年、2005年和2010年。

2. 工业生产者价格指数

工业生产者价格指数包括工业生产者出厂价格指数（producer price index for industrial products，PPI）和工业生产者购进价格指数。

工业生产者出厂价格指数是反映一定时期内全部工业产品第一次出售时的出厂价格总水平的变动趋势和程度的相对数，包括工业企业售给本企业以外所有单位的各种产品和直接售给居民用于生活消费的产品。该指数可以观察出厂价格变动对工业总产值及增加值的影响。

工业生产者购进价格指数反映了工业企业作为中间投入产品的购进价格的变化趋势和变动幅度，是扣除工业企业物质消耗成本中的价格变动影响的重要依据。

我国每月都要编制和发布这两种价格指数。工业生产者价格调查采取重点调查与典型调查相结合的调查方法。年主营业务收入2 000万元以上的企业采用重点调查方法，年主营业务收入2 000万元以下的企业采用典型调查方法。工业生产者出厂价格统计调查涵盖1 638个基本分类的20 000多种工业产品的价格；工业生产者购进价格统计调查涵盖900多个基本分类的10 000多种工业产品的价格。

3. 农产品生产价格指数和农业生产资料价格指数

农产品生产价格指数是反映一定时期内，农产品生产者出售农产品价格水平变动趋势及幅度的相对数。该指数可以客观反映全国农产品生产价格水平和结构变动情况，满足农业与国民经济核算需要。其中代表品生产价格指数是通过对全部有出售该产品行为的调查单位的个体指数进行几何平均求得的。类价格指数是通过对其所属的类（或代表品）的价格指数进行加权平均求得的。

农业生产资料价格指数是反映一定时期内农业生产资料价格变动趋势和程度的相对数。其编制目的是了解农业生产中投入物质资料价格的变动状况，服务于国民经济核算。以前，农业生产资料价格指数仅仅是商品零售价格指数的一个类别，1994年后单独编制。

我国农产品生产价格指数和农业生产资料价格指数按季度编制和发布。

4. 固定资产投资价格指数

固定资产投资价格指数是反映一定时期内固定资产投资品及取费项目的价格变动趋势和程度的相对数。固定资产投资额由建筑安装工程投资完成额、设备工器具购置投资完成额和其他费用投资完成额三部分组成。编制固定资产投资价格指数应首先分别编制上述三部分投资的价格指数，然后采用加权算术平均法求出固定资产投资价格总指数。该指数可以消除按现价计算的固定资产投资指标中的价格变动因素，以便真实地反映固定资产投资的规模、速度、结构和效益。

我国固定资产投资价格指数按季度编制和发布。

5. 股票价格指数

股票价格指数是反映某一证券市场股票价格变动趋势和程度的动态相对数。随着证券市场在国民经济中的地位日渐重要，股票价格指数也日益受到重视。股票价格指数常常被称为市场经济的"晴雨表"，不仅衡量股票价格整体的波动情况，也反映经济运行的景气状况，影响着投资人的决策和行为。

股票价格指数的编制方法很多，各有所长。很多股价指数如美国的标准普尔指数、中国香港的恒生指数等都是采用综合法指数公式计算的。历史最悠久的美国道琼斯工业平均指数是报告期样本股的简单算术平均价格与基期平均价格之比（基准日1928年10月1日平均价格恰好为100），又称为道琼斯股价平均数，尽管其计算方法存在明显局限，但习惯使然，故沿用至今。

中国证券市场最重要的两大标杆指数是上证综合指数和深证成分指数，都是采用帕氏综合法指数公式计算的。上证综合指数是上海证券交易所编制与发布的指数系列之一，于1991年7月15日起正式发布，以1990年12月19日为基日（基点为100），覆盖上海证券交易所挂牌的全部股票（包括A股和B股），以报告期发行量为权数。深证成分指数是深圳证券交易所编制与发布的指数系列之一，选取深交所市场市值大、流动性好的公司为样本，2015年将样本股由40只扩容为500只，反映深交所上市股票的价格走势，于1995年1月23日起正式发布，以1994年7月20日为基日（基点为1 000），以流通量为权数。随着中国证券市场的发展，具有不同特色、不同功能的股价指数也日益增多。目前影响力较大的股票价格指数还有上证180指数和上证50指数（以自由流通股本为权重计算）、深证创业板指数、深证创新100指数、沪深300指数等。

6. 生产指数

生产指数即产品物量指数，是综合反映一个国家（或地区、产业）的各种产品生产量变动的动态相对数。通常是先求出各类产品的价格指数，再由各类产品按现行价计算产值除以相应价格指数，求得按不变价计算的产值（即减缩值）并汇总，最后将全部产品按不变价计算的报告期总值与基期总值对比即可得到相应时期的生产指数，或者由按现行价计算的总值指数除以相应的价格指数来求得生产指数。

我国各级统计局每季度、每年发布的国内生产总值（或地区生产总值）增长速度、三次产业增加值的增长速度，通常都是按不变价格计算的，也就是相应生产指数减100%的结果。每月发布的按不变价计算的规模以上工业增加值的增长速度就是工业生产指数减去100%的结果。例如，2021年4月全国规模以上工业增加值同比增长9.8%，即以上年同月为基期，2021年4月全国规模以上工业企业的生产指数为109.8%。国家统计局还编制了服务业生产指数，并自2017年3月起按月度发布。服务业生产指数是指剔除价格因素后服务业报告期相对于基期的产出变化程度，综合反映服务业经济活动的运行态势。

二维码5-2
关于服务业生产指数的概念、意义及编制问题

5.3 指数体系与因素分析

5.3.1 指数体系的概念与作用

1. 指数体系的概念

指数体系是若干个有联系的指数形成的整体。社会经济现象之间总是相互联系的，每一现象的变动都受到其他因素的影响和制约，这些因素之间的联系往往可以通过指标之间的经济关系式反映出来。现象之间的这种联系反映在指数关系上就形成指数体系，例如，商品销售额指数＝销售量指数×销售价格指数。指数体系包括相对数和绝对数两种形式。

$$\frac{\sum q_1 p_1}{\sum q_0 p_0} = \frac{\sum q_1 p_0}{\sum q_0 p_0} \times \frac{\sum q_1 p_1}{\sum q_1 p_0} \tag{5-13}$$

$$\sum q_1 p_1 - \sum q_0 p_0 = \left(\sum q_1 p_0 - \sum q_0 p_0\right) + \left(\sum q_1 p_1 - \sum q_1 p_0\right) \tag{5-14}$$

2. 指数体系的作用

利用指数体系，可进行指数之间的相互推算，即根据有关现象的变动程度来推算另一现象的变动程度。如同样多的货币报告期所能购买的商品数量只为基期的95%，则可推算是因为价格上升了5.26%，即

$$价格指数 = \frac{购买额指数}{购买量指数} = \frac{100\%}{95\%} = 105.26\%$$

5.3.2 因素分析

因素分析是指利用指数体系从相对数和绝对数两方面分析现象的总变动受各个因素变动影响的情况。因素分析按分析对象的数量特征，分为总量指标因素分析和平均指标因素分析；按影响因素的多少，分为两因素分析和多因素分析。

1. 现象总量变动的两因素分析

对由两因素构成的现象总量，进行因素分析的步骤是：首先计算所研究现象变动的相对程度及绝对差额；其次分别计算两个影响因素指数及由此引起的所研究现象变动的绝对差额；最后列出三者之间的数量联系关系并进行文字的综合说明。

【例 5-3】

根据表 5-1 的资料，对该三种产品总成本的变动及其原因进行分析。

总成本指数及绝对增减额为

$$I_{qp} = \frac{\sum q_1 p_1}{\sum q_0 p_0} = \frac{36\,570}{33\,140} = 110.35\%$$

$$\sum q_1 p_1 - \sum q_0 p_0 = 36\,570 - 33\,140 = 3\,430(\text{万元})$$

产量总指数及由于产量变动引起的总成本绝对增减额为

$$\bar{I}_q = \frac{\sum q_1 p_0}{\sum q_0 p_0} = \frac{32\,100}{33\,140} = 96.86\%$$

$$\sum q_1 p_0 - \sum q_0 p_0 = 32\,100 - 33\,140 = -1\,040(\text{万元})$$

单位成本总指数及由于单位成本变动引起的总成本绝对增减额为

$$\bar{I}_p = \frac{\sum q_1 p_1}{\sum q_1 p_0} = \frac{36\,570}{32\,100} = 113.93\%$$

$$\sum q_1 p_1 - \sum q_1 p_0 = 36\,570 - 32\,100 = 4\,470(\text{万元})$$

计算结果表明，这三种产品总成本报告期比基期增长了 10.35%，增加 3 430 万元。这是由于三种产品的产量平均下降了 3.14%，使总成本下降 3.14%，减少 1 040 万元；三种产品的单位成本平均上升了 13.93%，使总成本相应上升了 13.93%，增加了 4 470 万元。三者之间的关系为

$$110.35\% = 96.86\% \times 113.93\%$$

$$3\,430(\text{万元}) = -1\,040(\text{万元}) + 4\,470(\text{万元})$$

2. 现象总量变动的多因素分析

多因素分析就是将所研究现象分解为三个或三个以上的影响因素，分别测定各影响因素的变动程度及其作用。多因素分析原理和方法与两因素分析是一致的，但在分析过程中要注意两点。

第一，各因素的排列顺序应以它们之间的相互联系为依据，使两两相乘有经济意义，以便确定同度量因素所属的时期。

例如，

利润额 = 销售量 × 单位商品销售价格 × 销售利润率
= 销售额 × 销售利润率
或 = 销售量 × 单位商品销售利润额

第二，测定其中某个因素的作用时，要使其余所有的因素固定下来。也就是说，计算各影响因素指数时，作为同度量因素的指标不是一个，而是两个或两个以上。在全部的影响因素中，数量指标和质量指标的区分是两两相对而言的，一般在计算质量指标指数时，把作为同度量因素的数量指标固定在报告期；在计算数量指标指数时，把作为同度量因素的质量指标固定在基期。

总量变动的因素分析方法也常常称为"连锁替代法"，其做法是从基期开始，依次将各因素的基期数替代为报告期数，并将替代后的总量与替代前的总量相比，即可得到各因素的总指数。其过程可以表示为

$$\sum a_0 b_0 c_0 \xrightarrow{a \text{变化}} \sum a_1 b_0 c_0 \xrightarrow{b \text{变化}} \sum a_1 b_1 c_0 \xrightarrow{c \text{变化}} \sum a_1 b_1 c_1$$

$$\bar{I}_a = \frac{\sum a_1 b_0 c_0}{\sum a_0 b_0 c_0} \quad \bar{I}_b = \frac{\sum a_1 b_1 c_0}{\sum a_1 b_0 c_0} \quad \bar{I}_c = \frac{\sum a_1 b_1 c_1}{\sum a_1 b_1 c_0}$$

【例 5-4】

根据表 5-3（1）~（6）栏的数据，对某企业销售利润总额的变动进行因素分析。

表 5-3　某企业销售量、价格、利润率和利润额资料

产品名称	计量单位	销售量		价格/万元		利润率/%		利润额/万元			
		q_0	q_1	p_0	p_1	m_0	m_1	$q_0 p_0 m_0$	$q_1 p_1 m_1$	$q_1 p_0 m_0$	$q_1 p_1 m_0$
（甲）	（乙）	（1）	（2）	（3）	（4）	（5）	（6）	（7）	（8）	（9）	（10）
A	台	6 500	6 800	1.5	1.45	11	12	107 250	122 400	112 200	108 460
B	吨	5 000	5 300	1.8	1.75	20	20	180 000	190 800	190 800	185 500
C	只	8 000	7 800	0.58	0.65	7	8	32 480	36 192	31 668	35 490
合计	—	—	—	—	—	—	—	319 730	349 392	334 668	329 450

（资料栏）　　　　（计算栏）

根据表 5-3 第（7）~（10）栏的数据，可以计算分析利润总额的变动及其原因。

利润总额指数及绝对增减额为

$$I_{qpm} = \frac{\sum q_1 p_1 m_1}{\sum q_0 p_0 m_0} = \frac{349\ 392}{319\ 730} = 109.28\%$$

$$\sum q_1 p_1 m_1 - \sum q_0 p_0 m_0 = 349\ 392 - 319\ 730 = 296\ 62(\text{万元})$$

销售量总指数及由于销售量变动引起的利润绝对增减额为

$$\bar{I}_q = \frac{\sum q_1 p_0 m_0}{\sum q_0 p_0 m_0} = \frac{334\ 668}{319\ 730} = 104.67\%$$

$$\sum q_1 p_0 m_0 - \sum q_0 p_0 m_0 = 334\ 668 - 319\ 730 = 14\ 938(\text{万元})$$

价格总指数及由于价格变动引起的利润绝对增减额为

$$\bar{I}_p = \frac{\sum q_1 p_1 m_0}{\sum q_1 p_0 m_0} = \frac{329\ 450}{334\ 668} = 98.44\%$$

$$\sum q_1 p_1 m_0 - \sum q_1 p_0 m_0 = 329\ 450 - 334\ 668 = -5\ 218(万元)$$

销售利润率总指数及由于销售利润率变动引起的利润绝对增减额为

$$\bar{I}_m = \frac{\sum q_1 p_1 m_1}{\sum q_1 p_1 m_0} = \frac{349\ 392}{329\ 450} = 106.05\%$$

$$\sum q_1 p_1 m_1 - \sum q_1 p_1 m_0 = 349\ 392 - 329\ 450 = 19\ 942(万元)$$

四者之间的体系关系及分析说明为

$$\frac{\sum q_1 p_1 m_1}{\sum q_0 p_0 m_0} = \frac{\sum q_1 p_0 m_0}{\sum q_0 p_0 m_0} \times \frac{\sum q_1 p_1 m_0}{\sum q_1 p_0 m_0} \times \frac{\sum q_1 p_1 m_1}{\sum q_1 p_1 m_0} \tag{5-15}$$

即

$$109.28\% = 104.67\% \times 98.44\% \times 106.05\%$$

$$\sum q_1 p_1 m_1 - \sum q_0 p_0 m_0 = (\sum q_1 p_0 m_0 - \sum q_0 p_0 m_0) +$$
$$(\sum q_1 p_1 m_0 - \sum q_1 p_0 m_0) +$$
$$(\sum q_1 p_1 m_1 - \sum q_1 p_1 m_0) \tag{5-16}$$

即

$$29\ 662\ 万元 = 14\ 938\ 万元 - 5\ 218\ 万元 + 19\ 942\ 万元$$

以上计算表明,该企业报告期与基期相比销售利润总额增长了 9.28%,增加销售利润额 29 662 万元,这是三个因素共同作用的结果。其中,由于三种产品的销售量增长使销售利润总额增长 4.67%,增加 14 938 万元;销售价格平均下降 1.56%,使销售利润额减少 5 218 万元;销售利润率平均上升 6.05%,使销售利润额增加 19 942 万元,故可知该企业销售利润总额增加的主要原因是改善了经营管理,提高了销售利润率。

3. 总平均数变动的因素分析

在分组条件下,总平均数的变动受各组平均数和总体结构变动的影响。可以根据前述现象总量变动的因素分析原理,利用指数体系分析总平均数的变动及其各个因素的影响。

反映总平均数变动的指数称为总平均数指数,反映组平均数变动的指数称为组平均数指数或固定构成指数,反映总体结构变动的指数称为结构影响指数。以上三个指数形成如下的指数体系,即

总平均数指数 = 组平均数指数(固定构成指数) × 结构影响指数

$$\frac{\frac{\sum x_1 f_1}{\sum f_1}}{\frac{\sum x_0 f_0}{\sum f_0}} = \frac{\frac{\sum x_1 f_1}{\sum f_1}}{\frac{\sum x_0 f_1}{\sum f_1}} \times \frac{\frac{\sum x_0 f_1}{\sum f_1}}{\frac{\sum x_0 f_0}{\sum f_0}} \tag{5-17}$$

其绝对数体系为

$$\frac{\sum x_1 f_1}{\sum f_1} - \frac{\sum x_0 f_0}{\sum f_0} = \left(\frac{\sum x_1 f_1}{\sum f_1} - \frac{\sum x_0 f_1}{\sum f_1} \right) + \left(\frac{\sum x_0 f_1}{\sum f_1} - \frac{\sum x_0 f_0}{\sum f_0} \right) \tag{5-18}$$

【例 5-5】

以表 5-4 资料,分析某集团公司最近两期劳动生产率的变动及其原因。

表 5-4　某集团公司下属三个企业的职工人数和劳动生产率资料

下属企业	职工人数/人		劳动生产率/(万元/人)		总产值/万元		
	f_0	f_1	x_0	x_1	$x_0 f_0$	$x_1 f_1$	$x_0 f_1$
甲企业	2 400	2 000	27	24	64 800	48 000	54 000
乙企业	5 300	5 680	58	59	307 400	335 120	329 440
丙企业	3 000	3 450	41.5	39.5	124 500	136 275	143 175
合计	10 700	11 130	46.420 5	46.666 2	496 700	519 395	526 615

注：表 5-4 中 x、f 的下标 0 和 1 分别代表基期和报告期。

总劳动生产率指数及总劳动生产率增减绝对额：

$$\frac{\frac{\sum x_1 f_1}{\sum f_1}}{\frac{\sum x_0 f_0}{\sum f_0}} = \frac{\frac{519\ 395}{11\ 130}}{\frac{496\ 700}{10\ 700}} = \frac{46.666\ 2}{46.420\ 5} = 100.53\%$$

$$\frac{\sum x_1 f_1}{\sum f_1} - \frac{\sum x_0 f_0}{\sum f_0} = 46.666\ 2 - 46.420\ 5 = 0.245\ 7(万元)$$

组劳动生产率指数及其对总劳动生产率的影响为

$$\frac{\frac{\sum x_1 f_1}{\sum f_1}}{\frac{\sum x_0 f_1}{\sum f_1}} = \frac{\frac{519\ 395}{11\ 130}}{\frac{526\ 615}{11\ 130}} = \frac{46.666\ 2}{47.314\ 9} = 98.63\%$$

$$\frac{\sum x_1 f_1}{\sum f_1} - \frac{\sum x_0 f_1}{\sum f_1} = 46.666\ 2 - 47.314\ 9 = -0.648\ 7(万元)$$

职工人数结构变动及其对总劳动生产率的影响为

$$\frac{\frac{\sum x_0 f_1}{\sum f_1}}{\frac{\sum x_0 f_0}{\sum f_0}} = \frac{\frac{526\ 615}{11\ 130}}{\frac{496\ 700}{10\ 700}} = \frac{47.314\ 9}{46.420\ 5} = 101.93\%$$

$$\frac{\sum x_0 f_1}{\sum f_1} - \frac{\sum x_0 f_0}{\sum f_0} = 47.314\ 9 - 46.420\ 5 = 0.894\ 4(万元)$$

三者的关系为

$$100.53\% = 98.63\% \times 101.93\%$$

$$0.245\ 7\ 万元 = -0.648\ 7\ 万元 + 0.894\ 4\ 万元$$

计算结果表明：该公司劳动生产率报告期比基期上升了 0.53%，平均每个职工的产值较基期增加了 0.245 7 万元。其中由于各企业职工劳动生产率平均下降了 1.37%，使公司劳动生产率下降 1.37%，每个职工的产值平均减少了 0.648 7 万元；由于公司职工人数结构（即各企业职工人数占公司职工总数的比重）发生变动，使公司劳动生产率上升了 1.93%，职工人均产值增加了 0.894 4 万元。这两个影响因素中，组劳动生产率指数真实地反映了各企业实际劳动生产率的变动程度。由此可知，该公司的总劳动生产率虽然有所上升，但各企业的实际劳动生产率水平却在下降，这应当引起公司管理层的高度重视。

5.4 综合评价

5.4.1 综合评价的意义

综合评价是多指标综合评价的简称，是指在建立评价指标体系的基础上，利用一定的方法，对各个指标做预处理，构建综合评价模型，求得综合评价值，据以对现象总体进行比较、分类和排序的一种统计分析方法。

社会、经济、自然、科技等现象总体总是由多因素构成的，要正确认识总体的状况，就要从不同的侧面和角度对其数量进行反映与分析，这就会形成由多个指标构成的指标体系。但是各个指标在不同时间或不同空间的数值大小各不相同，可能会出现相互矛盾、异向变化等复杂情况。为达到对总体的全面认识，就必须把反映被评价事物的多个指标的信息综合起来，得到一个综合指标，从而进行横向或纵向对比。

综合评价也有一定的局限性，主要表现在：第一，将若干个指标数值综合成一个数值，损失了原有指标带来的大量信息，使结果变得比较抽象。第二，主观性很强，一方面，选择什么指标、选择多少指标无一不体现研究者对社会经济状况的主观认识；另一方面，对社会经济现象进行综合评价时，哪个指标更重要、如何赋权，没有统一的标准。第三，评价的结果不具有唯一性，选择不同的方法，赋予不同的权数，可能有不同的结果。

5.4.2 综合评价的一般步骤

对不同空间和不同时间的社会经济现象进行整体性比较与排序，是政府、部门、行业等的决策者和管理者非常重视的问题。因此，在经济活动实践中，要不断地提出新的综合评价方法，各种方法各有特点，但是基本步骤一般有以下几个方面。

1. 明确综合评价的目的

只有目的明确，才能围绕这一目的确定选择什么指标，采用什么方法。综合评价可以是对总体的全面评价，如对各个地区发展状况的评价，也可以是对某一专题的评价，如对各个地区宏观经济效益的评价。

2. 选择评价指标体系

为达到对总体的全面认识，必须建立能反映总体各个方面的多指标组成的体系。指标的选择最重要的原则是目的性、低相关性和可操作性。

目的性是指所设计的评价指标及整个评价指标体系，必须紧紧围绕综合评价目的展开，使最后的评价结论明确反映评价意图。

低相关性是指避免过多相关性高的指标同时入选，因为如果指标之间的相关程度过高，实际上就等于加大了这类指标的权重。

可操作性是指一个综合评价指标体系要能够付诸实践、得以顺利实施。虽然有些指标很重要，但是无法获取数据，或者即使可以估计出数据，而数据质量非常差，也不能纳入评价指标体系，而应该寻找其他更具操作性的指标。

3. 确定评价指标的同向化和同度量化方法

如上所述，评价指标体系是从不同的侧面说明总体的数量特征，具有不同的性质，有的属于正向指标，有的属于逆向指标，有的属于适度指标；有的用相对数、平均数表示，有的用绝对数表示。为了避免不同性质评价指标的作用相互抵消和解决不同度量问题，在综合评价时，必须做到两点。一是使所有的指标都从同一方向说明总体，这就提出了如何使指标同向化的问题。将逆向指标转换为正向指标的方法通常有倒数法、对应指标转换法和最大定额法。二是使所有的指标可以汇总，这就提出了如何对指标进行无量纲化处理。无量纲方法主要有打分法、比率法和标准化法。

4. 确定各评价指标的权重

所谓确定权重，就是根据各个指标在综合评价中的重要程度，或者根据指标数值的质量，赋予其一定的权数。某个指标越重要，或其指标值的准确性越高，其权数就应该越大，以体现主次有别、质量高低有别。权数往往用相对数表示，其和为 1。

确定权数的方法一般有主观赋权法和客观赋权法。主观赋权法是指由若干专家或分析人员，根据他们各自的专业知识和经验来分析与确定各评价指标的权数。客观赋权法是指根据评价指标本身的数值特征或指标之间的内在关系来确定各评价指标的权数，它由调查所得的实际数据决定。

5. 计算综合评价值

确定各评价指标合成的方法，以便把所有指标数值综合成一个数值。常用的合成的方法有加权算术平均法、几何平均法和混合法等。

5.4.3 综合评价的常用方法

凡能进行同度量的方法，都可以作为综合评价的方法。这里介绍几种实践中常用的方法。

1. 排队计分法

排队计分法的具体方法如下：将评价单位的各项评价指标依优劣顺序排队，并按如下公式计算各名次单位的具体得分。

$$y_i = 100 - \frac{k-1}{n-1} \times 100 = \frac{n-k}{n-1} \times 100 \tag{5-19}$$

式中，y_i 为单项指标的得分；k 为排队名次（$1, 2, \cdots, n$）；n 为参加评比的单位数。

综合得分一般采用加权算术平均法，将各单位参评的各单项评价指标得分综合为总分。其计算公式为

$$\bar{y} = \frac{\sum y_i w}{\sum w} \tag{5-20}$$

总分数的多少综合说明各单位整体状况的优劣高低，并可据以确定各单位在总体中所处的具体位置。

采用排队计分法时不必人为寻找比较标准，被评价单位的单项评价值由该单位在总体中的相对位置来确定；不必事先将指标做同向化处理，确定名次时已考虑了正指标和逆指标的不同；各单项指标的评价值都有统一的变化范围，即介于（0，100）的区间内，因此，不会出现某一单项评价值过高从而对总评价值影响过大的情况，即评价结果不易受极端值的影响；对数

据的项数多少和分布状况没有严格要求；不仅适用于一般的数值型评价指标，也适用于包含定序指标的综合评价问题。

在排队计分法中，由指标值在全部评价单位中的位置即名次而不是其数值本身的大小来决定单项评价值，因此，评价结果只能反映名次差异，而不能反映指标数值的差异。

某企业总资产贡献率、流动资金周转次数、工业成本费用利润率分别排在第四、十三和十二位，它们的权重分别为40%、30%、30%，则企业这3项指标的单项得分和总得分分别为

$$f(x_1, 4) = 100 - \frac{4-1}{30-1} \times 100 = 89.66$$

$$f(x_2, 13) = 100 - \frac{13-1}{30-1} \times 100 = 58.62$$

$$f(x_3, 12) = 100 - \frac{12-1}{30-1} \times 100 = 62.07$$

$$DF = 89.66 \times 0.4 + 58.62 \times 0.3 + 62.07 \times 0.3 = 72.07$$

2. 加权指数法

这是利用加权算术平均法指数的形式，求得总得分。这里单项评价指标指数不一定以基准期水平作为比较的标准，也可以用总体平均水平或规划值或其他某个公认值作为比较标准。单项评价指数的计算公式为

$$y_i = \frac{x_i}{X_i} \tag{5-21}$$

式中，x_i 为第 i 个指标的实际值；X_i 为第 i 个指标的对比标准值。

用各指标经济重要程度确定的权数作加权平均计算，得综合评价总指数。综合评价总指数的计算通常采用式（5-20）。

指数法评价结果的含义清晰易懂，评价指数可体现各评价单位之间的差距。但指数法确定比较标准值是个难点；单项评价指数没有统一的取值范围（即理论上无上下限），若存在极大值时，单项评价值过大，在计算综合评价指数时，就会夸大该评价指标对总评价值的影响，严重掩盖其他评价指标对总评价值的影响。

依据表5-5资料，计算甲、乙、丙三个地区的综合经济效益指数。

表5-5 三个地区有关经济效益指标计算表

指标名称	计量单位	标准数	权数	报告期指标值		
				甲地区	乙地区	丙地区
（甲）	（乙）	（1）	（2）	（3）	（4）	（5）
社会总成本增加值率	元/百元	45.0	30	46	48	45
社会总成本利税率	元/百元	20.0	25	25	26	21
社会劳动生产率	万元/人	2.0	25	2.2	2.4	1.8
商品流通费用率	%	15.0	5	16	18	14
产品销售率	%	85.0	15	86	90	78
综合经济效益 k	—	—	100	109.29	114.55	97.87

评价的5个指标中，商品流通费用率为逆指标，在计算单项指数时，应采用倒数法将其同向化为正指标。

甲地区的综合经济效益指数为

$$\bar{k}_{甲} = \frac{46}{45} \times 30 + \frac{25}{20} \times 25 + \frac{2.2}{2} \times 25 + \frac{1}{16/15} \times 5 + \frac{86}{85} \times 15$$

$$= 1.0222 \times 30 + 1.25 \times 25 + 1.1 \times 25 + 0.9375 \times 5 + 1.012 \times 15$$

$$= 30.67 + 31.25 + 27.50 + 4.69 + 15.18$$

$$= 109.29$$

其余两个地区的综合经济效益指数的计算过程及计算结果见表5-5。

由表5-5可知，甲、乙、丙三个地区的综合经济效益指数分别为109.29、114.55和97.87，计算结果表明，乙地区的综合经济效益指数最高，甲地区次之，而丙地区低于100，故乙地区综合经济效益最好。

3. 改进的功效系数法

改进的功效系数法是依据多目标规划原理，提出的一种综合评价中无量纲化的方法。功效系数的计算公式为

$$y_i = \frac{x_i - x_i^s}{x_i^h - x_i^s} \times 40 + 60 \tag{5-22}$$

式中，y_i 为第 i 个指标的单项评价分；x_i 为第 i 个指标的实际值；x_i^h 为第 i 个指标的满意值；x_i^s 为第 i 个指标的不允许值。

然后，根据各评价指标的权数，将单项评价值 y_i 加权平均得到综合评价值，综合评价值的计算通常采用式（5-20）。

功效系数法指标数值与单项评价值之间是线性转换关系，评价值能够反映出各评价指标的实际水平，可充分地体现各评价单位之间的差距；而且单项评价值一般在60~100之间，与指数法相比，在很大程度上限定了单项评价值的取值范围，使某些过高的单项评价值对综合评价值的影响有明显减弱的趋势。但是采用功效系数法时必须事先确定两个对比标准，因此有一定操作难度。

设有甲、乙两企业经济效益指标及其满意值、不允许值和权数如表5-6第（1）（2）（3）（5）和第（7）栏所示，依功效系数法计算综合评价分。

表5-6 甲、乙两企业经济效益计算表

指标	不允许值	满意值	甲企业		乙企业		权数	得分×权数	
			实际值	得分	实际值	得分		甲企业	乙企业
	（1）	（2）	（3）	（4）	（5）	（6）	（7）	（8）	（9）
总成本增加值率	45.0	65.0	51.0	72.0	55.0	80.0	25	18.0	20.0
总成本利税率	24.0	42.0	29.0	71.1	32.0	77.8	25	17.8	19.5
劳动生产率	1.50	3.10	2.10	75.0	2.20	77.5	15	11.3	11.6
中间投入率	45.0	12.0	16.0	95.2	14.0	97.6	15	14.3	14.6
产品销售率	20.0	75.0	62.0	90.6	67.0	94.2	20	18.1	18.8
综合经济效益	—	—	—	—	—	—	100	79.4	84.6

甲企业总成本增加值率得分为

$$y_1 = \frac{51 - 45}{65 - 45} \times 40 + 60 = 72$$

甲、乙两企业各个指标的功效系数如表5-6第（4）和第（6）栏所示，各个指标的得分如表第（8）和第（9）栏所示。计算结果表明，总的来讲，甲、乙两企业报告期的综合得分均小于100，即均未达到满意水平，但经过综合考察，乙企业的综合功效系数分比甲企业高，乙企业的综合经济效益较甲企业好一些。

■ 本章小结

1. 狭义指数是指综合反映复杂现象总体数量变动或差异程度的特殊相对数，具有综合性和平均性的特点。数量指标指数说明现象总规模、总水平的变动，质量指标指数说明现象对比关系、质量水平的变动。

2. 总指数的基本计算方法有综合法和平均法。综合法指数是通过同度量因素使不同度量、不能加总的现象转化为同度量、可以加总的现象，再将两个时期的综合总量对比计算的总指数。同度量因素不仅具有同度量作用，还具有权数的作用。拉氏综合法指数将同度量因素固定在基期；帕氏综合法指数将同度量因素固定在报告期。平均法指数是通过对个体指数加权平均而求得的总指数。一定条件下，综合法指数与平均法指数存在变形关系。

3. 指数体系是若干个有联系的指数形成的整体。利用指数体系可进行指数之间的相互推算和进行因素分析。

4. 综合评价是在建立评价指标体系的基础上构建综合评价模型，求得综合评价值，据以对现象进行比较、分类和排序的一种统计分析方法。常用方法有排队计分法、加权指数法、改进的功效系数法等。

■ 思考与练习题

1. 加权综合法指数与加权平均法指数有何联系与区别？

2. 我国居民消费价格指数是采用哪种方式编制的？试举出居民消费价格指数的三个主要作用。

3. "我国编制综合法总指数采用的是帕氏指数公式"这种说法是否正确？为什么？

4. 比较综合评价的几种常用方法的优越性和局限性。

5. 某企业生产三种产品，其产量和单位成本资料如下表所示。

    试从相对数和绝对数两个方面对该企业总成本变动进行因素分析。

产品名称	计量单位	产量		单位成本/万元	
		基期	报告期	基期	报告期
甲	台	2 200	2 350	25	20
乙	台	3 000	4 000	40	46
丙	套	4 800	5 400	60	54

6. 某企业工人的工资资料如下表所示。

	月工资水平/元		工人人数/人	
	基期	报告期	基期	报告期
熟练工	6 500	7 600	400	340
学徒工	4 500	5 300	600	620

分析该企业总平均工资的变动及其原因。

第6章

统计量与抽样分布

■ 引例

1899年，戈塞特（1876—1937）进入都柏林市一家酿酒公司担任酿酒化学技师，主要从事统计和实验工作。他在工作中发现，供酿酒的每批麦子质量相差很大，而同一批麦子中能抽样供试验的麦子又很少，每批样本在不同的温度下做试验，其结果相差很大。这就决定了不同批次和温度的麦子样本是不相同的，不能进行样本合并。这样一来，实际上取得的麦子样本不可能是大样本，只能是小样本。他在工作中还发现，利用小样本得出的结果和正态分布有较大的差异，特别是两端尾部的概率，比正态分布明显要高。1907年，戈塞特决心把小样本和大样本之间的差别搞清楚，为此，他试图把一个总体中的所有小样本的平均数的分布刻画出来。做法是：在一个大容器里放了一批纸牌，把它们弄乱，随机地抽取若干张（小样本），对这一样本记录观察值，然后再把纸牌弄乱，抽出几张，对相应的样本再记录观察值。大量地记录这种随机抽样的小样本观察值，就可以获得小样本观察值的分布。若观察值是平均数，戈塞特把它叫作t分布函数。1908年，戈塞特以"学生"（Student）为笔名在《生物计量学》（Biometrika）杂志上发表了论文《平均数的概率误差》。这篇论文开创了小样本统计理论的先河，为研究样本分布理论奠定了重要基础，被统计学家誉为统计推断理论发展史上的里程碑。

总体和样本是如何联系的？大样本和小样本究竟有什么差异？什么是t分布？它和正态分布有什么不同？它有什么作用？是否还有其他类似作用的分布？这些问题都将在本章中得到答案。

统计研究的目的是探索现象内在的数量规律。为了解总体的数量特征，可以直接对总体进行全面调查，得到总体数据，进而归纳出数量特征；也可以对总体进行随机抽样，利用随机样本对总体进行推断。后一种方法称为统计推断。抽样分布是统计推断的基础，它利用概率论的理论，讨论抽样调查数据的分布特征。本章将主要介绍统计推断所涉及的总体、样本、统计量及抽样分布等概念，以及在统计推断中最常用的 χ^2 分布、t 分布和 F 分布，讨论抽样分布定理。

6.1 总体与样本

总体与样本是统计推断中的两个基本概念，这与第 1 章中的总体与样本概念有联系，也有一些区别。统计推断的目的是从样本信息出发，运用概率论的理论推导方法，推断总体的特征。因此，如何将统计学的总体、样本和概率论的基础——随机变量与分布联系起来，就成为统计推断首先要解决的问题。另外，我们研究总体，通常需要研究总体的参数，如总体均值、方差、分位数等。如何将这些我们关心的总体参数和样本的某个函数——统计量联系起来，也是统计推断中需要重点解决的问题。本节和后续章节都将基于这些问题进行论述。

6.1.1 统计推断中的总体与总体参数

第 1 章已经明确统计所研究的对象是由同类事物构成的总体，总体是根据一定目的确定的所要研究事物的全体，它是由客观存在的、具有某种共同性质的众多个体构成的。总体中的每个单位称为个体。比如前面引例中，每一批次麦子的全体就是一个总体，而其中每单位的麦子就是个体。这是统计学中关于总体的概念，我们可以称其为实物总体，那么如何将这个概念与概率论中的随机变量和分布联系起来呢？

在前面几章的学习中，我们已经发现：我们真正关心和收集研究的并不是这些个体本身，而是这些个体的某些标志取值，比如，对于这一批次麦子，主要关心出酒量这一标志的具体数值。统计学中真正收集和研究的是标志值。在研究这一批次麦子时，只需要测量一批麦子每单位出酒量的数值，再对其进行研究就可以了。总体实质上从实物抽象到数值，这就是数值总体。

我们注意到，虽然总体中的个体可能很多，但个体在所关注标志（变量）上的可能取值是有限的（如离散变量），因为重复取值很多，故可将全部可能的取值及其概率用总体分布来描述。于是，研究总体全部取值就转化为研究相应的总体分布了。例如，研究上市公司的经营状况时，关注"是否被证监会特别处理（即是不是 ST 公司）"这一标志。该标志只能取两个值——ST 和非 ST。我们要关注的就是总体中 ST 和非 ST 的上市公司的频数或频率。

如果所研究的标志没有重复取值（如连续变量），总体在单点上概率为零，此时关注单个取值是无意义的，通常感兴趣的是标志在不同区间上取值的密集程度。例如，出酒量（用 X 表示）的取值是连续的，可以将其划分为若干连续的小区间，计算出酒量 X 在区间上取值的频次或频率。

实际中上述频率会有波动，但根据大数定律，总体容量越大，波动就会越小，当总体容量趋于无穷大时，根据概率的定义，上述的频率将趋于概率。相应地，标志变量 X 就成为随机变量，随机变量所有的可能取值及其概率形成一个分布。当 X 取值离散时，就得到离散型随机变量分布函数，记为：$P(X \leqslant x) = \sum_{a_k \leqslant x} P(X = a_k)$；当 X 取值连续时，就得到连续型随机变量分布函数，记为：$P(X \leqslant x) = \int_{-\infty}^{x} f(t)\,\mathrm{d}t$。这个分布称为总体 X 的分布，此时，总体和概率论中的随机变量实现了等同。

由于随机变量 X 及分布能完全概括总体的全部特征，故在统计推断中常常用随机变量 X 来描述一个总体，可以称之为分布总体，此时可以利用概率论的方法来研究总体。例如，麦子出酒量的总体分布如果是正态分布，就可以利用正态分布的密度函数计算出酒量在各区间的概率。需要注意的是，统计推断中应用的分布总体都假设总体容量是无穷的，即"无限总体"，因此不存在总体容量的问题。在实际应用中，当总体容量很大时，可以近似认为总体是无限总体。

经过上述讨论，总体完成了从实物到分布的抽象，也完成了统计学中"总体"与概率论中"分布"两个概念的衔接，这是统计推断对总体概念的延伸，也是概率论知识应用于统计推断的基础。在本章及以后统计推断的相关章节中，如无特别说明，总体均表示分布总体，给出一个总体，只需要给出总体的分布即可。总体和总体分布是不加区分的同一概念。

在研究总体时，需要特别关心某些重要的总体指标，如总体均值、总体方差或标准差、总体分位数等。在统计推断中，总体指标也称为总体参数，反映总体分布的某一数量特征。

在经典频率学派看来，一旦研究目的明确，总体参数就具有唯一确定性 $^{\ominus}$。然而，参数需要利用总体分布来计算。实际中往往不可能得到总体的真实分布，因此总体信息包括总体参数通常都是未知的，需要通过样本数据去推断。

在有些问题中，可能关心总体的多个特征，则可以用多维随机向量 $(X_1, X_2, \cdots, X_p)$ 去描述总体，每个随机变量描述总体的一个特征，这种总体称为 p 维总体。例如，我们对每个居民需要研究三个变量，X_1——年龄，X_2——受教育程度，X_3——年收入，则可用三维随机向量 (X_1, X_2, X_3) 去描述所研究的总体。关于多维随机向量是"多元统计"的研究对象，本书中主要研究一维总体，有时会涉及二维总体。

6.1.2 统计推断中的样本及其性质

1. 样本的二重性

统计推断的重要任务是通过对总体中随机抽取的部分个体进行观测来推断总体的特征。按照随机原则，抽取总体中的一部分个体组成样本。样本中的每个个体称为样本点或样品。通过观测或试验的方法，获得样品的标志值，用于具体的统计推断。

抽出样本之前，由于总体中每个个体都有被抽中的可能，抽中哪个个体不确定，每个样本点都可以取总体分布中的任意值，因此样本是一组随机变量。但是当样本被抽取并观测记录后，抽中的若干个体已经确定，各样本点的取值确定，样本就成了一组确定的数值。在统计推断中，为了区分样本的二重性，通常只将抽取前具有随机性的样本简称为样本，用大写字母表示；将抽取后不具有随机性的样本称为样本观测值，用小写字母表示。例如，要推断某种灯泡使用寿命 X 的特征，随机抽取 n 只灯泡进行测试，这 n 只灯泡寿命 $(X_1, X_2, \cdots, X_n)$ 称为来自总体 X 的样本，而某次具体的实验测试结果 $(x_1, x_2, \cdots, x_n)$ 称为样本观测值。

2. 简单随机样本的特性

不同的抽样方法所得到的样本有不同的数学性质。如果样本具有下列两个性质，则称为简单随机样本。

（1）样本点之间相互独立。

样本点之间相互独立是指样本是一组相互独立的随机变量，每个样本点的取值互不影响。

$\ominus$ 贝叶斯学派认为总体参数是随机的，用先验分布来描述，本书基本不涉及贝叶斯统计内容。

从总体中抽取样本的方法有重复抽样和不重复抽样[注]两种。采用重复抽样时，每次抽取样本点都是在总体所有个体中进行的，每次抽样的结果都不受以前抽样的影响，也不会影响到以后抽样的结果，因此样本点是相互独立的。采用不重复抽样时，每次抽样后，下次抽样只能在剩余的个体中选择，因此样本点之间不独立。但由于实际中总体容量很大，可以认为总体容量近似为无穷。当总体容量无穷时，每次抽取样本点时，以前抽样的结果不会影响后面抽样的结果，因此可以认为样本点之间近似满足相互独立。

（2）样本点与总体同分布。

采取随机原则抽取样本点时，个体被抽中的可能性相同。对离散型总体[注]，假设总体容量为 N，则每个个体被抽中的概率为 $1/N$。设总体中标志值为 x 的个体总数为 M，那么从总体中抽取样本点 X_1，X_1 取值为 x 的概率是 M/N，恰好等于总体分布中该标志值 x 出现的概率。同理，样本点 X_1 其他可能取值及其概率也与总体中对应相等。因此，样本点 X_1 的分布与总体分布相同。这一结论对每个样本点都成立。当样本量为 n 时，样本 $(X_1, X_2, \cdots, X_n)$ 就是 n 个服从总体分布的随机变量。

本书如不做特殊声明，所提到的样本都是简单随机样本。在本书后面的叙述中，常常将上述两个性质一起称为"样本独立同分布"（independent identical distribution，i.i.d）。

*6.1.3 样本联合分布函数

前面已经通过样本性质，将样本与概率和分布联系起来了，本节将讨论样本的分布。由于样本是由 n 个随机变量组成的，它的分布称为样本联合分布。在统计推断中，样本联合分布函数是非常重要的概念，在抽样推断中起到了十分重要的作用。

假设总体 X 的分布函数为 $F(x; \theta)$ $(x \in R)$，其中 θ 是总体的参数。由于样本 $(X_1, \cdots, X_n)$ 是由 n 个独立并且与总体同分布的随机变量组成的，根据概率论知识，独立随机变量联合分布应为各随机变量边际分布的乘积，那么样本的联合分布函数为

$$F(x_1, \cdots, x_n; \theta) = P\{X_1 \leqslant x_1, \cdots, X_n \leqslant x_n\}$$

$$= \prod_{i=1}^{n} P\{X_i \leqslant x_i\} \tag{6-1}$$

$$= \prod_{i=1}^{n} F(x_i; \theta)(x_i \in R)$$

若总体 X 是连续型随机变量，且具有密度函数 $f(x; \theta)$，则样本的联合密度函数为

$$f(x_1, \cdots, x_n; \theta) = \prod_{i=1}^{n} f(x_i; \theta) \tag{6-2}$$

若总体 X 是离散型随机变量，具有分布律 $P(X = a_k)$ $(k = 1, 2, 3, \cdots)$ 时，为了方便，记为

$$f(x_i; \theta) = \begin{cases} P(X_i = x_i) & x_i = a_k (k = 1, 2, 3, \cdots) \\ 0 & \text{其他} \end{cases} \tag{6-3}$$

从而样本的联合分布律仍为 $f(x_1, \cdots, x_n; \theta) = \prod_{i=1}^{n} f(x_i; \theta)$。式（6-2）和式（6-3）形式相同，但

[注] 有关抽样方法，请参阅本书第7章。
[注] 对连续型总体也是同样道理，只需要将标志值 x 转换为取值区间 $(x, x+\Delta)$ 即可。

是含义有所不同，其中式（6-3）在很多情况下等于零，要特别注意体会。样本的联合分布函数或联合密度函数反映了样本的分布状况，它是导出抽样分布的基础。

【例 6-1】

设 $X_1, X_2, \cdots, X_n$ 是来自正态总体 $N(\mu, \sigma^2)$ 的随机样本，其中 μ, σ^2 是未知参数，求样本的联合密度函数。

因为样本 $X_1, X_2, \cdots, X_n$ 是简单随机样本，各样本点独立同正态分布，则样本的联合密度函数应该等于各样本点的密度函数之积，即

$$f(x_1, x_2, \cdots, x_n; \mu, \sigma^2)$$

$$= \prod_{i=1}^{n} \frac{1}{\sqrt{2\pi}\sigma} e^{-\frac{(x_i-\mu)^2}{2\sigma^2}}$$

$$= (2\pi\sigma^2)^{-\frac{n}{2}} e^{-\frac{\sum(x_i-\mu)^2}{2\sigma^2}}, \quad -\infty < x_1, \cdots, x_n < +\infty$$

【例 6-2】

设总体 X 服从泊松分布，即 $X \sim B(1, p)$，$(X_1, \cdots, X_n)$ 为该总体的样本，试求样本 $(X_1, \cdots, X_n)$ 的联合分布。

因为 $X \sim B(1, p)$，所以 X 的概率分布可以表示为

$$f(x; p) = p^x (1-p)^{1-x} \quad (x = 0, 1)$$

则样本的联合密度函数为

$$L(x_1, \cdots, x_n; p) = \prod_{i=1}^{n} f(x_i; p)$$

$$= \prod_{i=1}^{n} p^{x_i} (1-p)^{1-x_i}$$

$$= p^{\sum_{i=1}^{n} x_i} (1-p)^{n-\sum_{i=1}^{n} x_i} \quad (x_i = 0, 1; i = 1, 2, \cdots, n)$$

6.2 样本统计量及其分布

6.2.1 统计量的定义

在统计推断中，从总体中抽取的样本含有总体的信息。统计推断就是利用样本的信息来推断总体的信息。然而样本信息是隐蔽的、分散的，必须经过必要的加工将样本信息集中才能用来推断总体信息。构造样本统计量是集中样本信息推断总体特征的有效手段之一。

设 $(X_1, \cdots, X_n)$ 是来自总体 X 的一个样本，如果 $T = T(X_1, X_2, \cdots, X_n)$ 是样本 $(X_1, \cdots, X_n)$ 的函数，并且 T 中不含任何未知参数，则称 $T(X_1, X_2, \cdots, X_n)$ 为一个样本统计量。如果 $(x_1, \cdots, x_n)$ 为样本 $(X_1, \cdots, X_n)$ 的观测值，则 $T_0 = T(x_1, x_2, \cdots, x_n)$ 为统计量 $T = T(X_1, X_2, \cdots, X_n)$ 的观测值，样本统计量是随机变量，样本统计量的观测值是确定的，没有随机性。

统计量有以下两个特征：统计量是样本的函数，通常为随机变量；统计量不能含未知的参数。例如，当从正态总体中抽出样本 $X_1, \cdots, X_n$ 时，考察随机变量 $\sum_{i=1}^{n}(X_i - \mu)^2$：当总体均

值 μ 为已知时，该变量是统计量；当总体均值 μ 未知时，该变量就不是统计量。

6.2.2 常用统计量[注]

1. 样本均值和方差

设 $X_1, X_2, \cdots, X_n$ 是从总体 X 中抽出的简单随机样本，则样本均值为 $\overline{X} = \frac{1}{n}\sum_{i=1}^{n} X_i$，样本方差为 $S^2 = \frac{1}{n-1}\sum_{i=1}^{n}(X_i - \overline{X})^2$。

由于 $X_1, X_2, \cdots, X_n$ 是从总体 X 中抽出的简单随机样本，所以样本均值和方差具有如下性质：

$$E(\overline{X}) = E(X), D(\overline{X}) = \frac{D(X)}{n}。 \tag{6-4}$$

$$E(S^2) = D(X)。 \tag{6-5}$$

式（6-4）的证明参见例6-4。式（6-5）的证明参见第7章的例7-4。

2. 样本矩

称 $A_k = \frac{1}{n}\sum_{i=1}^{n} X_i^k$ 为 k 阶样本原点矩，称 $B_k = \frac{1}{n}\sum_{i=1}^{n}(X_i - \overline{X})^k$ 为样本中心矩。特别当 $k=2$ 时，$B_2 = \frac{1}{n}\sum_{i=1}^{n}(X_i - \overline{X})^2$ 称为样本的未修正方差，常记为 S_n^2，显然有 $S_n^2 = \frac{(n-1)}{n}S^2$。

样本偏度（Skew）和样本峰度（Kurt）[注]分别是基于样本3阶、4阶中心距计算的统计量。计算公式为

$$\text{Skew} = \frac{n}{(n-1)(n-2)}\sum_{i=1}^{n}\left(\frac{X_i - \overline{x}}{s}\right)^3 \tag{6-6}$$

$$\text{Kurt} = \frac{n(n+1)}{(n-1)(n-2)(n-3)}\sum_{i=1}^{n}\left(\frac{X_i - \overline{x}}{s}\right)^4 - \frac{3(n-1)^2}{(n-2)(n-3)} \tag{6-7}$$

3. 顺序统计量

设 $X_1, X_2, \cdots, X_n$ 是从总体 X 中抽出的简单随机样本，把样本按大小排序，得到 $X_{(1)} \leq X_{(2)} \leq \cdots \leq X_{(n)}$，则称 $X_{(1)}, X_{(2)}, \cdots, X_{(n)}$ 为顺序统计量，其中 $X_{(i)}$ 称为第 i 个顺序统计量。基于顺序统计量计算一些常用的统计量有：

最大顺序统计量：$X_{(n)} = \max\{X_1, X_2, \cdots, X_3\}$

最小顺序统计量：$X_{(1)} = \min\{X_1, X_2, \cdots, X_3\}$

样本极差：$R = X_{(n)} - X_{(1)}$

样本中位数：$M_e = \begin{cases} X_{\left(\frac{n+1}{2}\right)} & n \text{ 为奇数} \\ \dfrac{X_{\left(\frac{n}{2}\right)} + X_{\left(\frac{n}{2}+1\right)}}{2} & n \text{ 为偶数} \end{cases}$

[注] 常用统计量还包括样本相关系数，本书将在第9章介绍。

[注] 对于由式（6-7）计算的样本峰度，等于0、大于0、小于0分别表示样本频数分布为正态分布、尖顶分布、平顶分布。

样本的 p 分位数：
$$M_p = X_{\{[(n+1)p]\}} + \{(n+1)p - [(n+1)p]\}\{X_{\{[(n+1)p]+1\}} - X_{\{[(n+1)p]\}}\} \quad (6\text{-}8)$$

其中 $0 < p < 1$，$[(n+1)p]$ 为不超过 $(n+1)p$ 的最大整数。$p = 0.25$、$p = 0.5$、$p = 0.75$ 所对应的分位数分别就是第 1 四分位数、中位数和第 3 四分位数。

样本的切尾均值：
$$T_{n,k} = \frac{1}{n-2k} \sum_{i=k+1}^{n-k} X_{(i)}, \ 0 \leq k < n \quad (6\text{-}9)$$

样本的切尾均值是分别去掉最小的和最大的 k 个观测值后得到的均值。

6.2.3 抽样分布的概念

样本统计量既然是随机变量，那么它应该有其概率分布。样本统计量的分布称为抽样分布。抽样分布和统计推断有着密切的联系。统计量明确以后，必须知道其抽样分布才能在统计推断中使用。因为只有知道了统计量的分布，才能利用概率论对总体的特征进行推断，并得到相应的推断置信度。所以在统计推断中，一项重要的工作就是寻找统计量和导出统计量的抽样分布或渐近抽样分布。

【例 6-3】

总体 X 服从两点分布，概率分布律为
$$P(X = 1) = p, \quad P(X = 0) = 1 - p$$

从总体中抽取容量为 n 的样本，构造统计量 $T = \sum_{i=1}^{n} X_i$，求此统计量的分布。

由于样本是独立的，X_i 服从两点分布，统计量 T 为随机变量，其取值是 0 到 n 之间的所有整数，其分布恰好是二项分布，即
$$P(T = k) = C_n^k p^k (1-p)^{n-k}, \ k = 0, 1, 2, \cdots, n$$

从上面的例子中，可以看出总体的分布未必与抽样分布一致，再看下面的例子。

【例 6-4】

总体分布为 $X \sim N(1, 1)$，抽取容量为 n 的样本，构造如下三个统计量：$T_1 = X_1$，$T_2 = X_1 + X_2$ 和 $T_3 = \overline{X} = \frac{1}{n} \sum_{i=1}^{n} X_i$。求此三个统计量的抽样分布。

由于样本是独立的，X_i 服从均值和方差都为 1 的正态分布，三个统计量都是样本的线性函数，由正态分布的性质可知，三个统计量仍服从正态分布。下面分别求解其均值和方差，即
$$E(T_1) = E(X_1) = 1, D(T_1) = D(X_1) = 1$$
$$E(T_2) = E(X_1) + E(X_2) = 2, D(T_2) = D(X_1) + D(X_2) = 2$$
$$E(T_3) = \frac{1}{n} \sum_{i=1}^{n} E(X_i) = 1, D(T_3) = \frac{1}{n^2} \sum_{i=1}^{n} D(X_i) = \frac{1}{n}$$

由上面的计算可以得出，统计量 T_1 服从均值和方差都为 1 的正态分布，这和总体的分布相同；统计量 T_2 服从均值和方差都为 2 的正态分布；而统计量 T_3 服从均值为 1，方差为 $1/n$ 的正态分布。

6.3 重要的抽样分布及抽样分布定理

为了在正态分布假定下，得到样本统计量的精确分布，本节需要讨论几个十分重要的随机变量函数的分布，它们是 χ^2 分布、t 分布和 F 分布。在此基础上讨论抽样分布的重要定理。

6.3.1 χ^2 分布

χ^2 分布是海尔墨特（Hermert）和卡尔·皮尔逊（K. Pearson）分别于1875年和1900年提出的，是统计推断中的重要分布。它主要应用于对总体方差的估计或检验以及对总体概率密度函数的检验等。

1. χ^2 分布的定义及其密度函数

定义 6-1 若随机变量 $X_1, \cdots, X_n$ 独立且服从标准正态分布 $N(0,1)$，则它们的平方和

$$\chi^2 = \sum_{i=1}^{n} X_i^2 \tag{6-10}$$

服从自由度为 n 的 χ^2 分布，记为 $\sum_{i=1}^{n} X_i^2 \sim \chi^2(n)$。

根据服从 χ^2 分布随机变量的定义，我们可以利用求随机变量函数概率分布的方法求出 χ^2 分布的概率密度函数[注]。如果随机变量 X 服从自由度为 n 的 χ^2 分布，其概率密度为

$$f(x) = \begin{cases} \dfrac{1}{2^{\frac{n}{2}} \Gamma\left(\dfrac{n}{2}\right)} x^{\frac{n}{2}-1} e^{-\frac{x}{2}} & x > 0 \\ 0 & x \leqslant 0 \end{cases} \tag{6-11}$$

式中，$\Gamma(n)$ 为 Gamma 函数，有如下性质：$\Gamma(n+1) = n\Gamma(n)$，$\Gamma(1) = 1$，$\Gamma\left(\dfrac{1}{2}\right) = \pi$。

2. χ^2 分布的性质特征

（1）χ^2 分布的数学期望与方差。

χ^2 分布的数学期望和方差分别为

$$E(X) = n, \quad D(X) = 2n \tag{6-12}$$

可见，随着自由度的增大，χ^2 分布的期望和方差随之增大，自由度决定了 χ^2 分布的形状。从密度函数定义可以看出，χ^2 分布是一种不对称偏态分布，其取值区域为 $(0, +\infty)$。随着自由度的逐渐增大，χ^2 分布概率密度曲线的最高点逐渐下降并向右移动，趋于对称，如图6-1所示。

自由度为 n 的 χ^2 分布上侧 α 分位数记为 $\chi_\alpha^2(n)$，$\chi_\alpha^2(n)$ 满足

$$P(\chi^2(n) \geqslant \chi_\alpha^2(n)) = \alpha$$

关于 χ^2 分布上侧 α 分位数 $\chi_\alpha^2(n)$，可以通过附录中表 A-3 求得。表 A-3 给出了自由度 $n \leqslant 45$

[注] 推导过程略，有兴趣的读者可以参考：陈希孺. 数理统计引论 [M]. 北京：科学出版社，2007.

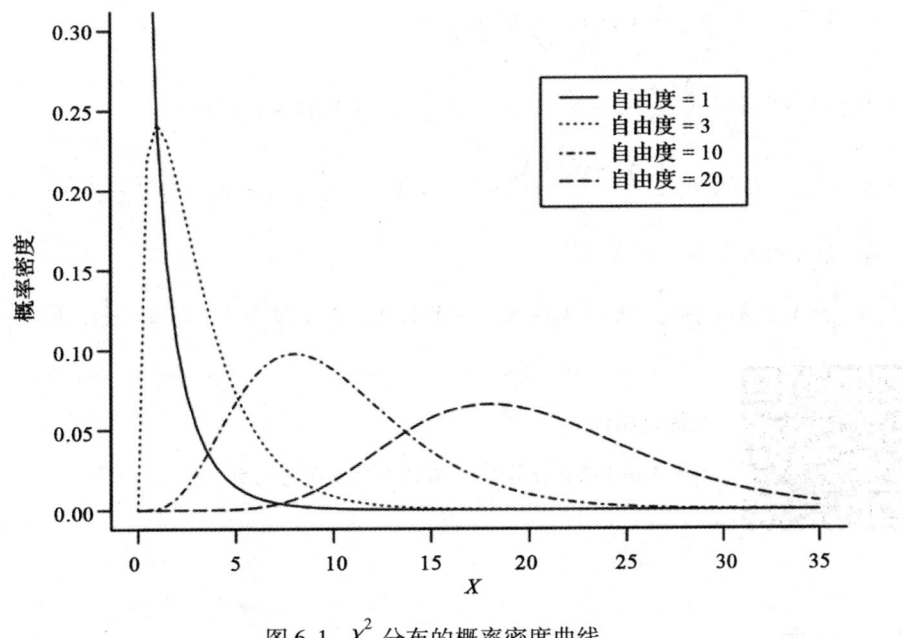

图 6-1 χ^2 分布的概率密度曲线

的 χ^2 分布上侧 α 分位数，例如，$\chi^2_{0.995}(11) = 2.603$，$\chi^2_{0.01}(13) = 27.688$。

(2) χ^2 分布的自由度。

χ^2 分布中 n 称为自由度。对于变量 $X_1, \cdots, X_n$，如果存在一组不全为零的常数 $c_1, c_2, \cdots, c_n$，使 $c_1 X_1 + c_2 X_2 + \cdots + c_n X_n = 0$ 成立，则称变量 $X_1, \cdots, X_n$ 之间存在一个线性约束条件。如果变量 $X_1, \cdots, X_n$ 中存在 k 个独立的线性约束条件，则 $X_i (i = 1, 2, \cdots, n)$ 中独立变量的个数为 $(n-k)$，称它为自由度。自由度也可粗略地解释为可以自由选择数值的变量个数。

例如，$\sum_{i=1}^{n} X_i^2$ 由 n 个独立的随机变量 X_i 构成，由于它们之间没有线性约束条件（即 $k=0$），所以它的自由度为 n。$\sum_{i=1}^{n} (X_i - \overline{X})^2$ 的自由度为 $(n-1)$，这是因为计算 $\sum_{i=1}^{n} (X_i - \overline{X})^2$ 时要用 $\overline{X}$，$\overline{X}$ 满足限制条件 $\sum_{i=1}^{n} (X_i - \overline{X}) = 0$，即相对于 $\overline{X}$ 的 n 个离差变量 $(X_1 - \overline{X}), (X_2 - \overline{X}), \cdots, (X_n - \overline{X})$，只有 $(n-1)$ 个可以任意确定，第 n 个失去了"自由"，所以其自由度为 $(n-1)$。

(3) χ^2 分布的可加性。

若 X、Y 相互独立，且分别服从自由度为 n_1、n_2 的 χ^2 分布，则 $X+Y$ 服从自由度为 $n_1 + n_2$ 的 χ^2 分布，即

$$X + Y \sim \chi^2(n_1 + n_2) \tag{6-13}$$

【例 6-5】

设 $X_1, \cdots, X_6$ 是独立同服从 $N(0, 2)$ 分布的随机变量，求 a、b 和 c 使 $aX_1^2 + b(X_2 + X_3)^2 + c(X_4 + X_5 + X_6)^2$ 服从 χ^2 分布。

因为 $X_1, \cdots, X_6$ 独立同服从 $N(0, 2)$ 分布，所以

$X_1 \sim N(0,2)$,则 $\dfrac{X_1}{\sqrt{2}} \sim N(0,1)$ 且 $\dfrac{1}{2}X_1^2 \sim \chi^2(1)$

$X_2 + X_3 \sim N(0,4)$,$\dfrac{X_2 + X_3}{2} \sim N(0,1)$ 且 $\dfrac{1}{4}(X_2 + X_3)^2 \sim \chi^2(1)$

$X_4 + X_5 + X_6 \sim N(0,6)$,$\dfrac{X_4 + X_5 + X_6}{\sqrt{6}} \sim N(0,1)$ 且 $\dfrac{1}{6}(X_4 + X_5 + X_6)^2 \sim \chi^2(1)$

由于 χ^2 分布的可加性,可得

$\dfrac{1}{2}X_1^2 + \dfrac{1}{4}(X_2 + X_3)^2 + \dfrac{1}{6}(X_4 + X_5 + X_6)^2 \sim \chi^2(3)$,自由度为 3,且 $a = \dfrac{1}{2}$,$b = \dfrac{1}{4}$,$c = \dfrac{1}{6}$。

二维码 6-1
利用 Excel 函数计算 χ^2 分布的分位数或尾概率

6.3.2 t 分布

t 分布又称为"学生分布",它最早由英国的化学家和统计学家戈塞特于 1908 年提出(即本章引例中所提)。"学生"(Student)是其发表文章时使用的笔名,后由费雪(Fisher)将其完善,得到了 t 分布的密度函数等。t 分布是统计推断中的重要分布。

1. t 分布的定义及其密度函数

定义 6-2 若随机变量 $X \sim N(0,1)$,随机变量 $Y \sim \chi^2(n)$,且随机变量 X 与 Y 相互独立,则随机变量

$$t = \dfrac{X}{\sqrt{Y/n}} \tag{6-14}$$

服从自由度为 n 的 t 分布,记为 $t \sim t(n)$。

可见,t 分布随机变量可由标准正态分布随机变量与 χ^2 分布随机变量与其自由度之商的平方根求比值构成。

t 分布的概率密度函数比较复杂。如果随机变量 X 服从自由度为 n 的 t 分布,则其概率密度函数为

$$f(x) = \dfrac{\Gamma\left(\dfrac{n+1}{2}\right)}{\Gamma\left(\dfrac{n}{2}\right)\sqrt{n\pi}}\left(1 + \dfrac{x^2}{n}\right)^{-\frac{n+1}{2}} \quad -\infty < x < +\infty \tag{6-15}$$

观察 t 分布的概率密度函数,可以发现它是偶函数,所以 t 分布是关于原点对称的,这一点和 χ^2 分布是不同的,却和标准正态分布相似。图 6-2 是标准正态分布、自由度分别为 1、3 和 10 的 t 分布概率密度函数曲线。

通过比较可以发现,t 分布和标准正态分布类似,它们都是对称分布,均在 $-\infty < x < +\infty$ 上取值。但是 t 分布与标准正态分布也有区别,t 分布尾部厚,即服从 t 分布的随机变量取到尾

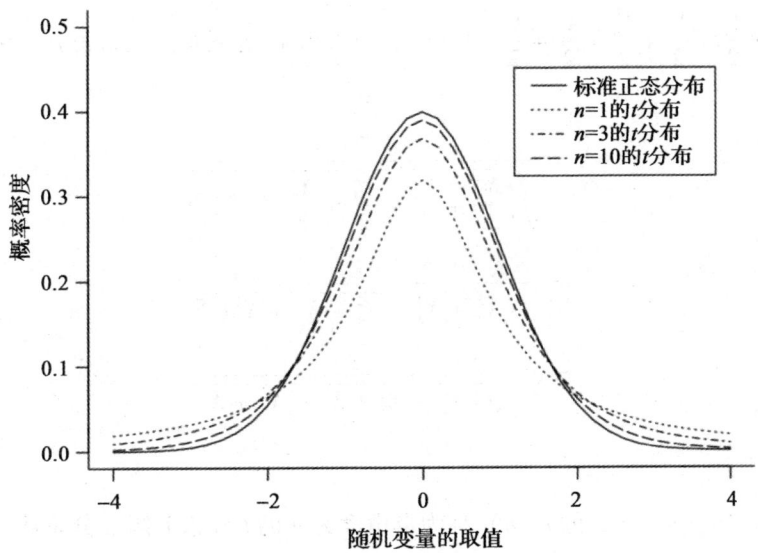

图 6-2 t 分布的概率密度函数曲线

部值的概率密度比标准正态分布略大。而对于接近原点的坐标点，t 分布的概率密度比标准正态分布的小，因而 t 分布曲线尾部厚于标准正态分布，而峰低于标准正态分布。

2. t 分布的性质特征

（1）t 分布的数学期望与方差。

t 分布的数学期望与方差分别为

$$E(t) = 0, n > 1; \quad D(t) = n/(n-2), \quad n > 2 \tag{6-16}$$

由于 t 分布是对称分布，其数学期望当然为 0。需要注意的是：只有当自由度大于 1 时，其数学期望才为 0，当自由度为 1 时，数学期望不存在（因为定积分发散）。同时注意到，t 分布的方差与其自由度有关，当自由度小于或等于 2 时，方差不存在，当自由度 $n \to \infty$ 时，方差极限为 1。

（2）t 分布的自由度。

t 分布的自由度是由生成 t 分布的分母即 χ^2 分布随机变量的自由度而来的。t 分布随机变量的自由度由 χ^2 分布随机变量的自由度所决定。t 分布的形状和自由度 n 有较大关系，自由度越小，t 分布曲线与标准正态分布曲线的区别越明显，t 分布曲线"比较平"，而自由度增大，t 分布曲线与标准正态分布曲线的差异逐渐缩小。这一点也可以由 t 分布的方差来说明，当自由度 n 较小时，t 分布的方差较大，此时其分布曲线就"比较平"；而当自由度较大时，方差较小，而且越来越接近 1，此时 t 分布曲线与标准正态分布曲线逐渐接近。

【例 6-6】

设 $X_1, \cdots, X_6$ 是独立同服从 $N(0,2)$ 分布的随机变量，如果随机变量 $\dfrac{cX_1}{\sqrt{X_2^2 + X_3^2 + X_4^2 + X_5^2 + X_6^2}}$ 服从自由度为 5 的 $t(5)$，求 c 等于多少。

因为 $X_1, \cdots, X_6$ 独立同服从 $N(0,2)$ 分布，所以

$X_1 \sim N(0,2)$，则 $Z = \dfrac{X_1}{\sqrt{2}} \sim N(0,1)$。

又因为 $\chi^2 = \dfrac{X_2^2}{2} + \dfrac{X_3^2}{2} + \dfrac{X_4^2}{2} + \dfrac{X_5^2}{2} + \dfrac{X_6^2}{2} \sim \chi^2(5)$，而 Z 与 χ^2 相互独立，则由 t 分布的构造，有

$$t = \dfrac{\dfrac{X_1}{\sqrt{2}}}{\sqrt{\left(\dfrac{X_2^2}{2} + \dfrac{X_3^2}{2} + \dfrac{X_4^2}{2} + \dfrac{X_5^2}{2} + \dfrac{X_6^2}{2}\right)/5}}$$

$$= \dfrac{X_1}{\sqrt{(X_2^2 + X_3^2 + X_4^2 + X_5^2 + X_6^2)/5}}$$

$$= \sqrt{5}\, \dfrac{X_1}{\sqrt{(X_2^2 + X_3^2 + X_4^2 + X_5^2 + X_6^2)}}$$

所以 $c = \sqrt{5}$。

满足 $p[t(n) \geq t_\alpha(n)] = \alpha$ 的 $t_\alpha(n)$ 称为自由度为 n 的 t 分布上侧 α 分位数。关于 t 分布上侧 α 分位数 $t_\alpha(n)$ 可以通过附录中的表 A-2 查得。表 A-2 给出了自由度 $n \leq 45$ 的 t 分布上侧 α 分位数。例如 $t_{0.05}(10) = 1.8125$，由于 t 分布是对称分布，所以 $t_{0.95}(10) = -1.8125$。当 $n \geq 30$ 时，$t_\alpha(n)$ 与标准正态分布上侧 α 分位数近似相等。

二维码 6-2
利用 Excel 函数计算 t 分布的分位数或尾概率

6.3.3　F 分布

F 分布是统计学家费雪（R. A. Fisher）于 1924 年提出的。F 分布在假设检验、总体方差的统计推断、方差分析、回归分析和多元统计分析等方面有着广泛的应用。

1. F 分布的定义及其密度函数

定义 6-3　若随机变量 X、Y 分别服从自由度为 n_1、n_2 的 χ^2 分布，且 X、Y 相互独立，则随机变量

$$F = \dfrac{X/n_1}{Y/n_2} \tag{6-17}$$

服从第一自由度为 n_1，第二自由度为 n_2 的 F 分布，记为 $F \sim F(n_1, n_2)$。

从 F 分布的定义可以看出，F 分布是两个独立的 χ^2 分布随机变量与其各自自由度的商再求比值，因而 F 分布具有两个自由度，作为分子的 χ^2 分布随机变量的自由度称为第一自由度，作为分母的 χ^2 分布随机变量的自由度称为第二自由度。

F 分布的密度函数更为复杂，若随机变量 F 服从第一自由度为 n_1，第二自由度为 n_2 的 F 分布，那么其密度函数为

$$f(x) = \begin{cases} \dfrac{\Gamma\left(\dfrac{n_1+n_2}{2}\right)}{\Gamma\left(\dfrac{n_1}{2}\right)\Gamma\left(\dfrac{n_2}{2}\right)}\left(\dfrac{n_1}{n_2}\right)^{\frac{n_1}{2}} x^{\frac{n_1}{2}-1}\left(1+\dfrac{n_1}{n_2}x\right)^{-\frac{n_1+n_2}{2}} & x > 0 \\ 0 & x \leq 0 \end{cases} \quad (6\text{-}18)$$

F 分布的密度函数与 χ^2 分布有些类似，也是一种非对称的正偏分布。其值域为 $(0, +\infty)$，但它有两个自由度 n_1 和 n_2。F 分布的分布曲线随着两个自由度的不同组合而不同。两个自由度的不同组合形成 F 分布曲线的不同形态，这在 F 分布的图形中可清楚看到（见图 6-3）。可以证明 F 分布的极限是正态分布，正态分布的均值和方差由 F 分布的两个自由度组合所决定。随着第一自由度 n_1 的增大，分布曲线逐渐趋向对称，随着两个自由度的增大，分布曲线逐渐趋于正态分布。

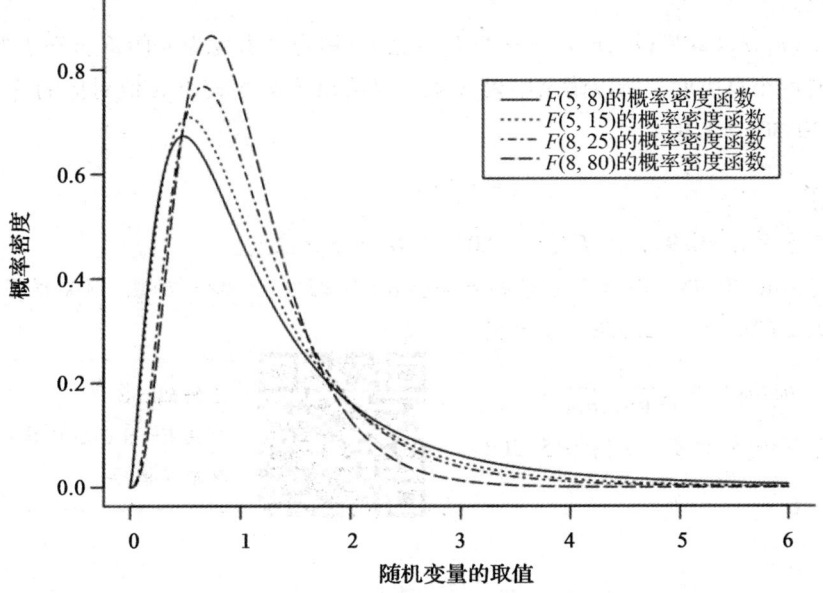

图 6-3　F 分布的密度函数

2. F 分布的性质特征

（1）F 分布的数学期望和方差。

F 分布的数学期望和方差分别为

$$E(F) = \frac{n_2}{n_2-2} \quad (n_2 > 2)$$

$$D(F) = \frac{2n_2^2(n_1+n_2-2)}{n_1(n_2-2)^2(n_2-4)} \quad (n_2 > 4) \quad (6\text{-}19)$$

从 F 分布的均值和方差表达式可以看出，随着第二自由度 n_2 增大，F 分布的均值趋于 1，而方差则取决于两个自由度。

（2）F 分布的自由度。

F 分布的自由度是由构造 F 分布的分子和分母的两个 χ^2 分布的自由度而来的，由于其分子和分母可以交换，所以 F 分布的两个自由度有一个重要性质，就是它们是可以互相转化的。如果随机变量 F 服从 $F(n_1, n_2)$ 分布，则

$$\frac{1}{F} \sim F(n_2, n_1) \tag{6-20}$$

这是因为，由 F 分布的定义，若随机变量 F 服从 $F(n_1, n_2)$ 分布，则

$$F = \frac{X/n_1}{Y/n_2}$$

其中 X、Y 分别服从自由度为 n_1、n_2 的 χ^2 分布，且 X、Y 相互独立，那么

$$\frac{1}{F} = \frac{Y/n_2}{X/n_1}$$

由 F 分布的定义，自然可得 $\frac{1}{F(n_1,n_2)} \sim F(n_2, n_1)$，这个重要性质为查 F 分布求较大 α 的分位数提供了方便。

满足 $P\{F(n_1, n_2) > F_\alpha(n_1, n_2)\} = \alpha$ 的 $F_\alpha(n_1, n_2)$ 称为自由度为 n 的 F 分布上侧 α 分位数。由于 F 分布有两个自由度，所以附录中表 A-4 仅仅给出了某些较小 α 值对应的 $F_\alpha(n_1, n_2)$ 值。例如，$F_{0.05}(20, 30) = 1.93$。

【例 6-7】

给定显著水平 $\alpha = 0.95$，查 $F(15, 20)$ 的 α 上侧分位点。

对于给定的 $\alpha = 0.95$，因为 F 分布并未给出 $\alpha = 0.95$ 的上侧分位点，则要根据 F 分布的性质，首先查 $F_{0.05}(20, 15) = 2.328$，然后根据公式

$$F_{1-\alpha}(n_1, n_2) = \frac{1}{F_\alpha(n_2, n_1)}$$

计算对于下侧分位数，$F_{0.95}(15, 20) = \frac{1}{2.328} = 0.4296$。

二维码 6-3
利用 Excel 函数计算 F 分布的分位数或尾概率

6.3.4 抽样分布定理

本节的前面部分为我们提供了讨论统计量的分布可以利用的结论，下面讨论总体为正态分布时样本统计量的抽样分布。这是因为在应用中许多总体分布或者正态分布，近似可以认为是正态的。即使总体分布非正态，由中心极限定理，在大样本下，样本均值的分布也可以近似认为是正态分布。

定理 6-1 若 $X_1, \cdots, X_n$ 是从总体 $N(\mu, \sigma^2)$ 中抽取的一个简单随机样本，则有

① $$\overline{X} \sim N\left(\mu, \frac{\sigma^2}{n}\right) \tag{6-21}$$

$$\frac{\overline{X} - \mu}{\sigma/\sqrt{n}} \sim N(0, 1)^{\ominus} \tag{6-22}$$

② $$\frac{\sum_{i=1}^{n}(X_i - \overline{X})^2}{\sigma^2} = \frac{(n-1)S^2}{\sigma^2} \sim \chi^2(n-1) \tag{6-23}$$

⊖ 该公式在总体不服从正态分布时也渐近成立，条件是样本容量足够大。

③样本均值 $\overline{X}$ 与样本方差 S^2 相互独立[注]。

其中 $\overline{X} = \dfrac{1}{n}\sum_{i=1}^{n} X_i$，$S^2 = \dfrac{1}{n-1}\sum_{i=1}^{n}(X_i - \overline{X})^2$。

【例 6-8】

在正态总体 $N(\mu,\sigma^2)$ 中抽出一个容量为 25 的样本，$S^2 = \dfrac{1}{24}\sum_{i=1}^{25}(X_i - \overline{X})^2$ 为样本方差，这里 μ 和 σ^2 均为未知。求：

(1) $P\left(0.577 \leqslant \dfrac{S^2}{\sigma^2} \leqslant 1.5173\right)$；

(2) $D(S^2)$；

(3) 当 $\sigma = 2.3$ 时，若要求 $P(|\overline{X} - \mu| \leqslant 1) \geqslant 0.9$，那么样本容量至少要多大？

(1) 因为样本来自总体 $N(\mu,\sigma^2)$，样本容量 $n = 25$，所以由式（6-23）可知

$$\chi^2 = \dfrac{(n-1)S^2}{\sigma^2} = \dfrac{(25-1)S^2}{\sigma^2} \sim \chi^2(24)$$

则

$$P\left(0.577 \leqslant \dfrac{S^2}{\sigma^2} \leqslant 1.5173\right)$$
$$= P(0.577 \times 24 \leqslant \chi^2(24) \leqslant 1.5173 \times 24)$$
$$= P(13.848 \leqslant \chi^2(24) \leqslant 36.415)$$
$$= P(\chi^2(24) > 13.848) - P(\chi^2(24) > 36.415)$$
$$= 0.95 - 0.05 = 0.90 \qquad (查 \chi^2 分布表得出)$$

(2) 因为 $\dfrac{24S^2}{\sigma^2} \sim \chi^2(24)$，所以由式（6-12）可得，$D(\chi^2(24)) = 48$。

而

$$D(S^2) = D\left(\dfrac{\sigma^2}{24} \cdot \dfrac{24S^2}{\sigma^2}\right) = \dfrac{\sigma^4}{(24)^2} D(\chi^2(24)) = \dfrac{\sigma^4}{(24)^2} \times 48 = \dfrac{\sigma^4}{12}$$

(3) 因为 $\overline{X} \sim N\left(\mu, \dfrac{\sigma^2}{n}\right)$，所以当 $\sigma = 2.3$ 时，有

$$P(|\overline{X} - \mu| \leqslant 1) = P\left(\left|\dfrac{\overline{X} - \mu}{2.3/\sqrt{n}}\right| \leqslant \dfrac{1}{2.3/\sqrt{n}}\right) = 2\Phi(\sqrt{n}/2.3) - 1$$

根据题意，有 $2\Phi(\sqrt{n}/2.3) - 1 \geqslant 0.9$，则 $\Phi(\sqrt{n}/2.3) \geqslant 0.95$，故 $\sqrt{n}/2.3 \geqslant 1.645$，则 $n \geqslant 14.315$，因此，至少取容量为 15 的样本才能满足 $P(|\overline{X} - \mu| \leqslant 1) \geqslant 0.9$ 的要求。

定理 6-2 若总体服从 $N(\mu,\sigma^2)$，从中抽取容量为 n 的样本 $X_1, \cdots, X_n$，则

$$t = \dfrac{\overline{X} - \mu}{S/\sqrt{n}} \sim t(n-1) \tag{6-24}$$

[注] 参见《概率论与数理统计》，茆诗松，周纪芗编著，中国统计出版社，2007 年。定理证明略。

证明： 样本 $X_1,\cdots,X_n$ 相互独立，且都服从 $N(\mu,\sigma^2)$，由定理 6-1 可知，$\overline{X} \sim N(\mu,\sigma^2/n)$，所以

$$Z = \frac{\overline{X} - \mu}{\sqrt{\sigma^2/n}} = \frac{\overline{X} - \mu}{\sigma/\sqrt{n}} \sim N(0,1)$$

又因为

$$Y = \frac{(n-1)S^2}{\sigma^2} \sim \chi^2(n-1)$$

而且上述随机变量 Z 与 Y 相互独立。结合 t 分布的定义有

$$t = \frac{Z}{\sqrt{Y/(n-1)}} = \frac{\overline{X}-\mu}{\sigma/\sqrt{n}} \cdot \frac{\sqrt{n-1}\,\sigma}{\sqrt{n-1}\,S} = \frac{\overline{X}-\mu}{S/\sqrt{n}} \sim t(n-1)$$

【例 6-9】

设总体 X 服从正态分布 $N(\mu,\sigma^2)$，$X_1,\cdots,X_n,X_{n+1}$ 是来自总体的一个样本，记 $\overline{X} = \frac{1}{n}\sum_{i=1}^{n}X_i$ 和 $S^2 = \frac{1}{n-1}\sum_{i=1}^{n}(X_i-\overline{X})^2$，试求 $\sqrt{\frac{n}{n+1}}\frac{X_{n+1}-\overline{X}_n}{S}$ 的分布。

由于 $X_1,\cdots,X_n,X_{n+1}$ 是来自总体 $N(\mu,\sigma^2)$ 的简单随机样本，则分别有 $X_{n+1} \sim N(\mu,\sigma^2)$ 和 $\overline{X}_n \sim N(\mu,\frac{\sigma^2}{n})$，且 X_{n+1} 和 $\overline{X}_n$ 相互独立，则 $X_{n+1}-\overline{X}_n \sim N\left(0,\frac{n+1}{n}\sigma^2\right)$，且 $Z = \frac{X_{n+1}-\overline{X}_n}{\sqrt{\frac{n+1}{n}}\,\sigma} \sim N(0,1)$。

由定理 6-1 可得，$Y = \frac{(n-1)S^2}{\sigma^2} \sim \chi^2(n-1)$，而且根据定理 6-1 的结论③有 Z 和 Y 相互独立，所以

$$t = \frac{Z}{\sqrt{Y/(n-1)}} = \frac{X_{n+1}-\overline{X}_n}{\sqrt{\frac{n+1}{n}}\,\sigma} \sqrt{\frac{(n-1)\sigma^2}{(n-1)S^2}} = \sqrt{\frac{n}{n+1}}\frac{X_{n+1}-\overline{X}_n}{S} \sim t(n-1)$$

定理 6-3 若总体 X 服从 $N(\mu_1,\sigma_1^2)$，总体 Y 服从 $N(\mu_2,\sigma_2^2)$，且两个总体相互独立。从两总体中分别抽取容量为 n_1 和 n_2 的样本 $X_1,\cdots,X_{n_1}$ 和 $Y_1,\cdots,Y_{n_2}$，则

①
$$Z = \frac{\overline{X}-\overline{Y}-(\mu_1-\mu_2)}{\sqrt{\frac{\sigma_1^2}{n_1}+\frac{\sigma_2^2}{n_2}}} \sim N(0,1) \tag{6-25}$$

② 当 $\sigma_1^2 = \sigma_2^2$ 时，则

$$t = \frac{\overline{X}-\overline{Y}-(\mu_1-\mu_2)}{S_w\sqrt{\frac{1}{n_1}+\frac{1}{n_2}}} \sim t(n_1+n_2-2) \tag{6-26}$$

其中 $S_w = \sqrt{\frac{(n_1-1)S_1^2+(n_2-1)S_2^2}{n_1+n_2-2}}$。

证明：（1）因为 $X_1,\cdots,X_{n_1} \overset{\text{i.i.d}}{\sim} N(\mu_1,\sigma^2)$，$Y_1,\cdots,Y_{n_2} \overset{\text{i.i.d}}{\sim} N(\mu_2,\sigma^2)$，并且两组样本是相互独立的，所以

$$\overline{X} \sim N(\mu_1, \sigma^2/n_1), \overline{Y} \sim N(\mu_2, \sigma^2/n_2)$$

并且 $\overline{X}$ 和 $\overline{Y}$ 相互独立，从而

$$\overline{X} - \overline{Y} - (\mu_1 - \mu_2) \sim N\left(0, \frac{\sigma_1^2}{n_1} + \frac{\sigma_2^2}{n_2}\right)$$

则 $Z = \dfrac{\overline{X} - \overline{Y} - (\mu_1 - \mu_2)}{\sqrt{\dfrac{\sigma_1^2}{n_1} + \dfrac{\sigma_2^2}{n_2}}} \sim N(0,1)$。

（2）因为由定理 6-1 可以得到

$$\frac{(n_1-1)S_1^2}{\sigma^2} \sim \chi^2(n_1-1), \frac{(n_2-1)S_2^2}{\sigma^2} \sim \chi^2(n_2-1)$$

且 S_1^2 和 S_2^2 相互独立，从而

$$\chi^2 = \frac{(n_1-1)S_1^2}{\sigma^2} + \frac{(n_2-1)S_2^2}{\sigma^2} \sim \chi^2(n_1+n_2-2)$$

并且统计量 Z 和 χ^2 相互独立，所以

$$t = \frac{Z}{\sqrt{\chi^2/(n_1+n_2-2)}} \sim t(n_1+n_2-2)$$

将 t 统计量化简，可以得到

$$t = \frac{\overline{X} - \overline{Y} - (\mu_1 - \mu_2)}{S_w \sqrt{\dfrac{1}{n_1} + \dfrac{1}{n_1}}}$$

所以，统计量服从自由度为 $n_1 + n_2 - 2$ 的 t 分布。

定理 6-4 若一个总体 $X \sim N(\mu_1, \sigma_1^2)$，另一个总体 $Y \sim N(\mu_2, \sigma_2^2)$，从第一个总体中抽取容量为 n_1 的样本，从第二个总体中抽取容量为 n_2 的样本，两个总体是独立的，则有

$$F = \frac{S_1^2/\sigma_1^2}{S_2^2/\sigma_2^2} \sim F(n_1-1, n_2-1) \tag{6-27}$$

证明：因为样本相互独立且和总体具有相同的分布，所以

$$X_1, \cdots, X_{n_1} \overset{\text{i.i.d}}{\sim} N(\mu_1 \sigma_1^2)$$
$$Y_1, \cdots, Y_{n_2} \overset{\text{i.i.d}}{\sim} N(\mu_2 \sigma_2^2)$$

由定理 6-1，有

$$\chi_1^2 = \frac{(n_1-1)S_1^2}{\sigma_1^2} \sim \chi^2(n_1-1)$$

$$\chi_2^2 = \frac{(n_2-1)S_2^2}{\sigma_2^2} \sim \chi^2(n_2-1)$$

两个总体相互独立，所以随机变量 χ_1^2 和 χ_2^2 相互独立，从而

$$F = \frac{\chi_1^2/(n_1-1)}{\chi_2^2/(n_2-1)} = \frac{S_1^2/\sigma_1^2}{S_2^2/\sigma_2^2} \sim F(n_1-1, n_2-1)$$

所以该随机变量服从第一自由度为 $n_1 - 1$，第二自由度为 $n_2 - 1$ 的 F 分布。

■ 本章小结

1. 总体可抽象为所感兴趣的变量及其取值的分布，随机抽取的总体中一部分个体组成样本，样本中每个个体称为样本点。统计推断理论中讨论的容量为 n 的样本通常指的是一组随机变量 $(X_1, X_2, \cdots, X_n)$，一次具体的实验或观测结果 $(x_1, x_2, \cdots x_n)$ 称为样本观测值。简单随机样本具有独立同分布的性质。
2. 统计量是样本 $(X_1, \cdots, X_n)$ 的函数且不含任何未知参数。在统计推断问题中，经常需要利用取自总体的样本构造出合适的统计量，并使其服从或渐进地服从已知的分布。统计量的分布称为抽样分布。常用的统计量有样本均值和样本方差等。
3. 在正态分布假定下有三种常用的分布——χ^2 分布、t 分布和 F 分布。本章介绍了三种分布的定义、构造原理和重要性质，以及相应分位数的含义和计算方法。
4. 本章介绍了抽样分布理论中的几个重要定理。这些定理是对正态总体的均值、方差等参数进行统计推断的重要理论基础。

■ 思考与练习题

1. 统计量的定义是什么？抽样分布的定义是什么？样本点是不是统计量，其分布与总体分布是什么关系？
2. $F(n_1, n_2)$ 和 $F(n_2, n_1)$ 的分位点有什么关系？
3. 标准正态分布是抽样分布的基础，请思考标准正态分布和 χ^2 分布、t 分布、F 分布的关系是什么。
4. χ^2 分布是标准正态分布的平方和，如果总体不是标准正态分布，是否有其他形式的 χ^2 分布？

第7章

参数估计

■ 引例

据2019年《中国互联网络发展状况统计报告》调查数据显示,10~39岁网民群体占网民整个群体的65.1%,其中20~29岁网民群体的比重最高,达24.6%,50岁以上网民群体相比去年提升1.1%,互联网持续向中高年龄段渗透。

年龄	比重/%
10岁以下	4.0
10~19岁	16.9
20~29岁	24.6
30~39岁	23.7
40~49岁	17.2
50~59岁	6.7
60岁及以上	6.9

在此基础上,若想根据抽样结果进一步了解在95%的置信水平下我国网民平均年龄的范围,就需要应用到本章的相关知识。

统计数据显示出样本的数量特征,如何从样本去估计总体未知参数是统计推断的重要内容。抽样估计是通过构建样本统计量,并利用抽样调查得到的样本资料计算样本统计量的值,据以推算总体相应数量特征的一种统计分析方法。从样本数据推断总体均值、总体成数和总体方差是抽样估计最常见的问题。本章将主要介绍抽样估计的基本问题,以及点估计、区间估计这两种最常用的参数估计方法。

7.1 抽样估计的基本问题

抽样估计即抽样推断，也称为参数估计。它是在抽样调查的基础上所进行的数据推测，即用抽样调查所得到的一部分单位的数量特征来估计和推算总体的数量特征。抽样估计是对总体进行描述的另一种重要方法。它具有花费小、适用性强、科学性高等特点。

显然，抽样估计的前提是获取样本。下面主要介绍抽样中与参数估计有关的两个最基本问题：抽样设计与抽样估计误差。

7.1.1 抽样设计

1. 抽样框

抽样框是包含所有抽样单位的名单框架，基本元素是抽样单位。抽样单位既可以是单个的总体单位，也可以是多个总体单位组成的群体。

按照抽样单位的属性，可以把抽样框划分为名单抽样框、时间抽样框、区域抽样框等。名单抽样框是包括总体单位的名单框架。比如，调查某企业的职工薪酬水平时，可以将该企业职工名单作为抽样框。时间抽样框是以时间作为抽样单位的一种抽样框。这种抽样框可以借助时间的自然属性进行抽样，一般用在连续作业的情况下。例如，调查 24 小时作业的流水生产线上的产品质量，每隔 1 小时抽取 1 分钟的产品，可以把每分钟视作 1 个抽样单位，这样全天的产品都包括在 1 440 分钟内，这里的抽样框就是一个时间抽样框。区域抽样框是将地理区域或者性质区域作为抽样单位的一种抽样框。例如，某街道在进行居民月生活支出调查时，可以按照社区将总体单位进行划分，以社区为单位进行抽样。

抽样框的设计是抽样设计的重要内容之一。一个好的抽样框要尽可能做到包括所有的总体单位。设计抽样框的基本原则是既不重复也不遗漏。比如，对学生网上学习时长情况进行调查，如果以学生的姓名作为抽样框，那么可能会出现抽样单位重复的情况。如果以寝室作为抽样框，又可能出现遗漏抽样单位的情况。

2. 抽样方法

抽样方法按照抽取样本的方式可以划分为重复抽样和不重复抽样。

重复抽样也称为有放回抽样，是指从总体中抽出某个（些）总体单位，对某个（些）总体单位进行观测、登记等之后，又将其放回总体中，再继续抽样，相当于进行了 n 次独立随机试验。换句话说，一个容量为 N 的总体，每次抽样都是在这 N 个总体单位中进行的，总体中每个总体单位都有可能被抽到，每次每个总体单位被抽到的概率都是 $1/N$。

不重复抽样也称为无放回抽样，是从总体中抽出某个（些）总体单位后，不再将这个（些）总体单位放回总体中，下次抽样是在剩余的总体单位中抽取。不重复抽样的特点是每个总体单位可能被抽到的次数只有一次，每个总体单位不会重复出现在样本中，并且 n 次抽样之间相互不独立。换句话说，一个容量为 N 的总体，在 n 次抽样中，每次抽样时总体单位被抽中的概率随抽样次数的增加而增大，分别为 $1/N, 1/(N-1), \cdots, 1/(N-n+1)$。但是对某个总体单位而言，总的抽中概率仍然是 $1/N$。

重复抽样与不重复抽样得到的可能样本数是不同的。在计算可能样本数时应该根据调查对象的特点，对抽样顺序做出安排。例如，按照地区区号进行抽样时，抽取的两个数字分别为3和6，而这两个数字出现在个位和十位的顺序不同，得到的抽样结果也是不同的。对于重复抽样而言，如果考虑抽样顺序，得到的可能样本数为 N^n，不考虑顺序的重复抽样，得到的可能样本数为 C_{N+n-1}^n。对于不重复抽样而言，如果考虑抽样顺序，得到的可能样本数为 $\frac{N!}{(N-n)!}$，不考虑抽样顺序，得到的可能样本数为 $\frac{N!}{n!(N-n)!}$。

不重复抽样时，每个总体单位在样本中只能出现一次，而重复抽样时，每个总体单位可能多次出现在样本中。由于样本单位在总体中分布更为均匀，不重复抽样得到的样本代表性往往比重复抽样更好，因此不重复抽样的抽样误差通常更小。但是，当总体单位很多时，总体单位被重复抽到的概率变得很小，此时重复抽样和不重复抽样的效果是差不多的。

3. 抽样组织方式

简单随机抽样是最基本的抽样组织方式，其他的基本抽样组织方式还有分层抽样、等距抽样、整群抽样、多阶段抽样等。在实际工作中，常常会根据事先掌握的总体信息选定抽样组织方式，从而简化抽样组织工作，提高抽样效率。

7.1.2　抽样估计误差

用样本估计总体必然存在误差。误差的来源有许多方面，根据来源不同，总误差可以分为登记性误差和代表性误差，其中，代表性误差又可以进一步划分为系统性误差和随机误差。

$$\text{总误差}\begin{cases}\text{登记性误差}\\\text{代表性误差}\begin{cases}\text{系统性误差（偏差）}\\\text{随机误差（抽样误差）}\end{cases}\end{cases}$$

一类是登记性误差，即在调查过程中由于观察、测量、登记、计算上的差错所引起的误差，这类误差是所有统计调查都可能发生的。另一类是代表性误差，即样本结构不足以代表总体而引起的误差。代表性误差分为两种情况：一种情况是系统性误差，由于违反抽样调查的随机原则，人为地控制样本的选择，如有意地多选较好的单位或较坏的单位进行调查。这样做的话，据以计算的抽样指标必然出现偏高或偏低的现象，形成系统性误差。系统性误差和登记性误差都是不应当发生的，应该采取措施避免其发生或将其减小到最低限度。另一种情况是随机误差，即使遵守随机原则，由于被抽选的样本多种多样，只要被抽中样本的内部各单位被研究标志的构成比例和总体的构成比例有出入，就会出现或大或小的随机误差。

这里讲的抽样误差是指由于抽样随机性导致的估计量与总体指标之间的差异，也就是随机误差，是无法避免与消除的。实际上，因为总体真实参数通常是未知的，故在一次具体的抽样调查中，抽样误差也是无法计算的。但通过严格的数学证明不难发现，抽样误差具有一定的统计特性，如何计算和控制抽样误差是抽样估计的重要问题之一。

7.2　点估计及评判标准

点估计是利用样本信息构建统计量，用于估计总体未知参数的估计方法。例如，从某粮食企业生产的大米中随机抽取 300 袋进行调查，得到样本平均重量为 10 斤/袋，人们通常会认为该企业生产的大米平均每袋重量是 10 斤。点估计的关键在于寻找恰当的统计量。根据统计量的构建方法不同，点估计包括矩估计法、极大似然估计法、顺序统计量法、贝叶斯估计法和最小二乘法等。下面介绍一种最常用的点估计方法——矩估计法。

7.2.1 矩估计法

矩估计法是英国统计学家 K. 皮尔森（K. Pearson）提出的一种古老的点估计方法。矩估计法的基本思想是用样本矩去替换总体矩。例如，由大数定律可知，若总体 k 阶原点矩 $E(X^k)$ 存在，样本的 k 阶原点矩依概率收敛于总体 k 阶原点矩 $E(X^k)$。所以，总体 k 阶原点矩 $E(X^k)$ 未知时，自然会想到用样本 k 阶原点矩 $\dfrac{\sum_{i=1}^{n} X_i^k}{n}$ 来替换。

矩估计法的一般步骤如下。

设总体 X 的分布中包含 k 个未知参数 $\theta_1,\cdots,\theta_k$，则其分布函数可以表示为 $F(x;\theta_1,\cdots,\theta_k)$。若总体 X 的 1 阶至 k 阶原点矩存在，且为 $\theta_1,\cdots,\theta_k$ 的函数，记为 $m_g(\theta_1,\cdots,\theta_k)$，$g=1,2,\cdots,k$，则可分别用样本的各阶原点矩去估计总体的相应原点矩，即

$$\hat{m}_g(\theta_1,\cdots,\theta_k) = \frac{1}{n}\sum_{i=1}^{n} X_i^g, \quad g = 1,2,\cdots,k \tag{7-1}$$

式（7-1）确定了包含 k 个未知参数的 k 个方程式，将这些方程式展开可以得到下面的联立方程组，即

$$\begin{cases} \hat{m}_1 = \dfrac{1}{n}\sum_{i=1}^{n} X_i \\ \hat{m}_2 = \dfrac{1}{n}\sum_{i=1}^{n} X_i^2 \\ \vdots \\ \hat{m}_k = \dfrac{1}{n}\sum_{i=1}^{n} X_i^k \end{cases} \tag{7-2}$$

求解上述联立方程组，可以得到未知参数 θ_i 的矩估计量 $\hat{\theta}_i = f_i(X_1,\cdots,X_n)$，将样本观测值 $x_1,\cdots,x_n$ 代入矩估计量，即得到矩估计值。

【例 7-1】

设总体 $X \sim U(0,\theta)$，先从该总体中抽取样本容量为 10 的样本，得到观测值分别为：25，15，21，40，30，34，20，25，32，20，试求参数 θ 的矩估计。

根据题意有

由 $X \sim U(0,\theta)$，故 $E(X) = \dfrac{\theta}{2}$，从而可得 $\theta = 2E(X)$

因为样本均值 $\bar{x} = \dfrac{25+15+21+40+30+34+20+25+32+20}{10} = 26.2$

故 θ 的矩估计 $\hat{\theta} = 2\bar{x} = 2 \times 26.2 = 52.4$

矩估计法的优点在于思想较为简单，使用方便，并且当总体分布未知时该方法也可使用。但其也有以下几点局限性。①矩估计在体现总体分布特征方面有所不足，这是因为矩估计法只利用了总体矩的部分信息，并未用到总体分布的全部信息。②矩估计法不适用于总体 k 阶矩不存在的情况，因此在使用矩估计法时需要首先检验总体 k 阶矩是否存在。③在一些情况下，矩估计结果可能并不唯一。例如泊松分布参数 λ，如果用样本均值和方差去估计 λ，将得到不同的结果。

7.2.2 估计量的评价标准

在实际应用中，用不同估计方法得到的估计结果可能存在差异，有时即便用同样的估计方法也可能得到不同的估计结果。例如，样本均值和样本方差都可以作为泊松分布参数 λ 的矩估计量。这就需要一个选择和评价估计量的标准。一个好的估计量通常要满足以下三个准则：无偏性、有效性和一致性。

1. 无偏性

设 $\hat{\theta}$ 为总体参数 θ 的点估计量，如果满足 $E(\hat{\theta}) = \theta$ 或者 $E(\hat{\theta} - \theta) = 0$，则称 $\hat{\theta}$ 是 θ 的无偏估计量。

在使用 $\hat{\theta}$ 估计 θ 时，由于抽样的随机性，不同的样本得到的 $\hat{\theta}$ 不同，可能大于 θ，也可能小于 θ。$\hat{\theta}$ 与 θ 总是有偏差的，偏差时而大，时而小，是无法消除的。无偏性意味着，$\hat{\theta}$ 与 θ 之间的偏差平均后为 0，即正负偏差是可以相互抵消的，这样估计的结果和真实参数之间不存在系统误差。

【例 7-2】

对任意总体 X，若 $E(X) = \mu$，$\text{Var}(X) = \sigma^2$，记 $X_1, \cdots, X_n$ 为从总体中独立抽取的容量为 n 的样本，请证明：$\overline{X}$ 是总体均值的无偏估计量，S^2 是总体方差的无偏估计量。

$$E(\overline{X}) = E\left(\frac{1}{n}\sum_{i=1}^{n} X_i\right) = \frac{1}{n}E\left(\sum_{i=1}^{n} X_i\right) = \frac{1}{n}n\mu = \mu$$

因此，样本均值是总体均值的无偏估计量。

$$\begin{aligned}
E(S^2) &= E\left[\frac{1}{n-1}\sum_{i=1}^{n}(X_i - \overline{X})^2\right] \\
&= \frac{1}{n-1}E\left\{\sum_{i=1}^{n}[(X_i - \mu) - (\overline{X} - \mu)]^2\right\} \\
&= \frac{1}{n-1}\left[\sum_{i=1}^{n}E(X_i - \mu)^2 - 2\sum_{i=1}^{n}E(X_i - \mu)(\overline{X} - \mu) + \sum_{i=1}^{n}E(\overline{X} - \mu)^2\right] \\
&= \frac{1}{n-1}\left[\sum_{i=1}^{n}E(X_i - \mu)^2 - 2nE(\overline{X} - \mu)^2 + \sum_{i=1}^{n}E(\overline{X} - \mu)^2\right] \\
&= \frac{1}{n-1}\left(n\sigma^2 - 2n\frac{\sigma^2}{n} + n\frac{\sigma^2}{n}\right) \\
&= \sigma^2
\end{aligned}$$

例 7-2 说明样本方差是总体方差的无偏估计量。但是在样本容量比较大的时候，人们常常

用样本未修正方差 $S_n^2 = \frac{1}{n}\sum_{i=1}^{n}(X_i - \overline{X})^2$ 作为总体方差的估计量。这是因为，随着样本容量 n 的增加，样本未修正方差将逐渐收敛到总体方差，也就是有 $\lim_{n\to\infty} E(S_n^2) = \lim_{n\to\infty} E\left(\frac{n-1}{n}S^2\right) = \sigma^2$。

当有偏估计量期望的极限等于总体参数时，这个估计量也被称为渐进无偏估计量，即 $\lim_{n\to\infty} E(\hat{\theta}_n) = \theta$。

理解统计量的无偏性时需要注意以下问题。

（1）一般来说，无偏估计量并不唯一，甚至可以是无限个。例如参数 θ 的两个无偏估计 $\hat{\theta}_1$ 与 $\hat{\theta}_2$，对任何满足 $\alpha_1 + \alpha_2 = 1$ 的 α_1, α_2，$\alpha_1 \hat{\theta}_1 + \alpha_2 \hat{\theta}_2$ 都是 θ 的无偏估计。

（2）虽然 $\hat{\theta}$ 是参数 θ 的无偏估计量，但 $g(\hat{\theta})$ 通常不是 $g(\theta)$ 的无偏估计量。例如，S^2 是总体方差 σ^2 的无偏估计量，用 S 作为总体标准差 σ 的点估计则是有偏的。又如，样本均值 $\overline{X}$ 是总体均值 μ 的无偏估计量，但 $E(\overline{X}^2) = D(\overline{X}) + [E(\overline{X})]^2 = \frac{\sigma^2}{n} + \mu^2 \neq \mu^2$，即 $\overline{X}^2$ 也不是 μ^2 的无偏估计量。

2. 有效性

既然无偏估计量不一定唯一，有多个无偏估计量时，如何从中选取更好的估计量呢？一个很直观的想法是希望估计量与待估参数真实值之间的偏差程度越小越好，这种偏差程度用均方误差 $\text{MSE}(\hat{\theta}) = E(\hat{\theta} - \theta)^2$ 度量，实际上均方误差包括估计量 $\hat{\theta}$ 的方差 $E(\hat{\theta} - E(\hat{\theta}))^2$ 和偏差平方 $E(E(\hat{\theta}) - \theta)^2$ 两部分。但是对于无偏估计量而言，由于 $E(\hat{\theta}) = \theta$，因此无偏估计量的 MSE 实际上就是 $\hat{\theta}$ 的方差。

图 7-1 绘制了无偏估计量 $\hat{\theta}_1$ 与 $\hat{\theta}_2$ 的分布密度曲线 $f(\hat{\theta}_1)$ 和 $f(\hat{\theta}_2)$。尽管这两个估计量都是无偏的，但二者的方差并不一样，$D(\hat{\theta}_1) < D(\hat{\theta}_2)$。从图 7-1 中可见，$\hat{\theta}_1$ 的分布更集中在总体参数 θ 周围，而 $\hat{\theta}_2$ 的分布更分散。因此，尽管两者不存在系统性的偏差，但 $\hat{\theta}_1$ 的方差更小，分布更集中。若参数 θ 有两个估计量 $\hat{\theta}_1$ 与 $\hat{\theta}_2$，如果满足 $E(\hat{\theta}_1) = E(\hat{\theta}_2)$ 并且 $D(\hat{\theta}_1) < D(\hat{\theta}_2)$，则称 $\hat{\theta}_1$ 比 $\hat{\theta}_2$ 有效。

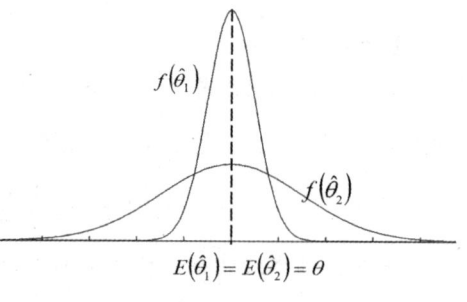

图 7-1 估计量的有效性示意图

【例 7-3】

$X_1, \cdots, X_n$ 为来自总体的随机样本，试证明样本均值 $\overline{X}$ 与 X_i 都是总体均值的无偏估计量，且 $\overline{X}$ 更有效。

证明：

$$E(\overline{X}) = E\left(\frac{1}{n}\sum_{i=1}^{n}X_i\right) = \mu$$

$$E(X_i) = \mu$$

由于 $\overline{X}$ 与 X_i 都是总体均值的无偏估计，这样可以通过比较二者的方差来评判其有效性。

$$D(\overline{X}) = D\left(\frac{1}{n}\sum_{i=1}^{n} X_i\right) = \frac{\sigma^2}{n}$$

$$D(X_i) = \sigma^2$$

由于 $D(\overline{X}) < D(X_i)$，因此，$\overline{X}$ 比 X_i 更有效。正是因为 $\overline{X}$ 更稳定，所以人们通常会选择 $\overline{X}$ 而不是 X_i 作为总体均值估计量。

3. 一致性

一致性也称为相合性，是在大样本时给出的评判标准，意味着随着样本容量趋于无穷，估计量依概率收敛于总体参数的真实值。设 $\hat{\theta} = \hat{\theta}(X_1,\cdots,X_n)$ 是参数 θ 的估计量，如果对于任意小的正数 ε，有

$$\lim_{n\to\infty} P(|\hat{\theta} - \theta| > \varepsilon) = 0 \text{ 或者} \lim_{n\to\infty} P(|\hat{\theta} - \theta| < \varepsilon) = 1 \tag{7-3}$$

则称 $\hat{\theta}$ 是 θ 的一致估计量，意味着 $\hat{\theta}$ 依概率收敛于 θ。一致性说明当样本容量很大时，能以概率 1 相信 $\hat{\theta}$ 落在 θ 任意小的 ε 邻域之内，也就是说可以保证估计误差达到任意指定的要求。估计量 θ 的一致性如图 7-2 所示。

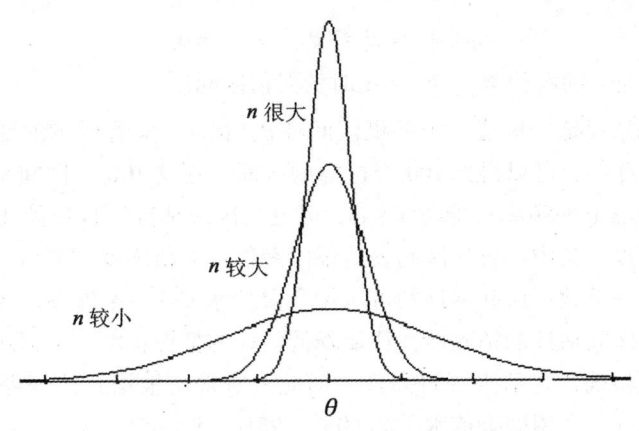

图 7-2 估计量 θ 的一致性示意图

【例 7-4】

已知 $X \sim N(\mu,\sigma^2)$，$X_1,\cdots,X_n$ 是来自该总体的随机样本，$\frac{1}{n}\sum_{i=1}^{n} X_i$ 是总体的未知参数 μ 的极大似然估计，求证：$\frac{1}{n}\sum_{i=1}^{n} X_i$ 是 μ 的一致估计量。

证明：对于任意小的正数 ε，由切比雪夫不等式得

$$P\left(\left|\frac{1}{n}\sum_{i=1}^{n} X_i - \mu\right| \geq \varepsilon\right) \leq \frac{D\left(\frac{1}{n}\sum_{i=1}^{n} X_i\right)}{\varepsilon^2}$$

$\dfrac{D\left(\dfrac{1}{n}\sum_{i=1}^{n} X_i\right)}{\varepsilon^2} = \dfrac{\sigma^2}{n\varepsilon^2}$，当 $n\to\infty$ 时，$\dfrac{\sigma^2}{n\varepsilon^2} \to 0$

因此，$\dfrac{1}{n}\sum_{i=1}^{n} X_i$ 是 μ 的一致估计量。

进一步由切比雪夫不等式可证，对于 θ 的点估计 $\hat{\theta}_n$，如果 $E(\hat{\theta}_n) = \theta$ 或者 $\lim\limits_{n\to\infty} E(\hat{\theta}_n) = \theta$ 并且 $\lim\limits_{n\to\infty} \sigma_{\hat{\theta}}^2 = 0$，则 $\hat{\theta}$ 是 θ 的一致估计量。样本平均数和方差分别是总体平均数及方差的一致估计量。

7.3 区间估计的基本思想

虽然点估计明确给出了估计值大小，但是无法说明估计的置信度。与点估计不同，区间估计是在一定概率把握程度下，构造待估参数可能的区间范围作为未知参数的估计。

区间估计能够进一步说明点估计结果和待估参数之间的差异程度。由于样本的随机性使估计结果存在随机性，估计值 $\hat{\theta}$ 刚好等于 θ 实际值的概率极小。如果可以把估计结果扩大到包含 θ 的区间，那么把握程度就大得多，这就是区间估计的基本思想。

1. 置信度与置信区间

设 θ 是总体的一个未知参数，其参数空间为 Θ，$X_1,\cdots,X_n$ 为来自总体的一个样本，对给定的 $\alpha(0<\alpha<1)$，根据样本构造两个统计量 $\hat{\theta}_L(X_1,\cdots,X_n)$，$\hat{\theta}_U(X_1,\cdots,X_n)$，且 $\hat{\theta}_L < \hat{\theta}_U$，使得

$$p(\hat{\theta}_L \leq \theta \leq \hat{\theta}_U) \geq 1-\alpha \tag{7-4}$$

则称区间 $[\hat{\theta}_L,\hat{\theta}_U]$ 是 θ 的置信水平为 $1-\alpha$ 时的置信区间。

区间估计的直观意思是，构造一个随机区间 $[\hat{\theta}_L,\hat{\theta}_U]$，随着样本的变化，这个区间会发生变化。比如抽样 100 次，可以得到 100 个这样的区间，在这 100 个区间中，有的包含真实值 θ，有的不包含 θ，包含 θ 的频率可能为 $1-\alpha$。可见，区间估计不仅能给出估计的精确度，还能给出估计的把握程度。其中，置信区间表达了区间估计的精确度，置信区间越小，估计越精确。一方面，置信水平反映了区间估计的可靠性，置信水平 $1-\alpha$ 越大，区间估计把握程度越高；另一方面，提高区间估计的精确性往往要降低估计的把握程度。根据统计理论，如果置信区间越小，即估计越精确，置信水平将降低，因此，常常是根据具体问题设置合理的置信水平，然后进行区间估计。常用的置信水平如 90%，95%，95.45% 等。

2. 抽样极限误差

区间估计可以看作点估计的进一步发展。在区间估计中，随机区间 $[\hat{\theta}_L,\hat{\theta}_U]$ 满足 $p(\hat{\theta}_L \leq \theta \leq \hat{\theta}_U) \geq 1-\alpha$，可以写作 $p(|\hat{\theta}-\theta| \leq \Delta_\theta) \geq 1-\alpha$，其中，$\hat{\theta}_L = \hat{\theta} - \Delta_\theta$，$\hat{\theta}_U = \hat{\theta} + \Delta_\theta$。$\Delta_\theta$ 实际上表示了一定概率水平下抽样误差的可能范围，是在 $1-\alpha$ 的概率水平下，样本统计量和总体指标的最大可能差异，通常被称为抽样极限误差。

与抽样极限误差紧密联系的一个概念是抽样平均误差。用 $\sigma_{\bar{X}}$ 表示样本均值的抽样平均误差。从理论上看，$\sigma_{\bar{X}}$ 反映了样本均值与总体均值之间的平均差异，因此理论公式可以表示为

$$\sigma_{\bar{X}} = \sqrt{\frac{\sum(\bar{X}-\mu)^2}{\text{样本可能数目}}} \tag{7-5}$$

由于总体均值未知，并且所有的样本可能数目过大，式（7-5）是无法计算的。由于样本均值是总体均值无偏估计量，因此式（7-5）也可以写为 $\sigma_{\bar{X}} = \sqrt{\dfrac{\sum[\bar{X}-E(\bar{X})]^2}{\text{样本可能数目}}}$，这实际上是样本均值的标准差。因此，可得

在重复抽样下，
$$\sigma_{\bar{X}} = \frac{\sigma}{\sqrt{n}} \tag{7-6}$$

在不重复抽样下，记总体单位数为 N：$\sigma_{\bar{X}} = \sqrt{\frac{\sigma^2}{n}\frac{(N-n)}{(N-1)}}$ (7-7)

通常总体方差 σ^2 未知，一般用样本方差 S^2 代替。

在总体容量比较大的情况下，可以用 $\left(1 - \frac{n}{N}\right)$ 代替式 (7-7) 的 $\frac{N-n}{N-1}$，即 $\sigma_{\bar{X}} = \sqrt{\frac{\sigma^2}{n}\left(1 - \frac{n}{N}\right)}$，其中，$\sqrt{1 - \frac{n}{N}}$ 也称为不重复抽样下抽样平均误差的修正因子。

以总体均值的区间估计为例，当样本平均数服从或渐进服从正态分布时，有 $p(|\bar{X} - \mu| \leq Z_{\alpha/2}\sigma_{\bar{X}}) = 1 - \alpha$。可见，$Z_{\alpha/2}\sigma_{\bar{X}}$ 是在给定概率 $1 - \alpha$ 时，样本均值和总体均值的极限误差。因此，平均数的抽样极限误差 $\Delta_{\bar{X}} = Z_{\alpha/2}\sigma_{\bar{X}}$，显然，极限误差 $\Delta_{\bar{X}}$ 越小，样本指标和总体指标之间的误差可能就越小，估计的精度越高，但是 $1 - \alpha$ 也会相应减小，换句话说，估计的把握程度降低了。如果要提高估计的把握程度，意味着会增大 $\Delta_{\bar{X}}$，从而降低估计精度。如果既要提高抽样的精度又要提高抽样的把握程度，通常需要增加样本容量，但是增加样本容量会使抽样调查的成本增加。在实际应用时，可先确定一个合理的把握程度再求相应的允许误差，或者先确定一个允许误差范围再求相应的把握程度。

7.4 单总体的区间估计

当研究一个总体时，关心的参数主要有总体均值 μ、总体比例 P 和总体方差 σ^2 等。下面将介绍如何用样本统计量构造总体参数的置信区间。

7.4.1 单总体均值的区间估计

设总体 $X \sim N(\mu, \sigma^2)$，μ 为未知参数，$X_1, X_2, \cdots, X_n$ 为总体 X 的一个样本。

1. 大样本时总体均值的区间估计

大样本条件下，无论总体分布形式如何，$Z = \frac{\bar{X} - \mu}{\sigma_{\bar{X}}}$ 服从或者近似服从 $N(0,1)$ 分布。由标准正态分布定义，有

$$P\left\{\left|\frac{\bar{X} - \mu}{\sigma_{\bar{X}}}\right| < Z_{\alpha/2}\right\} = 1 - \alpha$$

即 $P\left\{\bar{X} - \frac{\sigma}{\sqrt{n}}Z_{\alpha/2} < \mu < \bar{X} + \frac{\sigma}{\sqrt{n}}Z_{\alpha/2}\right\} = 1 - \alpha$

因此，置信水平为 $1 - \alpha$ 时，μ 的置信区间为

$$[\bar{X} - Z_{\alpha/2}\sigma_{\bar{X}}, \bar{X} + Z_{\alpha/2}\sigma_{\bar{X}}] \tag{7-8}$$

从图 7-3 可以看出，$1 - \alpha$ 越大，估计的区间越宽，意味着区间估计的误差越大。

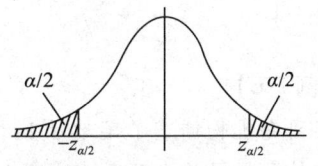

图 7-3 总体均值区间估计（正态分布）

【例7-5】

某证券公司推出一批理财产品,为了解客户的购买情况,现随机抽取500名客户,通过调查得到客户的购买情况,结果如表7-1所示。

表7-1 某证券公司理财产品购买情况表

购买金额/元	人数/人
10 000 以下	20
10 000 ~ 15 000	100
15 000 ~ 20 000	150
20 000 ~ 25 000	150
25 000 以上	80
合计	500

在95.45%的概率保证下,试求该理财产品平均购买金额的可能范围。

首先计算样本平均数 $\overline{X} = 19\,200$(元),样本标准差 $S \approx 5\,446.96$(元)。

抽样平均误差 $\sigma_{\overline{X}} = \dfrac{S}{\sqrt{n}} = \dfrac{5\,446.96}{\sqrt{500}} \approx 243.60$(元)。

本题为大样本,在置信水平为95.45%时,$Z_{\alpha/2} = 2$,因此抽样极限误差为

$$\Delta_{\overline{X}} = Z_{\alpha/2}\sigma_{\overline{X}} = 2 \times 243.60 = 487.20(元)$$

这样,在95.45%的概率保证下,该理财产品购买金额的可能范围为 [19 200 − 487.20, 19 200 + 487.20],即 [18 712.80, 19 687.20] 元。

二维码7-1
例题7-5的详细计算过程

2. 小样本时总体均值的区间估计

小样本时,如果总体服从正态分布且总体标准差 σ 已知,随机变量 $\dfrac{\overline{X} - \mu}{\sigma_{\overline{X}}}$ 不含 μ 之外的其他未知参数,此时,$Z = \dfrac{\overline{X} - \mu}{\sigma_{\overline{X}}} \sim N(0,1)$,总体均值 μ 的置信水平为 $1 - \alpha$ 的置信区间,见式(7-8)。

如果总体标准差 σ 未知,需要用样本标准差 S 替代时,根据抽样分布定理可得 $t = \dfrac{\overline{X} - \mu}{S/\sqrt{n}} \sim t(n-1)$。总体均值区间估计如图7-4所示。

因此,总体均值 μ 的置信水平为 $1 - \alpha$ 的置信区间为

$$\left[\overline{X} - t_{\alpha/2}(n-1)\dfrac{S}{\sqrt{n}},\ \overline{X} + t_{\alpha/2}(n-1)\dfrac{S}{\sqrt{n}}\right] \quad (7-9)$$

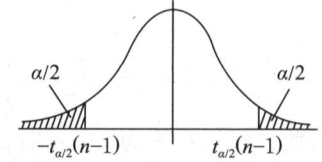

图7-4 总体均值区间估计(t分布)

【例7-6】

某研究机构调查了某地区某月居民水费的平均支出。假定该地区居民的水费月支出近似服从正态分布。该机构随机抽取了一个容量为25的样本进

行调查，得到样本平均数为 50 元，样本标准差为 10 元。试求该地区居民的水费平均支出的 95% 的置信区间。

已知 $\bar{X}=50$，$s=10$，$n=25$，由于总体方差未知，此时用样本方差替代总体方差，因此可得

$$\sigma_{\bar{X}} = \frac{S}{\sqrt{n}} = \frac{10}{\sqrt{25}} = 2$$

$1-\alpha=0.95$ 时，根据 t 分布表 $t_{0.025}(24) \approx 2.39$，有

$$\Delta_{\bar{X}} = t_{\alpha/2}\sigma_{\bar{X}} = 2.39 \times 2 \approx 4.78$$

故在 95% 的把握程度下，该地区居民水费平均支出的置信区间为 $[50-4.78 \leqslant \mu \leqslant 50+4.78]$，即 $[45.22,54.78]$ 元。

二维码 7-2
利用 Excel 进行小样本时单个总体均值区间估计的操作方法

7.4.2 单总体比例的区间估计

在实际生活中，经常会遇到估计总体比例的问题。比如，对废品率、男女生比例、互联网普及率等比率进行区间估计。在一次实验中，比例 P 是一个服从二项分布总体的参数。当样本容量比较小时，可以通过构造二项分布对 P 进行区间估计。在大样本条件下，当 n 同时满足 $np \geqslant 5$，且 $n(1-p) \geqslant 5$ 时，有 $p \sim N\left(P, \frac{1}{n}P(1-P)\right)$，即样本成数渐进服从均值为 P、标准差为 $\sigma_p = \sqrt{\frac{1}{n}P(1-P)}$ 的正态分布，因此可以用标准正态变量 Z 构造总体成数 P 的置信区间。总体成数 P 通常未知，可用 P 的无偏估计量样本比率 p 替代，这样，在 $1-\alpha$ 的置信水平下，总体比例的置信区间为

$$[p - Z_{\alpha/2}\sigma_p, \ p + Z_{\alpha/2}\sigma_p] \tag{7-10}$$

【例 7-7】
为了解线上教学的开展情况，某教育机构在某校随机抽取了 500 名学生进行调查，结果表明有 80% 的学生参加了线上教学活动。要求以 90% 的概率保证程度，估计该校线上教学的参与率。

已知 $p=80\%$，$n=500$，属于大样本时总体比例的区间估计问题。

当 $1-\alpha=0.90$ 时，$Z_{\alpha/2}=1.645$，则有

$$\sigma_p = \sqrt{\frac{1}{n}p(1-p)} = \sqrt{\frac{0.8 \times (1-0.8)}{500}} = 1.79\%$$

因此，可得

$$\Delta_p = Z_{\alpha/2}\sigma_p = 1.645 \times 1.79\% = 2.94\%$$

故在 90% 的把握程度下，学生线上教学的参与率为 $[80\% - 2.94\% \leqslant P \leqslant 80\% + 2.94\%]$，即 $[77.06\%, 82.94\%]$。

7.4.3 单总体方差的区间估计

总体方差通常是未知的，必须通过样本对其做出估计。总体方差的区间估计如图7-5所示。由抽样分布定理可知，$\frac{(n-1)S^2}{\sigma^2} \sim \chi^2(n-1)$。在给定置信度$1-\alpha$的条件下，查$\chi^2$分布表，得到临界值$\chi^2_{1-\alpha/2}(n-1)$和$\chi^2_{\alpha/2}(n-1)$，使得

$$p\left(\chi^2_{1-\alpha/2}(n-1) \leq \frac{(n-1)S^2}{\sigma^2} \leq \chi^2_{\alpha/2}(n-1)\right) = 1-\alpha$$

因此，置信度为$1-\alpha$时，总体方差σ^2的置信区间为

$$\left[\frac{(n-1)S^2}{\chi^2_{\alpha/2}(n-1)}, \frac{(n-1)S^2}{\chi^2_{1-\alpha/2}(n-1)}\right] \quad (7\text{-}11)$$

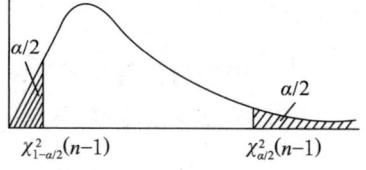

图7-5 总体方差的区间估计

当样本容量足够大时，样本标准差S近似服从$N(\sigma, \sigma^2/2n)$，在大样本时总体标准差σ的置信区间为

$$[S - Z_{\alpha/2}S/\sqrt{2n}, \ S + Z_{\alpha/2}S/\sqrt{2n}] \quad (7\text{-}12)$$

【例7-8】

某工厂生产一批糖果，为了解每袋糖果重量的差异程度，随机抽出20袋，称其重量（单位：克），得到样本方差$S^2 = 1.5^2$，假设总体为正态分布，试求该批糖果重量的方差和标准差的置信区间（置信水平为90%）。

已知$n=20$，$S^2=1.5^2$，属于小样本时总体方差的区间估计。

$$\chi^2_{1-\alpha/2}(n-1) = \chi^2_{0.95}(19) = 10.1170$$
$$\chi^2_{\alpha/2}(n-1) = \chi^2_{0.05}(19) = 30.1435$$

因此，该批糖果重量方差的置信区间为$\left[\frac{19 \times 1.5^2}{30.1435}, \frac{19 \times 1.5^2}{10.1170}\right] \approx [1.42, 4.23]$克。

故在90%的把握程度下，该批糖果重量方差的置信区间为$[1.42, 4.23]$克。

该批糖果重量标准差的置信区间为$[1.19, 2.06]$克。

*7.5 两个总体参数的区间估计

7.5.1 两个总体均值之差的区间估计

实践中常遇到需要估计两个总体平均水平差异程度的问题。比如，估计两个地区人均消费支出的差异、两个工厂生产同一种零件的尺寸的差异等。下面就以下几种情况分别进行讨论。

首先设两个总体$X_1 \sim N(\mu_1, \sigma_1^2)$，$X_2 \sim N(\mu_2, \sigma_2^2)$。

1. 两个正态总体方差σ_1^2、σ_2^2已知时

由抽样分布理论可知，两个样本均值之差$\overline{X}_1 - \overline{X}_2 \sim N\left(\mu_1 - \mu_2, \frac{\sigma_1^2}{n_1} + \frac{\sigma_2^2}{n_2}\right)$，标准化后得到

$$Z = \frac{(\overline{X}_1 - \overline{X}_2) - (\mu_1 - \mu_2)}{\sqrt{\frac{\sigma_1^2}{n_1} + \frac{\sigma_2^2}{n_2}}} \sim N(0,1)$$

则 $\mu_1 - \mu_2$ 的置信水平为 $1 - \alpha$ 的置信区间为

$$\left[(\overline{X}_1 - \overline{X}_2) \pm Z_{\alpha/2} \sqrt{\frac{\sigma_1^2}{n_1} + \frac{\sigma_2^2}{n_2}} \right] \tag{7-13}$$

【例 7-9】

某高中为调查两个毕业班级的数学模拟考试平均成绩,从这两个班级各抽选一个由 15 名学生组成的随机样本。两个样本均值分别为 125 分和 116 分,两个总体标准差分别为 5 分和 10 分。根据经验知道两个总体均服从正态分布,试求这两个班级的数学模拟考试平均成绩之差的置信水平为 90% 的置信区间。

设 X_1, X_2 分别为两个班级的数据模拟考试平均成绩,则 $X_1 \sim N(\mu_1, 10^2)$, $X_2 \sim N(\mu_2, 20^2)$,已知 $\overline{X}_1 = 125$, $\overline{X}_2 = 116$, $n_1 = n_2 = 15$,当 $1 - \alpha = 0.9$ 时,$Z_{\alpha/2} = 1.645$。

则两个总体均值之差 $\mu_1 - \mu_2$ 的置信水平为 90% 的置信区间为

$$\left[(\overline{X}_1 - \overline{X}_2) - Z_{\alpha/2} \sqrt{\frac{\sigma_1^2}{n_1} + \frac{\sigma_2^2}{n_2}}, (\overline{X}_1 - \overline{X}_2) + Z_{\alpha/2} \sqrt{\frac{\sigma_1^2}{n_1} + \frac{\sigma_2^2}{n_2}} \right]$$

$$= \left[(125 - 116) - 1.645 \times \sqrt{\frac{5^2}{15} + \frac{10^2}{15}}, (125 - 116) + 1.645 \times \sqrt{\frac{5^2}{15} + \frac{10^2}{15}} \right]$$

$$\approx [4.25, 13.75]$$

因此,有 90% 的把握认为两个班级的数学模拟考试平均成绩之差在 4.25 ~ 13.75 分。

2. 两个正态总体方差 σ_1^2、σ_2^2 未知但相等时

这种情况下,由于两个总体方差 σ_1^2、σ_2^2 未知,但 $\sigma_1^2 = \sigma_2^2 = \sigma^2$,此时有

$$\overline{X}_1 - \overline{X}_2 \sim N\left(\mu_1 - \mu_2, \left(\frac{1}{n_1} + \frac{1}{n_2}\right)\sigma^2\right),$$

$$\frac{(n_1 - 1)S_1^2 + (n_2 - 1)S_2^2}{\sigma^2} \sim \chi^2(n_1 + n_2 - 2)$$

由于 $\overline{X}_1$, $\overline{X}_2$, S_1^2, S_2^2 相互独立,故有

$$t = \frac{(\overline{X}_1 - \overline{X}_2) - (\mu_1 - \mu_2)}{S_W \cdot \sqrt{\frac{1}{n_1} + \frac{1}{n_2}}} \sim t(n_1 + n_2 - 2)$$

其中

$$S_W = \sqrt{\frac{(n_1 - 1)S_1^2 + (n_2 - 1)S_2^2}{n_1 + n_2 - 2}}$$

则两个总体均值之差 $\mu_1 - \mu_2$ 的置信水平为 $1 - \alpha$ 的置信区间为

$$\left[(\overline{X}_1 - \overline{X}_2) \pm t_{\alpha/2} \cdot S_w \sqrt{\frac{1}{n_1} + \frac{1}{n_2}} \right] \tag{7-14}$$

【例 7-10】

为检验杂交水稻的两种培育方案，现选择环境相似、大小相同的 9 块试验田来进行产量检验，统计得到的产量情况如表 7-2 所示。

表 7-2 两种方案下杂交水稻产量情况表

单位面积产量/（吨/公顷[①]）	12	13	14	15
第一种方案试验田数量	1	3	4	1
第二种方案试验田数量	3	3	2	1

根据经验知道两个总体均服从正态分布，求两种培育方案下平均产量差 $\mu_1 - \mu_2$ 的置信水平为 95% 的置信区间。

首先计算出两个样本的均值和标准差分别为

$$\overline{X}_1 \approx 13.56, S_1 \approx 0.88, \overline{X}_2 \approx 13.11, S_2 \approx 1.05$$

$$S_W = \sqrt{\frac{(n_1-1)S_1^2 + (n_2-1)S_2^2}{n_1 + n_2 - 2}} = \sqrt{\frac{8 \times 0.88^2 + 8 \times 1.05^2}{9 + 9 - 2}} \approx 0.97$$

已知 $n_1 = 9$, $n_2 = 9$, $\alpha = 0.05$，查 t 分布表得

$$t_{\alpha/2}(n_1 + n_2 - 2) = t_{0.025}(16) = 2.12$$

于是可得 $\mu_1 - \mu_2$ 的置信水平为 95% 的置信区间为

$$\left[(\overline{X}_1 - \overline{X}_2) - t_{\alpha/2} \cdot S_W \sqrt{\frac{1}{n_1} + \frac{1}{n_2}}, (\overline{X}_1 - \overline{X}_2) + t_{\alpha/2} \cdot S_W \sqrt{\frac{1}{n_1} + \frac{1}{n_2}} \right]$$

$$= \left[(13.56 - 13.11) - 2.12 \times 0.97 \times \sqrt{\frac{1}{9} + \frac{1}{9}}, (13.56 - 13.11) + 2.12 \times 0.97 \times \sqrt{\frac{1}{9} + \frac{1}{9}} \right]$$

$$= [-0.52, 1.42]$$

因此，以 95% 的概率保证度估计，两种不同杂交水稻培育方案每公顷平均产量的差异在 -0.52 吨/公顷到 1.42 吨/公顷之间。

3. 两个非正态总体大样本时

根据中心极限定理采用大样本抽样方法，$\overline{X}_1 - \overline{X}_2$ 的抽样分布近似为正态分布。此时，统计量 $Z = \dfrac{(\overline{X}_1 - \overline{X}_2) - (\mu_1 - \mu_2)}{\sqrt{\dfrac{\sigma_1^2}{n_1} + \dfrac{\sigma_2^2}{n_2}}}$ 近似服从标准正态分布，则两个总体均值之差 $\mu_1 - \mu_2$ 的置信水平为 $1 - \alpha$ 的置信区间见式（7-13）。

在实际问题中，总体的方差通常是未知的，可以用样本方差 S_1^2 和 S_2^2 分别估计 σ_1^2 和 σ_2^2。此时 $\mu_1 - \mu_2$ 的置信水平为 $1 - \alpha$ 的置信区间为

$$\left[(\overline{X}_1 - \overline{X}_2) \pm Z_{\alpha/2} \cdot \sqrt{\frac{S_1^2}{n_1} + \frac{S_2^2}{n_2}} \right] \tag{7-15}$$

---

① 1 公顷 = 10 000 平方米。

【例7-11】

为比较 A、B 两个专业应届毕业生的月收入情况,某研究机构分别抽取了 200 名应届毕业生作为样本,以调查人均月收入情况,得到样本均值分别为 5 200 元和 4 700 元,标准差分别为 400 元和 340 元。试以 95% 的置信水平估计 A、B 两个专业的应届毕业生的月收入情况的差异。

设 X_1、X_2 分别为 A、B 两个专业应届毕业生的月收入,已知 $\overline{X}_1 = 5\,200$,$S_1 = 400$,$\overline{X}_2 = 4\,700$,$S_2 = 340$,$n_1 = n_2 = 200$,当 $1-\alpha = 0.95$ 时,$Z_{\alpha/2} = 1.96$。

则 $\mu_1 - \mu_2$ 的置信水平为 95% 的置信区间为

$$\left[(\overline{X}_1 - \overline{X}_2) \pm Z_{\alpha/2} \cdot \sqrt{\frac{S_1^2}{n_1} + \frac{S_2^2}{n_2}}\right]$$

$$= \left[(5\,200 - 4\,700) \pm 1.96 \times \sqrt{\frac{400^2}{200} + \frac{340^2}{200}}\right] = [427.24, 572.76]$$

于是,有 95% 的把握认为 A、B 两个专业应届毕业生的人均月收入的差额在 427.24 ~ 572.76 元。

7.5.2 两个总体成数之差的区间估计

用 P_1 和 P_2 分别表示两个总体的成数。从两个总体中分别抽取容量为 n_1 和 n_2 的样本,样本成数分别记为 p_1 和 p_2。在大样本条件下,即当 n_1 和 n_2 都充分大时,$p_1 - p_2$ 近似服从正态分布,即 $Z = \dfrac{(p_1 - p_2) - (P_1 - P_2)}{\sqrt{\dfrac{p_1(1-p_1)}{n_1} + \dfrac{p_2(1-p_2)}{n_2}}} \sim N(0,1)$。因此,$p_1 - p_2$ 的置信区间为

$$\left[(p_1 - p_2) \pm Z_{\alpha/2} \sqrt{\frac{p_1(1-p_1)}{n_1} + \frac{p_2(1-p_2)}{n_2}}\right] \tag{7-16}$$

【例7-12】

某校网管中心想要了解本科生与研究生日均网上学习时长情况,分别从本科生群体和研究生群体中随机抽取 500 名、300 名学生进行调查,其中每天网上学习时长超过 3 小时的本科生有 280 人,研究生有 200 人。设置信水平为 95.45%,试求研究生与本科生网上学习时长超过 3 小时的比率之差的置信区间。

设研究生群体中每天网上学习时长超过 3 小时的样本比率为 p_1,设本科生群体中每天网上学习时长超过 3 小时的样本比率为 p_2。

由题意可知:$p_1 = 66.67\%$,$p_2 = 56\%$,$n_1 = 300$,$n_2 = 500$,$1-\alpha = 0.9545$ 时,$Z_{\alpha/2} = 2$,$p_1 - p_2 = 10.67\%$,因此 $p_1 - p_2$ 的置信区间为

$$\left[0.1067 \pm 2 \times \sqrt{\frac{0.6667 \times 0.3333}{300} + \frac{0.56 \times 0.44}{500}}\right] \tag{7-17}$$

因此,在 95.45% 的置信水平下,研究生与本科生网上学习时长超过 3 小时的比率之差的区间为 [3.65%, 17.69%]。

7.5.3 两个总体方差之比的区间估计

一些情况下，还需要对两个总体方差进行比较。例如，在进行理财投资时除了比较不同投资组合的回报，还应该考虑各投资组合的风险波动大小，在相同收益下，尽可能选择波动较小的投资组合。在选择产品生产方式时，不仅要考虑单位时间内不同生产方式下产品的产量，还要考虑不同生产方式下产品产量的稳定性。

这里，我们介绍两个正态总体方差之比的区间估计。

设 $X \sim N(\mu_1, \sigma_1^2)$，$Y \sim N(\mu_2, \sigma_2^2)$，参数均未知，分别从两个总体 X，Y 中随机抽取容量为 n_1 和 n_2 的两个独立样本，其样本方差分别为 S_1^2，S_2^2，且 $(n_1-1)S_1^2/\sigma_1^2 \sim \chi^2(n_1-1)$，$(n_2-1)S_2^2/\sigma_2^2 \sim \chi^2(n_2-1)$，两者独立，由 F 分布的定义可知

$$F = \frac{\dfrac{(n_1-1)S_1^2}{\sigma_1^2}/(n_1-1)}{\dfrac{(n_2-1)S_2^2}{\sigma_2^2}/(n_2-1)} = \frac{S_1^2/\sigma_1^2}{S_2^2/\sigma_2^2} \sim (n_1-1, n_2-1) \quad (7\text{-}18)$$

对于给定的显著性水平 α，查 F 分布表确定临界值 $F_{1-\alpha/2}(n_1-1, n_2-1)$ 和 $F_{\alpha/2}(n_1-1, n_2-1)$，有

$$P\left\{F_{1-\alpha/2}(n_1-1, n_2-1) \leqslant \frac{S_1^2/\sigma_1^2}{S_2^2/\sigma_2^2} \leqslant F_{\alpha/2}(n_1-1, n_2-1)\right\} = 1-\alpha \quad (7\text{-}19)$$

在置信水平为 $1-\alpha$ 的情况下，正态总体方差比 σ_1^2/σ_2^2 的置信区间为

$$\left[\frac{S_1^2/S_2^2}{F_{\alpha/2}(n_1-1, n_2-1)}, \frac{S_1^2/S_2^2}{F_{1-\alpha/2}(n_1-1, n_2-1)}\right]$$

【例 7-13】

某灯泡厂采用两种工艺生产灯泡，随机对两种工艺生产的灯泡各抽检 200 个，这两种工艺生产的灯泡的使用寿命均值分别为 1 100 小时、1 050 小时，标准差分别为 65 小时、55 小时，假设两种工艺生产的灯泡的使用寿命服从正态分布，置信水平为 95%，试求 σ_1^2/σ_2^2 的置信区间。

已知 $S_1^2 = 65^2 = 4\,225$，$S_2^2 = 55^2 = 3\,025$，$n_1 = n_2 = 200$

$1-\alpha = 0.95$ 时，$F_{0.025}(199,199) = 1.321\,4$，$F_{0.975}(199,199) = 1/F_{0.025}(199,199) = 1/1.321\,4 = 0.756\,8$

因此，σ_1^2/σ_2^2 的置信区间为 $\left[\dfrac{4\,225/3\,025}{1.321\,4}, \dfrac{4\,225/3\,025}{0.756\,8}\right]$

在 90% 的置信水平下，两种工艺生产的灯泡的使用寿命的方差之比 σ_1^2/σ_2^2 置信区间为 $[1.057\,0, 1.845\,5]$。

7.6 确定样本量

样本量增加，能够提高样本的代表性，减小抽样平均误差，但抽样调查的成本会增加，影响调查资料的时效性。相反，如果为了降低抽样调查的成本而盲目减少样本量，则会使抽样误

差增加，降低抽样调查的可靠性。因此，确定抽样数目要既满足抽样估计的精确度，又尽可能减少抽样调查的费用。在满足抽样误差要求的前提下，使抽样数目尽可能少；或者在限定的抽样费用下，使抽样数目尽可能多。

必要抽样数目是根据规定的允许误差范围确定样本量，是为了使抽样误差不超过给定的允许范围至少应该抽取的样本量。必要抽样数目可以根据抽样极限误差和抽样数目的关系来确定。以总体均值为例，对于重复抽样，抽样极限误差为 $\Delta_{\bar{x}} = Z_{\alpha/2}\dfrac{\sigma}{\sqrt{n}}$，因此，在一定概率保证程度下规定允许误差为 $\Delta_{\bar{x}}$，则可以由上面的公式计算必要抽样数目为

$$n = \frac{Z_{\alpha/2}^2 \sigma^2}{\Delta_{\bar{x}}^2} \tag{7-20}$$

如果采用不重复抽样，根据抽样极限误差公式，则必要抽样数目为

$$n = \frac{N Z_{\alpha/2}^2 \sigma^2}{N\Delta_{\bar{x}}^2 + Z_{\alpha/2}^2 \sigma^2} \tag{7-21}$$

若为了推断总体成数，给定成数的允许误差，确定必要抽样数目只需要将上述公式中的 $\Delta_{\bar{x}}$ 换成成数的抽样极限误差 Δ_p、σ^2 换为成数的总体方差 $P(1-P)$ 即可。

根据必要的抽样数目计算方法，必要抽样数目受到以下因素的影响。

（1）总体方差或标准差。在其他条件不变时，总体方差越小，总体单位的差异程度越小，必要的抽样数目相对较少。通常在抽样之前并不知道总体方差，此时可以用以前同类调查或同类地区的资料代替。应注意的是，如果有多个方差数值可供选择，应该选取其中方差最大的数值。特别地，如果没有总体比率 P 的参考资料，可以选择使方差最大的比率 0.5 来估计。

（2）允许误差。在其他条件不变时，允许误差越大，必要的抽样数目就越小。反之，允许误差越小，必要的抽样数目就越大。这是由于允许误差增大，意味着推断估计的准确性降低，因此可以少抽些样本；反之如果要提高抽样估计的准确性，则需要多抽样本。

（3）概率保证程度。在其他条件不变的情况下，提高概率保证程度，意味着抽样估计的把握性提高，因此要增加样本容量。

（4）抽样方法。在相同条件下，重复抽样比不重复抽样会多抽一些样本单位。这是由于在其他条件不变时，重复抽样的抽样极限误差比不重复抽样的抽样极限误差大。如果总体单位数充分大时，可以按照重复抽样计算必要的抽样数目。

（5）抽样组织方式。由于不同的抽样组织方式有不同的抽样误差，因此抽样组织方式对必要的抽样数目也有影响。

如果需要推导的统计指标不是只有一个，通常选择其中最重要的统计指标确定必要的抽样数目。为了保证所有指标都能达到规定的误差要求，也可以分别计算各个指标的抽样误差及抽样数目，选择其中最大的抽样数目。

【例 7-14】

某工厂需要调查生产的某批集成电路的合格情况。已知该厂生产的这批电子元件共有 10 000 个，根据过去几次的合格率抽查情况，被抽查的集成电路的合格率为 97.5%、93.2%、89.7% 和 85%，要求在合格率的允许误差不超过 2% 的条件下，在 95% 的概率保证程度下应该抽查多少个集成电路？

已知 $N = 10\,000$，$\Delta_p = 2\%$，$1-\alpha = 0.95$，$Z_{\alpha/2} = 1.96$

本例中应选 $P = 85\%$ 来计算。

重复抽样时：

$$n = \frac{Z_{\alpha/2}^2 P(1-P)}{(\Delta_p)^2} = \frac{1.96^2 \times 0.85 \times 0.15}{0.02^2} \approx 1\,225(个)$$

不重复抽样时：

$$n = \frac{Z_{\alpha/2}^2 P(1-P)N}{(\Delta_p)^2 N + Z_{\alpha/2}^2 P(1-P)} = \frac{1.96^2 \times 0.85 \times 0.15 \times 10\,000}{0.02^2 \times 10\,000 + 1.96^2 \times 0.85 \times 0.15} \approx 1\,091(个)$$

因此，在重复抽样时至少抽取 1 225 个集成电路，不重复抽样时至少抽取 1 091 个集成电路。

在确定必要抽样数目时应该注意的是，当总体单位数很大时，采用不重复抽样和采用重复抽样的必要抽样数目差异较小。如果总体方差事先未知，则可采用历史方差替代，有几个方差可以选用时，宜选择方差的最大数值。对于成数方差，如果没有资料，可取成数方差的最大值 0.25。当然，在实际调查时，也可根据调查需要对必要抽样数目进行调整。

7.7 其他抽样组织方式的抽样误差

7.7.1 分层抽样的抽样误差

分层抽样是先将总体按一定标志划分为若干个层（组），然后在各层内分别独立地进行抽样。分层抽样包括等比例分层抽样和不等比例分层抽样两种。等比例分层抽样是指在每层都按照同样的比例抽取样本。记 n_i 为各层的抽样数，N_i 为各层的总体单位数，对于等比例分层抽样，$\frac{n}{N} = \frac{n_1}{N_1} = \cdots = \frac{n_k}{N_k} = $ 常数，每层抽样数 $n_i = n \times \frac{N_i}{N}$。等比例分层抽样又可以分为等比例重复抽样和等比例不重复抽样。

分层抽样的实质是在各层内做抽样调查。因此，分层抽样的误差只与各层内的差异有关。

等比例重复抽样的抽样平均误差为

$$\sigma_{\bar{x}} = \sqrt{\frac{\overline{\sigma^2}}{n}} \tag{7-22}$$

等比例不重复抽样的抽样平均误差为

$$\sigma_{\bar{x}} = \sqrt{\frac{\overline{\sigma^2}}{n}\left(1 - \frac{n}{N}\right)} \tag{7-23}$$

其中，$\overline{\sigma^2}$ 是层内方差的平均数。

$$\overline{\sigma^2} = \frac{\sum \sigma_i^2 N_i}{\sum N_i} \text{ 或 } \overline{\sigma^2} = \frac{\sum \sigma_i^2 n_i}{\sum n_i}$$

组内方差平均数小于总方差，这意味着分层抽样的抽样误差小于简单随机抽样的抽样误差。在分层抽样时，应尽量增加层间差异，缩小层内差异，从而减小分层抽样的抽样误差，提高抽样效率。

【例 7-15】

某集团对员工的收入情况进行调查，分别在高级职称和非高级职称的员工中等比例抽取

90 人和 240 人,调查所获得的数据如表 7-3 所示。试求置信水平为 95.45% 时,该集团员工人均月收入的置信区间。

表 7-3 某集团员工收入情况

项目	调查人数/人	月收入/元	标准差/元
高级职称员工	90	10 000	500
非高级职称员工	240	7 000	300

根据资料,本例是大样本等比例分层抽样估计问题,$1-\alpha = 0.9545$,$Z_{\alpha/2} = 2$。

$$\overline{X} = \frac{10\,000 \times 90 + 7\,000 \times 240}{90 + 240} \approx 7\,818.18(元)$$

$$\overline{\sigma^2} = \frac{500^2 \times 90 + 300^2 \times 240}{90 + 240} \approx 133\,636.36$$

$$\sigma_{\overline{X}} = \sqrt{\frac{\overline{\sigma^2}}{n}} = \sqrt{\frac{133\,636.36}{330}} \approx 20.12(元)$$

因此,置信水平为 95.45% 时该集团员工的人均月收入区间为 $[7\,818.18 - 2 \times 20.12, 7\,818.18 + 2 \times 20.12]$,即 $[7\,777.94, 7\,858.42]$ 元。

7.7.2 等距抽样的抽样误差

等距抽样是事先按照某标志对总体单位进行排队,在排队后的总体中按照一定间隔抽取样本。根据排队标志是否与调查内容有关,等距抽样可以分为有关标志排队等距抽样和无关标志排队等距抽样两类。

有关标志排队等距抽样是指选取与调查内容有关的标志对总体单位进行排序,然后按照相等距离抽取样本。例如,农产品产量调查将全部播种面积按当年预计产量或近三年平均产量排序。由于排队标志是与抽样调查有关的标志,因此,如果在第一个抽样距离内随机抽取一个标志值较小(或较大)的单位作为抽样起点,将使样本出现系统性偏小(或偏大)的偏差。为避免这种情况,可以采用半距起点等距抽样与对称等距抽样来确定抽样起点。

半距起点等距抽样是以第一个抽样距离的一半作为抽样起点 ($r = k/2$),每间隔 k 个单位各抽取一个单位。这样抽取出来的样本单位处于每个抽样距离的中点。由于总体单位标志值大致是顺序排列,因而这样得到的样本能较好地代表所在组的一般水平。这种方法的抽样起点一旦确定,样本单位也随之确定,限制了抽样的随机性。为克服这一不足,在实践中对这一方法进行改进,产生了对称等距抽样。

对称等距抽样是指在第一个抽样距离内随机确定抽样起点 ($1 \leq r \leq k$),以组界 $[k, 2k, \cdots, (n-1)k]$ 为对称点两两对称地抽取样本单位。

有关标志排队等距抽样相当于将总体分为同等大小的 n 个层,每层只抽取一个调查单位的分层抽样,所以有关标志排队等距抽样的抽样效果类似于分层抽样,其抽样误差一般按照分层抽样的误差公式近似计算。

无关标志排队等距抽样是按照与调查内容没有直接关系的标志排序,抽样的起点并不会对调查结果有系统性的影响。因此,抽样起点可以随机地确定,第一个抽样起点仍然为 ($1 \leq r \leq k$)。

实际上，无关标志排队等距抽样的效果与简单随机抽样比较接近，其抽样误差通常按照简单随机抽样的抽样误差公式近似计算。

7.7.3 整群抽样的抽样误差

整群抽样是将总体单位划分为若干群，从中随机地抽取部分群体并对抽中群体的全部单位进行调查的一种抽样组织方式。整群抽样的实质是在群间进行抽样调查，在群内进行全面调查，因此样本的代表性取决于抽中群体对全部群体的代表性。整群抽样的抽样误差取决于群间差异的大小，群间差异越大，样本代表性越差；群间差异越小，样本代表性越好。

设总体共有 R 个群，每个群中包括 M 个样本单位，从群中抽取 r 群构成样本。X_{ij} 表示第 i 群的第 j 个样本单位。每群的均值 $\overline{X}_i = \sum_{j=1}^{M} X_{ij}/M$，总体均值的估计量为 $\hat{\mu} = \overline{X} = \sum_{i=1}^{r} \overline{X}_i/r$。$\delta_{\overline{X}}^2$ 是总体群平均数的群间方差，并且 $\hat{\delta}_{\overline{X}}^2 = \dfrac{\sum_{i=1}^{r}(\overline{X}_i - \overline{X})^2}{r-1}$。总体均值估计量的抽样平均误差为

$$\sigma_{\overline{X}} = \sqrt{\dfrac{\delta_{\overline{X}}^2}{r}\left(\dfrac{R-r}{R-1}\right)} \tag{7-24}$$

比较简单随机抽样与整群抽样的抽样误差计算公式，可以看出前者取决于总体方差 σ^2 和样本单位数 n，而后者取决于群间方差 $\delta_{\overline{X}}^2$ 和样本群数 r。所以整群抽样在划分群体时，应使群体间差异尽可能小。当群体大小相等或者接近时，样本平均数等于各样本群体平均数的简单算术平均，样本群体的抽取和估计值的计算都比较简单。当各群体大小差异较大时，宜采用与群体规模成比例的不等概率的抽样方法（参见有关抽样调查的专著）。因此，为简单起见，划分群体时应尽量使各个群体的总体单位数相等或接近。

【例 7-16】

某机构为了解大学生人均月生活费支出情况，以小组为群进行整群抽样，每个小组有 10 名大学生，从 150 个小组中随机抽取了 10 个小组，大学生人均月生活费支出情况如表 7-4 所示，试计算以 95.45% 的概率估计大学生人均月生活费支出的置信区间。

表 7-4　10 组大学生人均月生活费支出情况表

小组编号	12	14	35	41	89	100	107	112	137	138
人均月生活费支出/元	1 205	1 340	1 450	980	1 260	1 590	1 250	1 300	1 340	1 270

由题意可知，$N = 1\,500$，$R = 150$，$M = 10$，$r = 10$

样本均值 $\overline{X} = \sum_{i=1}^{10} \overline{X}_i/r = 1\,298.5$（元）

群间方差 $\hat{\delta}_{\overline{X}}^2 = \dfrac{(1\,205 - 1\,298.5)^2 + (1\,340 - 1\,298.5)^2 + \cdots + (1\,270 - 1\,298.5)^2}{10 - 1} \approx 25\,133.61$

抽样平均误差 $\sigma_{\overline{X}} = \sqrt{\dfrac{25\,133.61}{10}\left(\dfrac{150 - 10}{150 - 1}\right)} \approx 48.60$（元）

由于样本容量 $n = 100$，属于大样本，根据抽样分布定理，样本均值服从正态分布，置信区间为

$[\overline{X} - z_{\alpha/2}\sigma_{\overline{X}},\ \overline{X} + z_{\alpha/2}\sigma_{\overline{X}}]$。$1 - \alpha = 95.45\%$，$z_{\alpha/2} = 2$。因此 95.45% 置信水平下大学生人均月生活费支出的置信区间为 $[1\ 298.5 - 2 \times 48.60,\ 1\ 298.5 + 2 \times 48.60]$ 元，即 $[1\ 201.31,\ 1\ 395.69]$ 元。

*7.7.4 多阶段抽样

多阶段抽样是从大到小、层层深入的一种抽样方法，是实际工作中运用较多的抽样方法。具体而言，首先通过第一阶段的抽样，从总体中抽出一定的样本点构成第一阶段抽样单位，再通过第二阶段抽样，从一阶段抽样单位中抽取一定样本单位构成第二阶段抽样单位。依次类推，直到抽出最终样本单位。例如，在城市居民日常消费调查中，第一阶段的抽样可以在全国范围内抽取一部分城市，第二阶段在抽中的城市选取若干社区，第三阶段对抽中的社区再抽取若干居民户作为样本。欲调查某集团当月各子公司经营情况，第一阶段可以在集团范围内抽取几家子公司，第二阶段可以抽取部分天数进行调查。

多阶段抽样是多种抽样方法的综合应用，可以根据每阶段抽样的不同情况，灵活选用抽样方法。比如，第一阶段抽样时可以利用分层抽样的方法从总体中抽取第一级抽样单位，后边阶段可以采用整群抽样等方式。当总体单位数量很多并且分布分散的时候，编制抽样框十分困难，多阶段抽样更便于大规模、大范围的抽样调查的组织与实施。目前，我国城市和农村住户调查、人口抽样调查等都采用多阶段抽样。但是，随着抽样阶段的增加，抽样误差会相应增大。

以两阶段抽样为例，假定总体由 N 个初级单位组成，每个初级单位都含有 M 个次级单位。从 N 个初级单位中按简单随机抽样抽取 n 个初级单位，在每个被抽中的初级单位中按简单随机抽样抽取 m 个次级单位。抽样平均误差为

$$\sigma_{\overline{X}} = \sqrt{\frac{1 - f_1}{n}S_1^2 + \frac{f_1(1 - f_2)}{mn}S_2^2} \tag{7-25}$$

式中，$f_1 = n/N$ 是第一阶段的抽样比例，$f_2 = m/M$ 是第二阶段的抽样比例，$S_1^2 = \frac{1}{n-1}\sum_{i=1}^{n}(\overline{X}_i - \overline{X})^2$，$S_2^2 = \frac{1}{n(m-1)}\sum_{i=1}^{n}\sum_{j=1}^{m}(X_{ij} - \overline{X}_i)^2$ 分别是第一、第二阶段的样本单位的方差。

【例 7-17】

某校有 40 个班级，每个班级有 50 名学生，在调查学生每月购买课外读物的支出时，调查人员随机抽取了 5 个班级中的 10 名学生进行调查，调查的结果如表 7-5 所示。

表 7-5　某校抽中班级学生购买课外读物的支出情况　　　单位：元

班级	学生									
	1	2	3	4	5	6	7	8	9	10
1	90.5	203.6	373.8	242.2	326	165.8	228.2	432	263.8	123.6
2	130.5	151.4	200.5	300.4	50.0	90.6	100.6	162.4	132.4	200.5
3	400.0	100.5	349.7	203.6	373.8	123.3	326.0	200.4	100.7	90.5
4	230.5	123.4	134.5	109.5	80.5	300.8	174.3	128.5	150.5	234.5
5	170.8	172.3	162.5	149.8	212.7	132.6	330.5	160.5	153.2	178.9

根据以上资料，计算该校学生购买课外读物的平均支出的抽样平均误差。

由题意可知，$n=5$，$m=10$，$f_1=5/40=0.125$，$f_2=10/50=0.2$，$\overline{X}\approx 194.56$，$\overline{X}_1=244.95$，$\overline{X}_2=151.93$，$\overline{X}_3=226.85$，$\overline{X}_4=166.71$，$\overline{X}_5=182.38$

第一阶段抽样单位的方差为

$$S_1^2=\sum\frac{(\overline{X}_i-\overline{X})^2}{n-1}=\frac{(244.95-194.56)^2+\cdots+(182.38-194.56)^2}{4}\approx 1\,580.77$$

第二阶段抽样单位的方差为

$$S_2^2=\sum\sum\frac{(X_{ij}-\overline{X}_i)^2}{n(m-1)}$$
$$=\frac{(90.5-244.95)^2+(203.6-244.95)^2+\cdots+(178.9-182.38)^2}{45}\approx 7\,982.10$$

因此，所求的抽样平均误差为

$$\sigma_{\overline{X}}=\sqrt{(1-0.125)/5\times 1580.77+0.125\times(1-0.2)/(5\times 10)\times 7\,982.10}\approx 17.11(元)$$

■ 本章小结

本章的主要内容包括三个方面：抽样估计的基本概念、抽样误差的计算以及参数估计。参数估计是统计推断的主要内容之一。本章的学习也是正确理解和应用其他统计推断方法的基础。本章的知识要点主要有以下几个。

1. 点估计和区间估计是常用的两种参数估计方法。矩估计是常用的点估计法。点估计的优良性标准主要包括无偏性、有效性和一致性。

2. 区间估计是在一定概率把握程度下，构造待估参数可能的区间范围作为未知参数的估计。与点估计相比，区间估计得到的是参数可能的区间，并且可以说明估计的把握程度与精确程度。

3. 区间估计常用的分布有正态分布、t分布、χ^2分布和F分布等。区间估计的关键在于正确构造样本估计量并找出其分布。特别要注意的是，同一统计量在大样本和小样本条件下可能有不同的分布。

4. 抽样平均误差是总体未知参数估计量的标准差，在给定置信水平条件下，可以通过抽样平均误差求出抽样极限误差。必要抽样数目是为使抽样极限误差不超过给定允许范围至少应该抽取的样本单位数，可以根据抽样极限误差和抽样数目的关系来确定。

5. 简单随机抽样、分层抽样、等距抽样、整群抽样和多阶段抽样是常见的几种随机抽样组织方式。不同抽样组织方式的抽样误差计算方法并不一样。科学设计抽样框，合理选择抽样组织方式是减少抽样误差的重要途径。

■ 思考与练习题

1. 何谓点估计与区间估计？它们各有哪些优缺点？

2. 矩估计的理论依据是什么？如果$\hat{\theta}$是总体未知参数θ的矩估计量，那么$h(\hat{\theta})$一定

是 $h(\theta)$ 的矩估计量吗？试举例说明。
3. 某年级有学生 300 人，为了解数学模拟考试的分数情况，随机抽取了 80 人进行调查。调查结果显示，平均成绩为 120 分，标准差为 7 分。试以 95.45% 的置信水平估计该年级数学考试的置信区间。
4. 某企业有职工 2 000 人，现从中随机抽出 100 人调查其每月交通费情况，如下表所示。

月交通费/元	50~100	100~150	150~200	200~250
职工人数/人	15	43	30	12

试以 95% 的置信水平估计：(1) 该企业职工月交通费平均水平；(2) 月交通费在 200 元以上的职工所占比重。

5. 有一个 64 名学生的班级，欲调查该班级今年管理学期中考试的平均成绩，假定考试成绩近似服从正态分布。从该班级中随机抽取了 16 名同学，这些同学管理学期中考试的平均成绩是 85 分，标准差为 12 分。
(1) 请在 95% 的置信水平下估计该班管理学平均成绩的区间。
(2) 试求该班管理学成绩方差的置信区间（置信水平为 90%）。

6. 某电器公司想了解顾客对新款扫地机器人是否满意，在全部订单中随机抽取了 300 人进行回访调查，结果表明有 85% 的顾客表示满意。要求以 95% 的概率保证程度，估计顾客对新款扫地机器人的满意度。

7. 为了解农村居民年收入情况，先从全市 100 个乡镇中不重复地随机抽取了 10 个乡镇，每个乡镇平均有 3 000 户农户。从这 10 个乡镇中的每个乡镇分别抽取 500 户农户进行调查。根据样本资料计算得到户均年收入为 21 000 元，乡镇之间的方差为 800 元，乡镇内平均方差为 300 元。要求对全市农村居民户均年收入进行统计推断的把握程度有 95.45%，试问推断的极限误差是多少？

8. 某工厂为调查两个车间生产零件的质量差异，从这两个车间各随机抽选了 15 个零件，两个样本的尺寸均值分别为 12 厘米和 16 厘米。根据经验已知两个车间生产的零件标准差分别为 3 厘米和 1 厘米，同时两个总体均服从正态分布，试求这两个车间生产零件尺寸差异的置信区间（置信水平为 90%）。

第 8 章

假设检验与方差分析

■ 引例

2019 年末暴发并在全球肆虐的新冠疫情，是人类共同面临的一个严峻挑战。很多资料显示，新冠病毒很"狡猾"，传染性强，潜伏期长，使疫情防控非常困难。面对突如其来的疫情，我们举国上下齐心协力，医学家和医务工作者们不断摸索、艰苦奋战，终于取得了令全世界赞叹的重大决定性胜利，也为全球抗疫积累了很多防控诊治的科学经验。

在疫情防控中，及时高效的病毒检测十分重要。核酸检测是新冠病毒检测的主要方法。但需注意，国家卫健委印发的《新型冠状病毒防控方案（第五版）》在实验室检测技术指南中明确指出，核酸检测结果阴性不能排除新冠病毒感染，需要排除可能产生假阴性的因素。因此专家建议，对新冠的诊断要结合其他方法如抗体检测和 CT 诊断等。根据防控要求，对感染新冠的患者的密切接触者进行核酸检测，须至少两次检测结果阴性才能解除隔离观察，患者治愈出院前也至少要两次检测结果呈阴性并结合其他诊治结果，才准予出院。事实上，各种医学检测中经常提到关于检测结果存在"假阴"或"假阳"的可能。从统计理论来看，这是为什么呢？根据样本得出的结论可能存在哪些错误呢？为什么要将多种检测方法结合？为什么需要进行多次检测？

就长期而言，疫苗无疑是战胜新冠疫情的关键手段。疫苗成功上市前一般需要经历三期临床试验。一、二期临床试验主要是评价药品安全性和有效性，三期临床试验是药品上市前最重要的阶段，会采用更大的样本量，更长的观察时间，进一步验证药品的作用和安全性，评价利益与风险关系。严格的试验主要是采用随机对照试验（randomized controlled trial），即将研究对象按随机化的方法分为试验组与对照组，试验组给予所要测试的药品，对照组给予安慰剂，最后观察两组结果的差别是否具有统计意义。为什么必须要经过大样本的临床试验呢？为什么要采用随机对照试验呢？试验组与对照组的差异要多大才具有统计意义呢？

要回答以上问题，就需要运用统计推断中的假设检验和方差分析。

现实中，人们经常需要利用样本信息来判断有关总体特征的某个命题是真还是伪。例如，在生物医学领域，判断某种新药是否比旧药更有效；在工业生产中，根据某批零件抽样检查的信息来判断整批零件的质量是否符合要求；在流通领域，测试不同营销方式的效果有无显著差异；等等。这些分析研究都离不开假设检验或方差分析。假设检验与方差分析的具体方法很多，研究目的和背景条件不同，就需采用不同的方法。本书主要介绍假设检验与方差分析的基本原理和一些基本方法。通过本章的学习，理解了有关概念和基本思想，对更为复杂的检验结果也不难做出基本的判断和解读。

8.1 假设检验的一般问题

8.1.1 假设检验的基本思想

【例 8-1】

某企业生产一种零件，过去的大量资料表明，零件长度服从正态分布，平均长度为 4 厘米，标准差为 0.15 厘米。现从改革工艺后生产的零件中随机抽查 100 个零件，测得平均长度为 3.95 厘米。问：工艺改革前后零件的长度是否发生了显著的变化呢？

这是关于工艺改革后零件的总体平均长度是否等于 4 厘米的假设检验问题。样本平均长度 $\bar{X}$ 与 4 厘米之差异不外乎有两种可能原因：一是改革后的总体平均长度不变，但由于抽样的随机性使样本均值与总体均值之间存在抽样误差；二是改革后的总体平均长度确实发生了变化，使来自这一总体的样本均值也不等于 4 厘米。在一定置信水平下，抽样误差范围是可估计的，若 $|\bar{X}-4|$ 超过了抽样误差范围，就应该认为总体均值确实发生了变化。

根据样本均值 $\bar{X}$ 的抽样分布定理，若总体均值等于 4 厘米（$\mu=4$）的假设成立，则应有 $\bar{X} \sim N(4, \sigma^2/n)$，即 $Z = \dfrac{\bar{X}-4}{\sigma/\sqrt{n}} \sim N(0,1)$。此时，由于随机抽样误差的存在，样本均值 $\bar{X}$ 在 4 厘米附近波动是很正常的。在 $(1-\alpha)$ 的置信水平下，应有 $|\bar{X}-4| < Z_{\alpha/2}\dfrac{\sigma}{\sqrt{n}}$，即 $|Z| = \dfrac{|\bar{X}-4|}{\sigma/\sqrt{n}} < Z_{\alpha/2}$。相应地，"$|Z| \geqslant Z_{\alpha/2}$" 的概率为 α。若 α 很小，"$|Z| \geqslant Z_{\alpha/2}$" 就是小概率事件。如果一次随机抽样就发生了这种小概率事件，那就应当怀疑导致这种"不合理"现象的前提假设，即应当判定原来的假设前提"$\mu=4$"不成立。

本例中，$\bar{X}=3.95$，$\sigma=0.15$，$n=100$，当 $\alpha=0.001$ 时，$Z_{\alpha/2}=3.29$，可算得

$$Z = \frac{\bar{X}-4}{\sigma/\sqrt{n}} = \frac{3.95-4}{0.15/\sqrt{100}} = -3.333$$

$|Z|=3.333 > Z_{\alpha/2}=3.29$。这就意味着，如果"$\mu=4$"的假设成立，那么在这一次抽样中就发生了"$|Z| > Z_{\alpha/2}$"这种小概率事件，或者说，"$|Z| \geqslant 3.333$"的概率只有 0.000 858（可

利用计算机由标准正态分布函数求得），比我们事先设定的小概率（$\alpha = 0.001$）还要小。所以，应否定"$\mu = 4$"这一假设，推断工艺改革后零件的长度有了显著的变化（即$\mu \neq 4$）。

由例8-1可见，假设检验这一统计推断方法是基于小概率原理的反证法。首先，假设检验的推理过程运用的是反证法。它先承认待检验的假设是成立的，然后观察在此假设成立的前提下样本的出现是否合理，如果不合理，即样本所代表的事实与假设前提得出的结论发生了矛盾，则可推翻作为推理前提的假设。其次，它判断合理与否所依据的是小概率原理。在一次随机试验中，小概率事件只是发生的可能性很小而并非绝对不会发生，因此检验结论有可能出错。

8.1.2 假设检验的一般步骤

1. 提出假设

对每个假设检验问题，一般要同时提出两个相反的假设：一是原假设，又称零假设，它往往代表原来的状态、已往的经验或某个被怀疑的陈述，通常记为 H_0；二是备择假设，也称为对立假设，是与原假设完全相反的陈述，记为 H_1。当检验结论为拒绝原假设时，就意味着接受了备择假设。

设所要检验的总体参数为 θ，用 θ_0 代表该参数的假设值。一般来说，总体参数的假设检验有下列三种类型。

(1) 双侧（双尾）检验。$H_0: \theta = \theta_0$；$H_1: \theta \neq \theta_0$。如果对所研究问题只需判断有无显著差异或要求同时注意总体参数偏大或偏小的情况，则采用双侧检验。如例8-1中原假设和备择假设可表述为"$H_0: \mu = 4$；$H_1: \mu \neq 4$"。

(2) 左侧（左尾）检验。$H_0: \theta = \theta_0$（或 $\theta \geq \theta_0$）；$H_1: \theta < \theta_0$。在例8-1中，如果我们在乎的是零件长度是否比原来有所缩短，则可采用左侧检验，即 $H_0: \mu = 4$；$H_1: \mu < 4$。

(3) 右侧（右尾）检验。$H_0: \theta = \theta_0$（或 $\theta \leq \theta_0$）；$H_1: \theta > \theta_0$。例如，原有某种药物的有效率是80%，我们关注新药的有效率（P）是否显著提高，可提出假设：$H_0: P = 0.8$（或 $P \leq 0.8$）；$H_1: P > 0.8$。

左侧检验和右侧检验统称为单侧检验。虽然单侧检验中原假设的参数假设值可以是一个区域，但实际检验时，通常都只针对其边际值 θ_0 进行检验，若能否定 $\theta = \theta_0$，则其余假设值就更有理由被否定。所以单侧检验的原假设常常简记为"$H_0: \theta = \theta_0$"。

原假设和备择假设的建立，应根据所检验问题的具体背景而定，常常采取"不轻易拒绝原假设"的原则，即把没有充分理由就不能轻易否定的命题作为原假设，这样一旦拒绝原假设而接受备择假设时，理由是很充分的，犯错误的可能性很小。因此，通常先把想要证明的命题或想要支持的陈述作为备择假设 H_1，再将相反的命题作为原假设 H_0。实际应用中，通常可将样本信息所显示的方向作为备择假设 H_1 的方向。因为正是样本信息显示出了与假设值的差异，才对相反的命题产生了怀疑，也才有必要检验这种差异是否显著。例如，例8-1中，样本均值为3.95厘米，如果要进行单侧检验，显然我们要怀疑的是"$\mu \geq 4$"，而样本信息可能支持的是"$\mu < 4$"，因此备择假设应该是"$H_1: \mu < 4$"。

2. 构建检验统计量

检验统计量是指用于检验原假设是否成立的统计量，它是一个随机变量，其数值随样本不同而不同。对总体参数进行假设检验时，在原假设成立的前提下，检验统计量不包含未知总体参数但要包含原假设中总体参数的假设值，而且检验统计量的概率分布应该是明确的，这样才能得知原假设成立的前提下样本的出现是否属于小概率事件。检验统计量的概率分布是假设检验的理论依据。

对于总体参数的假设检验，检验统计量及其分布通常可由被检验参数的点估计量经过标准化来导出，实质上与参数估计中用于构建置信区间的变量（枢轴量）的选择是一致的，要视总体是否正态分布、总体方差是否已知以及是大样本还是小样本等条件而定。假设检验的具体方法通常以检验统计量服从的分布来命名，常用的有 Z 检验（正态检验）、t 检验、F 检验、χ^2 检验等。

如例 8-1 中，待检验参数为总体均值 μ，样本均值 $\overline{X}$ 是其无偏估计量，由于 $\overline{X} \sim N\left(\mu, \dfrac{\sigma^2}{n}\right)$，在"$H_0: \mu = 4$"成立的前提下，应有 $\overline{X} \sim N(4, \sigma^2/n)$，经标准化可得 $Z = \dfrac{\overline{X} - 4}{\sigma/\sqrt{n}} \sim N(0,1)$。这里，$Z = \dfrac{\overline{X} - 4}{\sigma/\sqrt{n}}$ 就是本例的检验统计量（其中 σ 和 n 为已知数），它服从标准正态分布，所以本例运用的是正态检验。

3. 选择显著性水平 α，确定临界值

假设检验是基于小概率原理的推断，但多小的概率才算小概率呢？这并没有统一的规定，而是由研究者根据实际问题的背景及其风险偏好来确定的。这个事先规定的小概率的标准称为检验的显著性水平，用 α 表示。最常见的情况是取 α 为 0.05，也可以取 0.005，0.01，0.10 等。

给定了显著性水平 α，就可由检验统计量的概率分布求得相应的临界值。临界值将检验统计量的取值范围划分成拒绝原假设的区域（拒绝域）与不能拒绝原假设的区域（接受域）两部分。拒绝域不仅与显著性水平的大小和检验统计量的分布有关，也与假设类型有关。双侧检验的拒绝域位于检验统计量分布曲线的两侧尾部，其临界值通常就是左右两个尾部概率 $\alpha/2$ 所对应的检验统计量的分位数。需注意，只有当检验统计量呈对称分布时，双侧检验的两个临界值才是对称的。如例 8-1 中，给定显著性水平 $\alpha = 0.001$ 时，临界值为 $\pm Z_{\alpha/2} = \pm 3.29$，拒绝域有两个：$(-\infty, -3.29)$ 和 $(3.29, +\infty)$。

左侧检验的拒绝域位于统计量分布曲线的左侧尾部，右侧检验的拒绝域位于统计量分布曲线的右侧尾部，如图 8-1 所示。

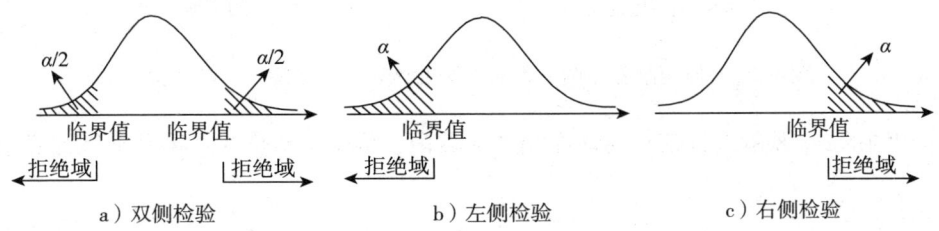

a) 双侧检验　　　b) 左侧检验　　　c) 右侧检验

图 8-1　假设检验的显著性水平 α 与拒绝域

4. 计算检验统计值及 P 值

一旦有了样本观测值，就可以计算检验统计量的观测值，也称为检验统计值。

假设检验的 P 值表示的是：在原假设成立的假定前提下，出现这样与原假设相背离的样本以及更加背离原假设的样本的概率。显然，P 值很小，就意味着在原假设成立的前提下出现这类样本的可能性很小，因此应该否定原假设。P 值越小，表示样本数据与原假设相背离的程度就越严重，拒绝原假设的理由就越充足。显著性水平 α 是研究者自己事先给定的"小概率"的标准，而 P 值则是根据样本数据计算的概率值，故 P 值又称为观测的显著性水平。

P 值的大小与检验统计量的分布、检验统计值、检验类型等因素都有关。计算 P 值时的方向随备择假设的方向而定。例如，应用 Z 检验时，若由样本数据计算出检验统计量 Z 的值为 z，则根据标准正态分布可计算相应的 P 值：左侧检验中 P 值 $= P(Z \leq z)$；右侧检验中 P 值 $= P(Z \geq z)$；双侧检验中 P 值 = 单侧检验 P 值（指左尾概率与右尾概率中较小者）的两倍。

如例 8-1 中，检验统计量 Z 的观测值 $z = -3.333$，P 值 $= P(Z \leq -3.333) \times 2$，借助于计算机可得，$P(Z \leq -3.333) = 0.000\,429$，故 P 值为 $0.000\,858$。

5. 做出检验结论

假设检验的问题可依据临界值和 P 值来判断。依据临界值来判断，就是将检验统计值与给定显著性水平 α 所对应临界值相比较来决策。当检验统计值落在拒绝域内，就应拒绝原假设；反之则不能拒绝原假设。以 Z 检验为例[⊖]，其具体规则是：

双侧检验时，临界值为 $-Z_{\alpha/2}$ 和 $+Z_{\alpha/2}$，当 $|Z| \geq Z_{\alpha/2}$ 时，拒绝原假设；

左侧检验时，临界值为 $-Z_{\alpha}$，当 $Z \leq -Z_{\alpha}$ 时，拒绝原假设；

右侧检验时，临界值为 $+Z_{\alpha}$，当 $Z \geq +Z_{\alpha}$ 时，拒绝原假设。

依据 P 值来判断，就是将 P 值与给定的显著性水平 α 相比较来决策。无论哪种类型的检验，若 P 值 $\leq \alpha$，则拒绝原假设；若 P 值 $> \alpha$，则不能拒绝原假设。

以上两种判断方法得到的检验结论是一致的。如例 8-1 中，$Z = -3.333$，$|Z| \geq Z_{\alpha/2} = 3.29$，应拒绝原假设。P 值 $= 0.000\,858 < \alpha = 0.001$，同样应拒绝原假设。

实质上，"检验统计量落入拒绝域"就等价于"P 值 $\leq \alpha$"；反之，"检验统计量落入不能拒绝区域"等价于"P 值 $> \alpha$"。二者之间的关系如图 8-2 所示。

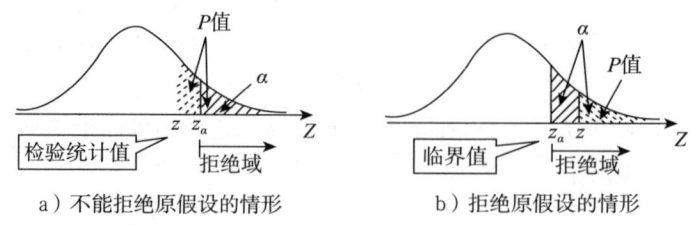

a) 不能拒绝原假设的情形　　b) 拒绝原假设的情形

图 8-2　P 值与临界值两种判断方法的比较（Z 检验，右侧检验）

对于相同的 α，检验统计值只要落在相同区域内，依据临界值来判断得到的结论就相同，

⊖ t 检验、F 检验、χ^2 检验的规则同理。

但事实上不同观测值所得结论在可靠性上还是有差别的，而 P 值就能够清楚地表明这种差别。在图 8-2b 中，若观测值 z 落在更偏远的位置，那么检验的 P 值就更小，拒绝原假设显然就有更高的可靠性。此外，利用 P 值进行假设检验时，不必事先指定 α，不同决策者可以灵活地利用 P 值来做出自己的决策。所以，P 值是很重要的信息。统计分析软件在涉及假设检验时输出结果一般都包含了 P 值。

8.1.3 假设检验中的两类错误

我们希望当原假设 H_0 不真时，拒绝它；而当原假设 H_0 为真时，不拒绝它。但假设检验是以样本信息为依据、基于小概率原理、按一定概率标准进行判断的，所以检验结论不一定正确。拒绝原假设时，原假设未必是假的；不拒绝原假设，也不意味着原假设必定就是真的。假设检验中可能犯的错误分为两种类型。

如果原假设事实上为真，但由于样本统计量落在了拒绝域，从而做出了拒绝原假设的结论，这类错误称为第一类错误，也称"弃真"或"拒真"错误。犯第一类错误的概率通常用 α 表示，也就是前面所说的显著性水平。实质上，显著性水平就是事先设定的犯第一类错误的概率的最大允许值。

若原假设事实上不真，但由于样本统计量落在了不能拒绝区域，从而做出不拒绝原假设的结论，这类错误则称为第二类错误，又称"取伪"或"采伪"错误。犯第二类错误的概率通常记为 β。

假设检验中的决策与两类错误的关系如表 8-1 所示。

表 8-1 假设检验中的决策与两类错误

决策	实际情况	
	H_0 为真	H_0 不真
拒绝 H_0	第一类错误（概率为 α）	正确决策
未拒绝 H_0	正确决策	第二类错误（概率为 β）

进行假设检验时我们总希望犯两类错误的可能性都尽可能小。然而，在其他条件不变的情况下，α 和 β 是此消彼长的关系，两者不可能同时减小。若要同时减小 α 和 β，只能增大样本量 n，如图 8-3 所示。

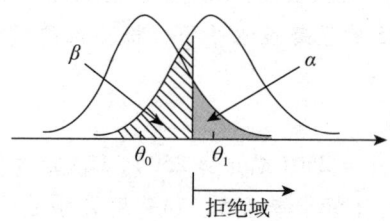

图 8-3 假设检验的两类错误及其概率（右侧检验）

β 的大小与未知的参数真值有关。β 等于备择假设 H_1 为真时检验统计量落在原假设拒绝域之外的概率。如果 H_1 中参数的值是一个点，则可计算出 β 的值，如图 8-3 所示（当 $H_1: \theta = \theta_1$

时）。通常 H_1 中的参数取值是一个区域，所以一般无法计算出 β 的确切数值，只能计算出 β 随假设的参数值变化而变化的曲线。

假设检验一般总是事先控制 α。确定 α 时须注意：如果犯第一类错误的代价较大，α 应小；反之，如果犯第二类错误的代价较大，则 α 宜取大一些。

二维码 8-1
第二类错误的概率 β 的含义与图示及计算

8.2 单个总体参数的假设检验

单个总体参数的假设检验主要包括对均值、方差（或标准差）及成数等总体参数的假设检验。

8.2.1 单个总体均值的检验

用 μ 表示待检验的总体均值，μ_0 表示总体均值的假设值。对总体均值进行假设检验时，首先要建立下列三种类型之一的假设。

$H_0: \mu = \mu_0,$ 　　　　　　$H_1: \mu \neq \mu_0;$
$H_0: \mu = \mu_0$（或 $\mu \geq \mu_0$），　　$H_1: \mu < \mu_0;$
$H_0: \mu = \mu_0$（或 $\mu \leq \mu_0$），　　$H_1: \mu > \mu_0$。

1. 正态总体且方差已知时，对总体均值的检验

根据抽样分布定理 6-1[○]，对于正态总体且总体方差 σ^2 已知时，对总体均值的检验采用 Z 检验。若原假设 $H_0: \mu = \mu_0$ 成立，则检验统计量及其分布为

$$Z = \frac{\overline{X} - \mu_0}{\sigma / \sqrt{n}} \sim N(0,1) \tag{8-1}$$

例 8-1 就是运用式（8-1）对总体均值进行双侧检验的一个具体例子。下面再看一个左侧检验的例子。至于右侧检验，只是拒绝域的方向和计算 P 值的方向不同罢了，不再赘述。

【例 8-2】

过去大量资料表明，某酒厂生产的一种瓶装酒的容量服从方差为 5 毫升的正态分布，企业标示的产品平均容量为 250 毫升。监督机构从市场上随机抽取了该产品 12 瓶进行检测，测得平均容量为 246 毫升。试在 0.05 的显著性水平下，检验该酒厂生产的这种瓶装酒是否存在容量不足的问题。

根据题意，应建立如下假设。

$$H_0: \mu = 250（或 \mu \geq 250），H_1: \mu < 250$$

已知总体服从正态分布且总体标准差为 5，可采用 Z 检验。根据式（8-1）可知，检验统计量为

[○] 对于非正态总体或总体方差未知（用样本方差 S^2 代替）时，大样本（$n \geq 30$）情形下对总体均值的检验也可近似采用 Z 检验。

$$Z = \frac{\overline{X} - \mu_0}{\sigma/\sqrt{n}} = \frac{246 - 250}{5/\sqrt{12}} = -2.771$$

$\alpha = 0.05$，查标准正态分布概率表可得临界值$-Z_\alpha = -Z_{0.05} = -1.645$，由于$Z = -2.771 < -1.645$，所以应拒绝$H_0$而接受$H_1$，即根据样本信息可认为这种瓶装酒存在容量不足的问题。P值$= P(Z \leqslant -2.771) = 0.0028$，由于$P$值$< \alpha = 0.05$，所以检验结论与上述结论相同。

Z检验中P值的计算可借助于Excel中的函数"NORMSDIST"来实现。若检验统计值为z，左侧检验时，直接输入"=NORMSDIST(z)"即可得到相应的P值，如本例中输入"=NORMSDIST(-2.771)"即可得到所求P值为0.0028。右侧检验的P值则要用"=1-NORMSDIST(z)"来求得。

2. 正态总体但方差未知时，对总体均值的检验

当总体方差σ^2未知时，需要用样本方差S^2代替总体方差σ^2，对总体均值的检验采用t检验。根据抽样分布定理6-2，在原假设成立的前提下，检验统计量及其分布为

$$t = \frac{\overline{X} - \mu_0}{S/\sqrt{n}} \sim t(n-1) \qquad (8-2)$$

左侧检验时，拒绝域为$(-\infty, -t_\alpha(n-1))$，$P$值$= P\{t(n-1) \leqslant t\}$；右侧检验时，拒绝域为$(t_\alpha(n-1), +\infty)$，$P$值$= P\{t(n-1) \geqslant t\}$；双侧检验时，拒绝域为$(-\infty, -t_{\alpha/2}(n-1))$和$(t_{\alpha/2}(n-1), +\infty)$，$P$值$=$相应的单尾检验$P$值的两倍。

【例8-3】

某企业生产的一种袋装食品，按规定要求平均每袋重量为800克。现从一批产品中随机抽取10袋，测得每袋重量（单位：克）分别为789、780、794、762、802、813、770、785、810、806。假设重量服从正态分布，要求在5%的显著性水平下，检验这批产品的重量是否符合要求？

这是小样本情况下对正态总体均值的双侧检验问题。

$$H_0: \mu = 800; \quad H_1: \mu \neq 800$$

可根据样本数据计算出：$\overline{X} = \frac{\sum x}{n} = \frac{7911}{10} = 791.1$（克）

$$S = \sqrt{\frac{\sum(x - \bar{x})^2}{n-1}} = \sqrt{\frac{2642.9}{10-1}} = \sqrt{293.656} = 17.136 (\text{克})$$

检验统计量：$t = \dfrac{\overline{X} - \mu_0}{S/\sqrt{n}} = \dfrac{791.1 - 800}{17.136/\sqrt{10}} = -1.642$

检验的P值$= 2 \times P\{t(9) \leqslant -1.642\}$。由于$t$分布的对称性，并利用Excel的函数"=TDIST(1.642, 9, 2)"可得：P值$= 2 \times P\{t(9) \geqslant 1.642\} = 0.135$。$\alpha = 0.05$，由于$P$值$> 0.05$，所以不能拒绝原假设，可推断这批食品平均重量符合要求。

若根据临界值来判断，查t分布表得，临界值为$\pm t_{0.025}(9) = \pm 2.2622$，由于$|t| = 1.642 < 2.2622$，所以结论同上。

二维码8-2
利用 SPSS 进行单样本均值的 t 检验

8.2.2 单个总体方差的检验

方差或标准差是衡量变量的离散程度、研究生产活动的均衡性及产品质量的稳定性等最常用的指标，也是正态总体的重要参数之一。下面的讨论只限于总体服从正态分布的情形。

用 σ_0^2 表示待检验的总体方差 σ^2 的一个假设值，所要检验的假设有下列三种类型。

$H_0: \sigma^2 = \sigma_0^2$, $\quad\quad\quad\quad$ $H_1: \sigma^2 \neq \sigma_0^2$;

$H_0: \sigma^2 = \sigma_0^2$（或 $\sigma^2 \geq \sigma_0^2$）, $\quad\quad$ $H_1: \sigma^2 < \sigma_0^2$;

$H_0: \sigma^2 = \sigma_0^2$（或 $\sigma^2 \leq \sigma_0^2$）, $\quad\quad$ $H_1: \sigma^2 > \sigma_0^2$。

由于样本方差 S^2 是总体方差 σ^2 的无偏估计量，自然可将 S^2 与 σ_0^2 对比来构造检验统计量。根据抽样分布定理 6-1 的式 (6-23)，若 H_0 为真，则检验统计量及其分布为

$$\chi^2 = \frac{(n-1)S^2}{\sigma_0^2} \sim \chi^2(n-1) \tag{8-3}$$

利用服从 χ^2 分布的检验统计量进行假设检验也称为 χ^2 检验。左侧检验的拒绝域为 $(0, \chi^2_{1-\alpha}(n-1))$，$P$ 值 $= P\{\chi^2(n-1) \leq \chi^2\}$；右侧检验的拒绝域为 $(\chi^2_\alpha(n-1), +\infty)$，$P$ 值 $= P\{\chi^2(n-1) \geq \chi^2\}$；双侧检验的拒绝域为 $(0, \chi^2_{1-\alpha/2}(n-1))$ 和 $(\chi^2_{\alpha/2}(n-1), +\infty)$，$P$ 值 $=$ 相应的单尾 P 值的两倍。

【例 8-4】

在例 8-3 中，若按要求产品重量的标准差不超过 10 克。试在 0.05 的显著性水平下，检验这批产品重量的波动是否符合要求？

$H_0: \sigma^2 \leq 100$（或 $\sigma^2 = 100$）；$H_1: \sigma^2 > 100$

检验统计量：$\chi^2 = \dfrac{(n-1)S^2}{\sigma_0^2} = \dfrac{(10-1) \times 293.656}{100} = 26.429$

$\alpha = 0.05$，查 χ^2 分布表得临界值 $\chi^2_{0.05}(9) = 16.92$，应拒绝原假设，即可认为这批产品重量的波动不符合要求。

P 值 $= P\{\chi^2(9) \geq 26.429\} = 0.002$，若用 P 值进行判断，结论同上。

χ^2 检验的临界值和 P 值可分别利用 Excel 中的函数 CHIINV 和 CHIDIST 求得。如例 8-4 中，在函数 CHIDIST 的对话框中指定右尾概率（0.05）和自由度（9），或直接输入 "=CHIINV(0.05,9)" 即可得临界值 $\chi^2_{0.05}(9) = 16.92$。在函数 CHIDIST 的对话框中输入统计值（26.429）和自由度（9），或直接输入 "=CHIDIST(26.429,9)" 可得 P 值 $= 0.002$。

大样本条件下，样本标准差近似服从正态分布，即 $S \stackrel{.}{\sim} N\left(\sigma, \dfrac{\sigma^2}{2n}\right)$，所以对标准差的检验可近似采用 Z 检验，即在原假设成立的前提下，可构造出近似服从标准正态分布的如下检验统计量，即

$$Z = \dfrac{S - \sigma_0}{\sigma_0 / \sqrt{2n}} \tag{8-4}$$

8.2.3 单个总体成数的检验

用 P_0 表示待检验的总体成数 P 的一个假设值。首先提出待检验的假设，即

$$H_0 : P = P_0, \quad H_1 : P \neq P_0 (\text{或 } P < P_0, P > P_0)$$

本书只介绍在大样本条件下如何对总体成数进行假设检验。当样本量足够大时（$n \geqslant 30$，$np \geqslant 5$ 且 $n(1-p) \geqslant 5$），样本成数 p 的抽样分布近似于正态分布，其均值 $E(p) = P$，其标准差 $\sigma_p = \sqrt{P(1-P)/n}$。于是，在原假设成立的前提下，对总体成数进行假设检验可近似采用 Z 检验，检验统计量及其分布为

$$Z = \dfrac{p - P_0}{\sqrt{\dfrac{P_0(1-P_0)}{n}}} \sim N(0,1) \tag{8-5}$$

该统计量 Z 的分母中的 P_0 也可用样本成数 p 来代替，即检验统计量可以为 $Z = (p - P_0) / \sqrt{\dfrac{p(1-p)}{n}}$。

【例 8-5】

一位医学专家认为，某地区居民乱用抗生素的情况比较严重，治疗儿童感冒的过程中，乱用抗生素的病例高达 1/5 以上。为了检验这种说法，某医疗机构从该地区患感冒的儿童中随机调查了 100 个病例，发现其中有 26 例乱用抗生素。试问调查结果是否支持专家的看法（分别以 0.05 和 0.10 的显著性水平进行检验）？

这是对总体成数的检验。根据题意，可建立如下的假设。

$$H_0 : P \leqslant 1/5, \quad H_1 : P > 1/5$$

本例符合大样本条件（$n > 30$ 且 $np = 26 > 5$，$n(1-p) = 74 > 5$），可以近似采用 Z 检验。其检验统计值为

$$Z = \dfrac{p - P_0}{\sqrt{P_0(1-P_0)/n}} = \dfrac{0.26 - 0.20}{\sqrt{0.20 \times 0.80/100}} = 1.5$$

P 值 $= P\{Z \geqslant 1.5\} = 0.067$

若给定 $\alpha = 0.1$，由于 P 值 < 0.1（或由于临界值 $Z_{0.1} = 1.282$，$Z = 1.5 > 1.282$），所以应拒绝原假设即支持那位专家的看法。

若取 $\alpha = 0.05$，由于 P 值 > 0.05（或由于临界值 $Z_{0.05} = 1.645$，$Z = 1.5 < 1.645$），则不能拒绝原假设，即样本信息还不能说明乱用抗生素的病例高达 1/5 以上。

*8.3 两个总体参数的假设检验

有时候人们需要对两个总体的参数进行比较,看它们是否存在显著的差异。例如,两个不同企业生产的同类产品的使用寿命或优良率是否有显著差异,某种农作物的产量的稳定性在不同地区是否相同等。

8.3.1 两个正态总体均值之差的检验

对两个正态总体均值之差进行假设检验的假设有如下三种形式。

双侧检验,$H_0: \mu_1 - \mu_2 = D_0$, $H_1: \mu_1 - \mu_2 \neq D_0$;
左侧检验,$H_0: \mu_1 - \mu_2 =$(或 $\geq$)D_0, $H_1: \mu_1 - \mu_2 < D_0$;
右侧检验,$H_0: \mu_1 - \mu_2 =$(或 $\leq$)D_0, $H_1: \mu_1 - \mu_2 > D_0$。

其中,D_0 是指定的一个任意数,若只关心两个总体均值相等与否,则 $D_0 = 0$。

根据样本获得方式的不同,两个总体均值的检验分为独立样本和成对样本两种情形,而且检验统计量也取决于总体方差是否已知及其样本量的大小。

1. 两个样本相互独立的情形

(1) 若两个正态总体的方差已知。

$\overline{X}_1$ 和 $\overline{X}_2$ 分别代表来自两个总体 $X^{(1)}$ 和 $X^{(2)}$ 的样本均值。由于 $\overline{X}_1$ 和 $\overline{X}_2$ 分别是 μ_1 和 μ_2 的优良估计量,$(\overline{X}_1 - \overline{X}_2)$ 也是 $(\mu_1 - \mu_2)$ 的优良估计量且 $(\overline{X}_1 - \overline{X}_2) \sim N\left(\mu_1 - \mu_2, \dfrac{\sigma_1^2}{n_1} + \dfrac{\sigma_2^2}{n_2}\right)$。若原假设 $H_0: \mu_1 - \mu_2 = D_0$ 成立,根据抽样分布定理 6-3 的式 (6-25),则可构建如下的检验统计量 Z。

$$Z = \frac{(\overline{X}_1 - \overline{X}_2) - D_0}{\sqrt{\dfrac{\sigma_1^2}{n_1} + \dfrac{\sigma_2^2}{n_2}}} \sim N(0,1) \tag{8-6}$$

当两个正态总体的方差已知,不论样本量大小如何,对两个总体均值之差的假设检验都是利用式 (8-6) 的检验统计量进行 Z 检验。

【例 8-6】

已知甲、乙两厂生产的灯泡的使用寿命都服从正态分布,甲厂灯泡使用寿命的标准差为 100 小时,乙厂灯泡使用寿命的标准差为 90 小时。现分别从甲、乙两厂随机抽取 20 只和 15 只灯泡进行检测,测得甲、乙两厂灯泡平均寿命分别为 1 378 小时和 1 210 小时。问在 0.05 的显著性水平下,可否推断甲厂灯泡平均寿命比乙厂高出 100 小时以上?

设 μ_1,μ_2 分别代表甲、乙两厂灯泡的平均使用寿命,依题意可建立假设为

$$H_0: \mu_1 - \mu_2 \leq 100, \quad H_1: \mu_1 - \mu_2 > 100$$

已知 $\sigma_1 = 100$,$\sigma_2 = 90$,$n_1 = 20$,$n_2 = 15$,$\bar{x}_1 = 1\,378$,$\bar{x}_2 = 1\,210$。由式 (8-6) 可得

$$Z = \frac{1\,378 - 1\,210 - 100}{\sqrt{\dfrac{100^2}{20} + \dfrac{90^2}{15}}} = 2.109$$

已知 $\alpha = 0.05$，临界值 $Z_\alpha = 1.645$
$$P \text{ 值} = P(Z \geq 2.109) = [1 - P(Z \leq 2.109)] = 1 - 0.983 = 0.017$$

由于 $Z > Z_\alpha$ 或 P 值 $= 0.017 < \alpha$，所以应拒绝原假设，即根据所抽样本的信息，可断定甲厂灯泡平均寿命比乙厂高出 100 小时以上。

(2) 若两个正态总体的方差未知但相等（$\sigma_1^2 = \sigma_2^2 = \sigma^2$）。

可将两个样本方差加权平均得出总体方差 σ^2 的估计量 S_W^2。根据抽样分布定理 6-3 的式（6-18），在原假设 $H_0: \mu_1 - \mu_2 = D_0$ 成立的条件下，检验统计量及其分布为

$$t = \frac{(\overline{X}_1 - \overline{X}_2) - D_0}{\sqrt{S_W^2 \left(\frac{1}{n_1} + \frac{1}{n_2}\right)}} \sim t(n_1 + n_2 - 2) \tag{8-7}$$

其中

$$S_W^2 = \frac{(n_1 - 1)S_1^2 + (n_2 - 1)S_2^2}{n_1 + n_2 - 2} \tag{8-8}$$

双侧检验的临界值为 $\pm t_{\alpha/2}(n_1 + n_2 - 2)$，左侧检验和右侧检验的临界值分别为 $-t_\alpha(n_1 + n_2 - 2)$ 和 $t_\alpha(n_1 + n_2 - 2)$。

【例 8-7】

某农场为了试验某种农作物的新品种是否会比老品种的产量更高，分别在若干块面积相等的试验地进行试种，其他条件相同，每块试验地上所收获的产量如表 8-2 所示。

表 8-2 两个品种的产量 （单位：千克）

地块序号	1	2	3	4	5	6	7	8	9	10	11
新品种	118	107	92	116	110	105	106	112	124		
老品种	110	89	97	107	112	120	98	103	101	92	95

假定两个品种的产量都服从正态分布且方差相等，试问在 5% 的显著性水平下，可否认为新品种比老品种的产量有显著提高？

这是关于两个正态总体均值相等性的检验问题。μ_1，μ_2 分别代表新品种和老品种产量的总体均值，需要检验的假设为

$$H_0: \mu_1 = \mu_2 \quad H_1: \mu_1 > \mu_2 \text{（即 } \mu_1 - \mu_2 > 0\text{）}$$

对上述假设应利用式（8-7）进行 t 检验。根据已知数据，可计算出样本均值和样本方差分别为：$\bar{x}_1 = 110$，$S_1^2 = 84.25$，$\bar{x}_2 = 102.1818$，$S_2^2 = 87.36364$。

$$S_W^2 = \frac{(n_1 - 1)S_1^2 + (n_2 - 1)S_2^2}{n_1 + n_2 - 2} = \frac{8 \times 84.25 + 10 \times 87.3636}{9 + 11 - 2} = 85.9798$$

检验统计量：$t = \dfrac{(\bar{x}_1 - \bar{x}_2)}{\sqrt{S_w^2 \left(\dfrac{1}{n_1} + \dfrac{1}{n_2}\right)}} = \dfrac{110 - 102.1818}{\sqrt{85.9798 \times \left(\dfrac{1}{9} + \dfrac{1}{11}\right)}} = 1.8759$

P 值 $= P\{t(9 + 11 - 2) \geq 1.8759\} = 0.0385$

$\alpha = 0.05$，临界值 $t_{0.05}(18) = 1.734$，所以应拒绝原假设，即可以认为新品种产量比老品种

产量提高了。

以上的计算可用 Excel 中"数据分析"→"t 检验:双样本等方差假设"来完成。输出结果如图 8-4 所示。其中"观测值"指样本量,"合并方差"即 S_w^2,"假设平均差"即 D_0,"$P(T<=t)$ 单尾"即为单侧经验的 P 值(上例中实为右尾概率 $P(T \geq t)$),"$P(T<=t)$ 双尾"即为双侧检验的 P 值。

t 检验:双样本等方差假设		
	新品种	老品种
平均	110	102.181 8
方差	84.25	87.363 64
观测值	9	11
合并方差	85.979 8	
假设平均差	0	
df	18	
t Stat	1.875 9	
$P(T<=t)$ 单尾	0.038 49	
t 单尾临界	1.734 06	
$P(T<=t)$ 双尾	0.076 98	
t 双尾临界	2.100 92	

图 8-4 例 8-7 的 Excel 输出结果

(3) 若两个正态总体的方差未知但不一定相等。

此时,对两个正态总体均值差的检验应使用如下的检验统计量,即

$$t = \frac{(\overline{X}_1 - \overline{X}_2) - D_0}{\sqrt{\frac{S_1^2}{n_1} + \frac{S_2^2}{n_2}}} \sim t(v) \tag{8-9}$$

式(8-9)的检验统计量的分布近似于 t 分布,其自由度 v 为

$$v = \frac{\left(\frac{s_1^2}{n_1} + \frac{s_2^2}{n_2}\right)^2}{\frac{(s_1^2/n_1)^2}{n_1 - 1} + \frac{(s_2^2/n_2)^2}{n_2 - 1}} \tag{8-10}$$

上述计算很麻烦,但可通过 Excel 中"数据分析"→"t 检验:双样本异方差假设"来完成。输出结果与图 8-4 类似,只是不存在"合并方差"一项。

2. 两个样本为成对样本的情形

检验两个总体均值之差时,有时两个样本不是独立的而是成对的。例如,比较同一组学生在大一时和大四时体重有无显著变化,比较同一组工人使用两种操作方法的生产效率是否相同,比较同一群测试者对两个不同品牌产品的评分有何差异等。

这类假设检验问题可以转化为单个样本的均值检验问题。其方法是:先计算出每一对样本

数据的差值：$d_i = x_i^{(1)} - x_i^{(2)}$，$i = 1,2,\cdots,n$；然后将这 n 个差值看作一个样本，把 $(\mu_1 - \mu_2)$ 看作待检验的一个总体参数（即成对差值的总体均值，记为 D），原来的检验问题就转化为：根据一个样本去检验 D 是否等于（或小于、大于）假设值 D_0。为了简便，通常取 $D_0 \geq 0$。

假定成对差值构成的总体服从正态分布，且成对样本差值是由差值总体中随机抽取的，则检验统计量及其分布为

$$t = \frac{\bar{d} - D_0}{\sqrt{S_d^2/n}} = \frac{\bar{d} - D_0}{S_d/\sqrt{n}} \sim t(n-1) \tag{8-11}$$

式中，$\bar{d} = \dfrac{\sum_{i=1}^n d_i}{n}$；$S_d^2 = \dfrac{\sum_{i=1}^n (d_i - \bar{d})^2}{n-1}$。

【例 8-8】

用某种药物治疗 9 例再生障碍性贫血患者，治疗前后患者血红蛋白变化的数据如表 8-3 所示。问在 0.05 的显著性水平下，能否认为这种药物至少可以使血红蛋白数量增加 15 个单位？

表 8-3　治疗前后患者血红蛋白变化

病人编号	治疗前	治疗后
1	69	107
2	67	65
3	76	113
4	61	123
5	70	112
6	76	89
7	65	80
8	66	78
9	72	105

令治疗前、后的总体均值分别为 μ_1 和 μ_2，原假设和备择假设如下。

$$H_0: \mu_2 - \mu_1 \leq 15, \quad H_1: \mu_2 - \mu_1 > 15$$

成对数据的差值 d_i 分别为：38、-2、37、62、42、13、15、12、33。

于是可计算出：$\bar{d} = \dfrac{250}{9} = 27.778$，$S_d^2 = \dfrac{3\,107.556}{8} = 388.444$

检验统计量的值为：$t = \dfrac{\bar{d} - D_0}{\sqrt{S_d^2/n}} = \dfrac{27.778 - 15}{\sqrt{388.444/9}} = 1.945$

$$P \text{ 值} = P\{t(8) > 1.945\} = 0.044$$

已知 $\alpha = 0.05$，查 t 分布表可得临界值 $t_\alpha(n-1) = t_{0.05}(8) = 1.86$，由于 P 值 $< \alpha$ 或 $t > t_\alpha(n-1)$，所以在 0.05 的显著性水平下应该拒绝原假设，即可以认为这种药物至少能使血红蛋白数量增加 15 个单位。

成对样本时，对两个正态总体均值之差的假设检验，可利用 Excel 中"数据分

析"→"t 检验：平均值的成对二样本分析"来实现。输出结果与图 8-4 类似，只是不存在合并方差，但多了一项——两个样本的相关系数。

8.3.2 两个正态总体方差相等性的检验

检验两个总体方差相等性（也称齐性）的假设有如下三种形式。

双侧检验，$H_0: \sigma_1^2 = \sigma_2^2, H_1: \sigma_1^2 \neq \sigma_2^2$；

左侧检验，$H_0: \sigma_1^2 = \sigma_2^2$（或 $\sigma_1^2 \geq \sigma_2^2$），$H_1: \sigma_1^2 < \sigma_2^2$；

右侧检验，$H_0: \sigma_1^2 = \sigma_2^2$（或 $\sigma_1^2 \leq \sigma_2^2$），$H_1: \sigma_1^2 > \sigma_2^2$。

对上述假设的检验是通过其比值 σ_1^2/σ_2^2 来推断的。由抽样分布定理 6-4 可知，在原假设 $H_0: \sigma_1^2 = \sigma_2^2$ 成立的条件下，检验统计量及其分布为

$$F = \frac{S_1^2}{S_2^2} \sim F(n_1 - 1, n_2 - 1) \tag{8-12}$$

左侧检验的拒绝域为 $(0, F_{1-\alpha}(n_1 - 1, n_2 - 1))$；右侧检验的拒绝域为 $(F_\alpha(n_1 - 1, n_2 - 1), +\infty)$；双侧检验的拒绝域为 $(0, F_{1-\alpha/2}(n_1 - 1, n_2 - 1))$ 和 $(F_{\alpha/2}(n_1 - 1, n_2 - 1), +\infty)$。

【例 8-9】

在例 8-7 中，我们曾假定新老品种的产量都服从正态分布且方差相等。事实上，在两个总体的方差未知的情况下，两者相等的假定是很值得怀疑的。试对此进行假设检验，显著性水平为 0.1。

根据题意，提出如下假设。

$H_0: \sigma_1^2 = \sigma_2^2$；$H_1: \sigma_1^2 \neq \sigma_2^2$

这是一个双侧 F 检验。为了简化判断过程，计算检验统计量 F 时，通常将较大的样本方差作为分子，将较小的样本方差作为分母，这样就只需要判断检验统计量的值是否落入了右尾的拒绝域。

检验统计量的值：$F = \dfrac{S_2^2}{S_1^2} = \dfrac{87.3636}{84.25} = 1.037$

$\alpha = 0.1$，查 F 分布表得右侧临界值 $F_{0.05}(10, 8) = 3.347$，由于检验统计量的值 $F = 1.037 < 3.347$，所以不能拒绝原假设，即可认为两个品种的总体方差相等。

P 值 $= 2 \times P\{F(10, 8) \geq 1.037\} = 2 \times 0.4891 = 0.9782$，$P$ 值 $> \alpha$，故结论同上。

这里临界值和 P 值可分别根据 Excel 中的 FINV 函数和 FDIST 函数来求得。输入"=FINV(0.05,10,8)"，按"Enter"键即可得到所求的临界值为 3.347。利用函数功能"=FDIST(1.037,10,8)"可得单侧检验的 P 值，即 $P\{F(10, 8) \geq 1.037\} = 0.4891$。

事实上，本例的全部计算都可利用 Excel 的"数据分析"→"F 检验：双样本方差分析"来实现，输出结果主要包括两个样本的均值和方差，以及检验统计量 F 的值、单尾的 P 值和临界值。若要得到双侧检验的临界值 $F_{\alpha/2}$，应在显著性水平一栏输入 $\alpha/2$ 的值。需注意，利用 Excel 进行上述检验时，若将方差较大的样本作为变量 1，则检验统计量 $F > 1$，此时 Excel 输出的 P 值为相应的右尾概率；若将方差较小的样本

作为变量1，则 $F<1$，此时 Excel 输出的 P 值为相应的左尾概率。但对同一资料，上述两种处理的 P 值相同。

8.3.3 两个总体成数之差的检验

用 P_1 和 P_2 分别代表所要检验的两个总体成数，样本成数 p_1 和 p_2 分别是这两个未知参数的无偏估计量，n_1 和 n_2 分别代表两个样本容量。对两个总体成数之差的假设检验的基本思路与单个总体成数的检验类似。这里也只介绍大样本条件下的检验。当 $n_1 p_1$、$n_1(1-p_1)$、$n_2 p_2$ 及 $n_2(1-p_2)$ 都大于或等于 5 时，才能认为是大样本。

对两个总体成数之差进行假设检验，有如下三种形式的假设。

双侧检验，$H_0: P_1 - P_2 = D_0$，　　　　　$H_1: P_1 - P_2 \neq D_0$；
左侧检验，$H_0: P_1 - P_2 = (或 \geqslant) D_0$，$H_1: P_1 - P_2 < D_0$；
右侧检验，$H_0: P_1 - P_2 = (或 \leqslant) D_0$，$H_1: P_1 - P_2 > D_0$。

当样本量充分大时，在原假设"$H_0: P_1 - P_2 = D_0$"成立的前提下，对两个总体成数之差进行假设检验可近似采用 Z 检验，检验统计量为

$$Z = \frac{(p_1 - p_2) - D_0}{\sqrt{\dfrac{p_1(1-p_1)}{n_1} + \dfrac{p_2(1-p_2)}{n_2}}} \tag{8-13}$$

【例 8-10】

某公司欲拓展一项面向社区居民的有偿服务。为了了解居民是否有需求意愿，进行了一次抽样调查。在甲社区随机访问了 100 位居民，其中 78 人有需求意愿；在乙社区随机访问了 80 位居民，其中 56 人有需求意愿。在 0.10 的显著性水平下，能否断定这两个社区居民有需求意愿的占比存在显著差异？

设 P_1，P_2 分别代表甲、乙两个社区居民有需求意愿的占比。依题意，原假设与备择假设应为

$$H_0: P_1 - P_2 = 0, \quad H_1: P_1 - P_2 \neq 0$$

根据已知数据可计算出两个样本比率分别为：$p_1 = 78\%$，$p_2 = 70\%$。检验统计量的观测值为

$$Z = \frac{0.78 - 0.7}{\sqrt{\dfrac{0.78 \times (1 - 0.78)}{100} + \dfrac{0.7 \times (1 - 0.7)}{80}}} = 1.214$$

$$P \text{值} = 2 \times P(Z > 1.214) = 2 \times 0.112 = 0.224$$

给定的显著性水平 $\alpha = 0.1$，可查得临界值 $Z_{\alpha/2} = Z_{0.05} = 1.645$，由于 P 值 $> \alpha$ 或 $Z < Z_\alpha$，所以不能拒绝原假设，即在 0.10 的显著性水平下，仅凭这里的样本信息，还不能断定甲、乙两个社区居民有需求意愿的占比存在显著差异。

8.4 多个总体均值的检验：单因素方差分析

8.4.1 问题的提出

有时需要对两个以上总体的均值同时进行假设检验。例如，多种不同包装的同类产品的平

均销售量是否有显著差异？多个品牌同类产品的平均使用寿命是否相同？多个专业学生的统计学平均成绩是否有显著差异？解决这类问题就可以运用方差分析法。

从形式上看，方差分析法是同时对多个总体均值的比较，实质上它是研究一个或几个定性变量对一个定量变量有无显著影响的一种常用方法。例如，影响同类产品的平均销售量的因素往往是很多的。当其他影响因素都相同或相近时，若不同包装的平均销售量有显著差异，就说明包装是影响销售量的一个显著因素；反之亦然。

方差分析中，所考察的定性变量称为"因素"或"因子"，通常用大写字母 A、B、C 等来表示，如上述例子中可能影响产品销售量的"包装""品牌"和"质量"等。如果方差分析只考察一个因素（假定其他影响因素都不变），即为单因素方差分析；若要同时考虑两个因素对某个指标的影响，就是双因素方差分析。本节只介绍单因素方差分析的基本原理和方法。

若用 μ_i 表示第 i 个总体均值（$i=1,2,\cdots,k$），方差分析就是要检验下述假设：

$H_0: \mu_1 = \mu_2 = \cdots = \mu_k$（所检验因素对观测变量没有显著影响）

$H_1: \mu_1, \mu_2, \cdots, \mu_k$ 不全相等（所检验因素对观测变量有显著影响）

8.4.2 单因素方差分析的基本原理

先结合一个具体的例子来说明方差分析中的一些基本概念。

【例 8-11】

一个研究小组为了研究三种不同施肥方案对某种农作物收获量的影响，在 17 个试验地块上做了试验。每个地块上的土质、农作物品种、播种量和播种方法等影响该农作物收获量的因素均相同。试根据表 8-4 的收获量数据分析不同施肥方案是否对收获量有显著影响（显著性水平为 0.05）。

表 8-4　三种施肥方案的收获量数据

施肥方案	地块编号					
	1	2	3	4	5	6
A1	55	62	76	68	60	63
A2	70	58	62	50	65	
A3	78	80	68	82	75	64

在这个问题中，"不同施肥方案是否对收获量有显著影响"等价于"三种不同施肥方案的总体平均收获量是否相等"。这是一个单因素方差分析问题，所要检验因素只有一个——施肥方案。

所考察因素的不同状态或不同类别称为"水平"或"处理"。如例 8-11 中有三种不同的施肥方案，即"施肥方案"这个因素有三个水平（分别记为 A1、A2 和 A3）。方差分析中，每个水平下的所有可能结果构成一个总体，本例中每种施肥方案下的所有地块收获量就是一个总体，共有三个总体。通常不可能获得总体数据，因而总体均值也只能根据样本数据来推断。样本是分别从每个水平（总体）中随机抽取的。每个水平下都有若干样本数据即"观测值"，第 i 个水平下的第 j 个观测值记为 x_{ij}（$i=1,2,\cdots,k$；$j=1,2,\cdots,n_i$），n_i 为从第 i 个水平下抽取的观测值个数。全部观测值的个数 $n=n_1+n_2+\cdots+n_k$。如本例中，$n_1=n_2=6$，$n_3=5$，$n=17$。

每一个样本观测值 x_{ij} 都可表示为
$$x_{ij} = \mu_i + \varepsilon_{ij} \quad (i = 1,2,\cdots,k; j = 1,2,\cdots,n_i) \tag{8-14}$$
式中，μ_i 为第 i 个水平下的总体均值；ε_{ij} 为随机误差。

由式（8-14）不难理解，样本观测值之间的差异不外乎来源于两种误差。

一是由于各个 μ_i 不尽相等而造成的误差，它源于所检验因素条件的改变（不同水平），这种误差称为系统误差或条件误差，如例 8-11 中，施肥方案不同可能造成收获量有差异。

二是由于各个 ε_{ij} 不尽相等而引起的误差，是由于抽样的随机性或试验过程中各种随机因素的影响所造成的，所以也称为随机误差或试验误差。ε_{ij} 是随机变量。如本例中，由于抽取地块的随机性或影响收获量的很多随机因素的影响，无论是同一种施肥方案下还是在不同施肥方案之间，不同地块上的收获量总是存在随机波动。

方差分析要检验各个总体均值 μ_i 是否相等，也就是要鉴别观测值的差异是否存在无系统误差，为此就要对样本观测值之间的差异进行分析。

样本观测值之间的差异大小可用离差 $(x_{ij}-\bar{x})$ 来衡量，这个离差习惯上也称为总离差，因为它可以分解为两个离差之总和，即
$$(x_{ij} - \bar{x}) = (x_{ij} - \bar{x}_i) + (\bar{x}_i - \bar{x}) \tag{8-15}$$
式（8-15）中，$\bar{x}_i$ 是第 i 组观测值的平均数，$\bar{x}$ 是全部样本观测值的平均数，即
$$\bar{x}_i = \frac{\sum_{j=1}^{n_i} x_{ij}}{n_i}; \bar{x} = \frac{\sum_{i=1}^{k}\sum_{j=1}^{n_i} x_{ij}}{n} = \frac{\sum_{i=1}^{k} n_i \bar{x}_i}{n} (i = 1,2,\cdots,k)。$$

要对全部观测值的离差进行综合分析，就需要计算全部观测值的离差平方总和并对它进行分解。将式（8-15）的两边平方再加总，可得
$$\sum_{i=1}^{k}\sum_{j=1}^{n_i}(x_{ij}-\bar{x})^2 = \sum_{i=1}^{k}\sum_{j=1}^{n_i}[(x_{ij}-\bar{x}_i)+(\bar{x}_i-\bar{x})]^2$$
$$= \sum_{i=1}^{k}\sum_{j=1}^{n_i}(x_{ij}-\bar{x}_i)^2 + \sum_{i=1}^{k}\sum_{j=1}^{n_i}(\bar{x}_i-\bar{x})^2 +$$
$$\sum_{i=1}^{k}\sum_{j=1}^{n_i} 2(x_{ij}-\bar{x}_i)(\bar{x}_i-\bar{x})$$

由于上式中最后一项为 0，所以有
$$\sum_{i=1}^{k}\sum_{j=1}^{n_i}(x_{ij}-\bar{x})^2 = \sum_{i=1}^{k}\sum_{j=1}^{n_i}(x_{ij}-\bar{x}_i)^2 + \sum_{i=1}^{k}\sum_{j=1}^{n_i}(\bar{x}_i-\bar{x})^2 \tag{8-16}$$

式（8-16）中三个离差平方和的含义如下。

（1）$\sum_{i=1}^{k}\sum_{j=1}^{n_i}(x_{ij}-\bar{x})^2$ 称为总离差平方和（记为 SST）。它是全部观测值 x_{ij} 与总平均值 $\bar{x}$ 的误差平方和，反映了全部观测值的差异大小。如本例中，要反映样本 17 个观测值的差异大小，就要计算它们的总离差平方和 SST。

（2）$\sum_{i=1}^{k}\sum_{j=1}^{n_i}(x_{ij}-\bar{x}_i)^2$ 称为组内平方和或误差平方和（记为 SSE）。它是同一水平下（同一总体或同一组内）样本各观测值与其平均值之间的离差平方总和，反映了同一水平下样本观测值的差异状况。组内平方和实质上反映的是随机误差的大小。如例 8-11 中，组内平方和反映的是相同施肥方案下由于随机因素引起的不同地块上收获量的差异。

(3) $\sum_{i=1}^{k}\sum_{j=1}^{n_i}(\bar{x}_i-\bar{x})^2 = \sum_{i=1}^{k}n_i(\bar{x}_i-\bar{x})^2$ 称为组间平方和，也称为因素 A 的效应平方和（记为 SSA），它是各水平的样本平均值与总平均值之间的离差平方总和。实质上，组间平方和所反映的误差有两种：一是由于所检验因素水平的差异引起的系统误差，如例 8-11 中施肥方案不同可能造成收获量有差异（各个 μ_i 不尽相等），致使来自不同总体的样本均值之间就有差异；二是随机误差，因为它是根据样本观测值计算的。如例 8-11 中，即使施肥方案对收获量毫无影响（三个总体平均收获量完全相等），由于抽样的随机性也会使来自不同施肥方案的样本均值之间存在差异。

为了说明观测值中有无系统误差，就需要对组间平方和与组内平方和进行比较。由于平方和的大小受到数据项数多少的影响，所以可用各个平方和除以其自由度求得组间方差（MSA）和组内方差（MSE）来比较，计算公式为

$$\text{MSA} = \frac{\text{组间平方和}}{\text{自由度}} = \frac{\text{SSA}}{k-1} \tag{8-17}$$

$$\text{MSE} = \frac{\text{组内平方和}}{\text{自由度}} = \frac{\text{SSE}}{n-k} \tag{8-18}$$

若不存在系统误差，那么组间方差与组内方差都反映的是随机误差，两者差异就不会很大；反之，若组间方差显著地大于组内方差，就说明组间差异不仅包含随机误差，也存在系统误差。但是，组间方差要比组内方差大多少才能断定有系统误差？这就需要构造一个检验统计量。

为了找到适当的检验统计量，方差分析还需要对随机误差 ε_{ij} 做一些假定：各随机误差 ε_{ij} 相互独立且同正态分布、均值为 0、方差存在且相等，即 $\varepsilon_{ij} \overset{iid}{\sim} N(0,\sigma^2)$。在这些假定下，若原假设成立（即 $H_0: \mu_1=\mu_2=\cdots=\mu_k$ 为真），则组间方差与组内方差之比就是一个服从 F 分布的检验统计量，即检验统计量 F 及其分布为

$$F = \frac{\text{MSA}}{\text{MSE}} = \frac{\text{SSA}/(k-1)}{\text{SSE}/(n-k)} \sim F(k-1, n-k) \tag{8-19}$$

根据样本数据可计算出检验统计量 F 的值及其相应的 P 值。对于给定的显著性水平 α，查 F 分布表可得对应的临界值 $F_\alpha(k-1,n-k)$，若 $F>F_\alpha(k-1,n-k)$，或 P 值 $<\alpha$，则拒绝 H_0，即表明所检验因素对观测变量有显著影响；反之则不能拒绝 H_0，表明所检验因素对观测变量没有显著影响。

通常将计算过程中的主要内容列在一个表格内，形成方差分析表，其基本形式如表 8-5 所示。

应注意的是，当 $F>F_\alpha(k-1,n-k)$ 时，可认为各水平的总体均值不完全相同，所检验因素的影响是显著的，但不能据此认为各水平的总体均值全部不相同，方差分析的结果也无法判断其中哪些相同、哪些不相同。要解决这个问题，需要进一步做多重检验。本书限于篇幅，恕不赘述。

表 8-5　方差分析表的基本形式

差异来源	平方和（SS）	自由度（df）	方差（MS）	F 值	P 值（P-value）	F 临界值（F crit）
组间	SSA	$k-1$	MSA	MSA/MSE		
组内	SSE	$n-k$	MSE			
总计	SST	$n-1$				

此外,各水平下的样本观测值个数 n_i 可以相等,也可以不相等,但是在总的样本量 n 相同的情况下,n_i 相等时的检验效率最高,所以 n_i 最好相等。

8.4.3 单因素方差分析的应用

下面以例 8-11 来说明单因素方差分析的具体计算和应用。

设三种施肥方案收获量的总体均值分别为 μ_1、μ_2 和 μ_3,检验施肥方案对收获量是否有影响,就等价于检验如下假设。

H_0:$\mu_1 = \mu_2 = \mu_3$(施肥方案对收获量没有显著影响)

H_1:μ_1,μ_2,μ_3 不全相等(施肥方案对收获量有显著影响)

先计算各样本均值和总平均值,即

$$\bar{x}_1 = \frac{384}{6} = 64, \bar{x}_2 = \frac{305}{5} = 61$$

$$\bar{x}_3 = \frac{447}{6} = 74.5, \bar{x} = \frac{1\,136}{17} = 66.823$$

再计算样本观测值的总离差平方和、组间平方和、组内平方和,即

$$\begin{aligned}
SST &= \sum_{i=1}^{k} \sum_{j=1}^{n_i} (x_{ij} - \bar{x})^2 \\
&= [(55 - 66.823)^2 + \cdots + (63 - 66.823)^2] + [(70 - 66.823)^2 + \cdots + \\
&\quad (65 - 66.823)^2] + [(78 - 66.823)^2 + \cdots + (64 - 66.823)^2] = 1\,312.47 \\
SSA &= \sum_{i=1}^{k} \sum_{j=1}^{n_i} (\bar{x}_i - \bar{x})^2 = \sum_{i=1}^{k} n_i (\bar{x}_i - \bar{x})^2 \\
&= 6 \times (64 - 66.823)^2 + 5 \times (61 - 66.823)^2 + 6 \times (74.5 - 66.823)^2 = 570.97 \\
SSE &= \sum_{i=1}^{k} \sum_{j=1}^{n_i} (x_{ij} - \bar{x}_i)^2 \\
&= [(55 - 64)^2 + \cdots + (63 - 64)^2] + [(70 - 61)^2 + \cdots (65 - 61)^2] \\
&\quad + [(78 - 74.5)^2 + \cdots + (64 - 74.5)^2] = 741.5
\end{aligned}$$

检验统计量 F 的值为

$$F = \frac{SSA/(k-1)}{SSE/(n-k)} = \frac{570.97/(3-1)}{741.5/(17-3)} = \frac{285.485}{52.964} = 5.39$$

显著性水平 $\alpha = 0.05$ 时,查 F 分布表得临界值 $F_\alpha(2,14) = 3.74$。由于 $F = 5.39 > F_\alpha(2, 14) = 3.74$,故应拒绝 H_0,即施肥方案对收获量有显著影响。

根据 F 检验中 P 值的定义,这里的 P 值 $= P\{F(2,14) > 5.39\}$,借助于 Excel 的 FDIST 函数可得 P 值为 0.018。由于 P 值 $< \alpha$,检验结论同上面。

利用 Excel 可以轻易完成方差分析的所有计算。具体操作是:首先在 Excel 的工作表中输入样本数据,同一个水平下的样本观测值可放置在同一行,也可放置在同一列。然后依次单击菜单栏的"数据"→"数据分析"→"方差分析:单因素方差分析",在其对话框的输入选项部分,指定样本数据的输入区域和数据的分组方式;如果输入区域包括各组名称,则选中"标志位于第一行(列)",否则不选中此项;指定显著性水平(默认值为0.05)。在输出选项部分指定显示计算结果的位置即可。方

差分析的输出结果分两个部分：其一是"SUMMARY"，是对样本各个水平的描述性统计；其二是"方差分析"，即方差分析表。

上述例子的输出结果如图 8-5 所示。

方差分析：单因素方差分析						
SUMMARY						
组	观测数	求和	平均	方差		
A1	6	384	64	52.4		
A2	5	305	61	57		
A3	6	447	74.5	50.3		
方差分析						
差异源	SS	df	MS	F	P-value	F crit
组间	570.970 588	2	285.485	5.390 147	0.018 372	3.738 892
组内	741.5	14	52.964 29			
总计	1 312.470 588	16				

图 8-5　单因素方差分析的 Excel 输出结果

■ 本章小结

1. 假设检验是基于小概率原理的一种统计推断方法，针对待检验的原假设和备择假设，检验统计量及其分布是检验的理论基础，检验统计量的观测值及 P 值是做出检验结论的依据。检验结论可能犯两类错误，第一、二类错误的概率 α 和 β 此消彼长。

2. 参数的假设检验主要包括总体均值、总体方差和总体成数的检验。本章所介绍的检验方法有 Z 检验、t 检验、χ^2 检验、F 检验等。

3. 对正态总体均值的检验，若总体方差已知，应用 Z 检验；若总体方差未知，则用 t 检验。大样本条件下总体非正态或方差未知时，对总体均值的检验也可以近似采用 Z 检验。大样本条件下对总体成数的检验也可近似采用 Z 检验。

4. 对单个正态总体方差的检验用 χ^2 检验，对双正态总体方差比的检验用 F 检验。

5. 方差分析法的基本思想是通过观察组间方差与组内方差之比（F 统计量）是否显著偏大来判断有无系统误差的存在，从而检验多个总体均值是否相等，实质上是研究一个定性变量对一个定量变量有无显著影响。

6. 假设检验和方差分析的计算可借助于 Excel 或 SPSS 等软件来实现。

■ 思考与练习题

1. 什么是检验统计量？检验统计量对于假设检验有何意义？检验统计量的选择与哪些因素有关？

2. 假设检验中的第一类错误和第二类错误的含义是什么？犯两类错误的概率之间有什么联系？

3. 什么是检验的 P 值？P 值的大小与哪些因素有关？如何根据 P 值做出检验结论？

4. 单因素方差分析中的组内平方和与组间平方和分别表示什么含义？单因素方差分析的检验统计量是如何构建的？

5. 有一种电子元件，要求其使用寿命不得低于 1 000 小时。已知这种元件的使用寿命服从标准差为 100 小时的正态分布。现从一批电子元件中随机抽查了 25 件，测得平均使用寿命为 972 小时。

   （1）试在 0.05 的显著性水平下，检验这批电子元件是否合格。

   （2）假如上述样本平均使用寿命是对 50 件样品检查的结果，其他条件不变，判断这批电子元件是否合格。

6. 某化肥厂采用自动包装机包装化肥。正常工作状态下，每包重量服从均值为 50 千克、标准差为 0.3 千克的正态分布。现从某日生产的产品中随机抽取 9 包，测得重量分别为：50.4 千克，50.1 千克，49.5 千克，49.3 千克，50.3 千克，50.2 千克，49.8 千克，50.1 千克，49.2 千克。要求在 0.05 的显著性水平下，检验该日自动包装机的工作是否正常。

7. 某旅游景区希望游客不满意率低于 15%，随机访问了 120 名顾客，其中 14 人表示不满意。根据这一调查结果，在 0.1 的显著性水平下，能否断定该旅游景区的顾客不满意率达到了预期目标。

8. 某制鞋厂为了比较两种材料制作的鞋跟的质量优劣，随机选择了 10 人，让他们每人试穿一双鞋跟厚度相同的新鞋，其中一只鞋用材料 A 制作，另一只鞋用材料 B 制作，试穿一个月后测量每人所穿的两只鞋的鞋跟厚度，测得数据如下表所示。

试验者编号	1	2	3	4	5	6	7	8	9	10
材料 A	3.8	3.5	4.1	4	3.1	4.7	3.9	4.2	3.7	3.5
材料 B	3.5	3.1	4.3	3.8	3.3	4.5	3.3	3.7	3.5	3.4

设鞋跟厚度服从正态分布，试问在 0.05 的显著性水平下，两种材料制作的鞋跟质量有无显著性差别。

9. 某训练机构将 20 个学员随机分为 4 组，分别尝试用课堂讲授、视频教学、小组讨论和自学教材等不同方法向学员们介绍专业知识，训练结束后的测试成绩如下表所示。

学员序号	方法			
	课堂讲授	视频教学	小组讨论	自学教材
1	80	73	76	70
2	90	88	65	80
3	78	90	80	80
4	74	85	74	72
5	88	80	82	65

试以 0.10 的显著性水平检验这四种方法的训练效果有无显著差异。

第 9 章

相关与回归分析

■ 引例

一个人的寿命长短虽然难以预测,但同时出生的一批人的平均预期寿命却总是有规律可循的。人口平均预期寿命是指按某一时期各个年龄死亡率水平计算的新出生人口平均预期可存活的年数。它不仅是综合反映一个国家或地区人们健康水平的基本指标,也是衡量经济社会发展水平和医疗卫生服务水平的重要指标。

国家卫健委发布的数据显示,中国人的人均预期寿命在中华人民共和国成立之初只有35岁,2020年已提高到了77.93岁。这个堪称中国奇迹的数字变化背后,是中国政府和人民的长期努力,是我国医疗体系的不断完善和医疗水平的不断提高。中华人民共和国成立之初,孕产妇死亡率高达1 500/10万,婴儿死亡率高达200‰。国家统计局网站上的相关数据显示,2021年孕产妇死亡率降至1.61/1万,婴儿死亡率降至5‰。2021年末参加基本医疗保险人数136 424万人,基本医疗保险覆盖率已达96.6%,个人卫生支出费用占卫生总费用的比重下降到27.6%。我国坚持预防为主,不断加大公共卫生投入,消除了一大批重大疾病危害,坚持保基本、强基层,医疗、医保、医药联动改革,大大促进了全民健康水平的提高。

影响人均寿命的因素很多,不仅有经济发展、医疗卫生、文教体育等方面的发展水平,也有生活方式、人口结构、自然环境等诸多因素。各地区的人均寿命究竟与哪些因素密切相关呢?如何找出导致不同地区人均寿命存在显著差异的主要影响因素?人均寿命与其主要影响因素之间存在什么样的数量依存关系?如何根据各主要影响因素的变化对人均寿命进行预测呢?要解决此类问题,就需运用本章所介绍的相关分析法与回归分析法。

本章介绍相关分析与回归分析的基本理论和方法,重点介绍仅涉及两个变量的线性相关与回归分析,简要介绍涉及多个变量的线性回归分析。

9.1 相关与回归分析概述

9.1.1 相关关系的概念

现象之间的相互依存关系多种多样,按其数量上是否确定可分为函数关系和相关关系两大类型。函数关系是指变量之间确定性的数量依存关系,即一个或几个变量 X 取一定数值时,另一个变量 Y 总有确定的值与之相对应。例如,圆的直径与其面积的关系、个人所得与应纳个人所得税的关系等,都属于函数关系。

相关关系是指变量之间不确定性的数量依存关系,即指当一个变量 X(或几个变量)取一定数值时,与之相关的某一个变量 Y 不是只有唯一一个数值与之对应,而是可能有若干个数值与之对应,这些数值表现出一定的随机波动性,但又总是以一定的规律围绕其均值上下波动。例如,居民收入与储蓄存款之间存在一定关系,当居民收入增加时,储蓄存款一般会随之增加,但居民收入增加一定数额,储蓄存款并非增加固定的数额。因为储蓄存款的变动,还会受到诸如居民消费倾向、价格水平、存款利率等其他很多因素的影响,因此二者之间的关系也属于相关关系而非函数关系。

若仅考虑 Y 与 X 两个变量,函数关系可表示为 $Y=f(X)$。通常称 X 为自变量,随自变量变化而变化的变量 Y 称为因变量。相关关系可表示为 $Y=f(X,\varepsilon)$,其中 ε 是随机变量。是否包含随机变量的影响,正是相关关系与函数关系的本质区别,统计学在研究相关关系时通常需要借助某种函数关系去近似。

研究相关关系时,必须区别真相关与假相关。假相关或称伪相关是指原本没有实质联系的现象而去进行相关分析。例如,有人曾计算出某年上海证券交易所的股票价格综合指数与当地气温呈高度正相关,这显然是一种假相关。所以对现象间的相关关系进行统计分析时,应该首先鉴别现象之间是否具有真实相关,必须进行定性分析,以理论为指导,并结合常识和实践经验来确定。

研究相关关系时,还必须注意相关关系与因果关系的区别。因果关系是指原因与结果、影响因素与被影响因素之间的关系,即一个变量的变化是导致另一个变量变化的一个原因。例如,同期地区生产总值与财政收入的关系、施肥量与农作物产量的关系都属于因果关系。现象之间存在因果关系,就必然存在相关关系,但相关关系不一定都是因果关系。例如,人的身高与体重之间存在密切的相关关系,但不能认为就是因果关系。要确认因果关系,也必须进行定性分析。

9.1.2 相关关系的类型

相关关系的类型不同,研究内容和方法也就有所不同。相关关系的类型可以从不同角度来划分。

1. 从所涉及的变量数目,分为单相关和复相关

单相关又称一元相关,是指仅涉及两个变量的相关关系。涉及三个或三个以上变量的相关关系统称为复相关或多元相关。例如，企业销售额与广告费之间的相关关系就属于单相关，而企业销售额与广告费、市场占有率等变量之间的相关关系就属于复相关。单相关分析是研究复相关的基础。

2. 从相关关系的表现形式，分为线性相关和非线性相关

当变量之间的数量关系大体上接近于一条直线时，就称变量之间存在线性相关或直线相关。当变量之间的数量关系大体上接近于一条曲线时，就称变量之间存在非线性相关或曲线相关。例如，随着居民收入的不断增长，计算机普及率上升的速率可能会先快后慢直至趋于稳定，呈现非线性相关的态势。许多非线性相关关系可以通过线性化处理变换为线性相关形式来分析。本书只讨论线性相关。

3. 从变量变化的方向，分为正相关和负相关

正相关是指两个变量大致呈同方向变化的相关关系，即一个变量增加时，另一个变量也大体上随之而增加。例如，广告费与销售额的关系、身高与体重的关系、居民收入与消费水平的关系等。负相关是指两个变量大致呈相反方向变化的相关关系，即当一个变量增加时，另一个变量却大体上随之而减少。例如，商品销售额与流通费用率的关系、居民可支配收入与食品支出比重的关系、森林覆盖率与空气污染程度的关系。

9.1.3 散点图

将 X 和 Y 两个变量成对的观测值 (x_1, y_1)，(x_2, y_2)，…，(x_n, y_n) 在坐标图上标示出来，这样形成的图称为散点图，也称为相关图。散点图是进行相关和回归分析的重要探索性分析工具。由散点图不仅可以观察相关形式是线性相关还是非线性相关，相关方向是正相关还是负相关，还可以观察相关密切程度，由此便可以对变量之间的关系有初步的认识，为进一步深入分析指明方向。

如果变量之间呈线性相关，其散点图明显呈线性形式，即所有的点分布在一条直线上下，如图 9-1a、图 9-1b、图 9-1c 所示。如果变量之间呈非线性相关，则散点大致呈一条曲线形式分布，如图 9-1d 就是一个非线性相关。

相关性的强弱可以由散点图中观测值点上下波动的幅度来说明。如果所有散点都分布在一条直线和曲线上，就是完全相关，即函数关系。从整体来看，各散点越接近某条直线或曲线，相关性就越强，即变量之间的相关密切程度越高，如图 9-1b 所示；反之，相关性就越弱，即变量之间的相关密切程度越低，如图 9-1c 所示。

9.1.4 相关关系定量分析的基本内容

散点图可对变量之间的相关关系进行直观的视觉分析，我们还需要更精确和更客观的定量分析。对变量之间相关关系的定量分析，包括相关分析和回归分析两大基本内容。

相关分析的主要内容是根据观测数据计算相关系数，以此说明变量之间相关的密切程度。相关关系的种类不同，相关系数的计算方法也不尽相同。

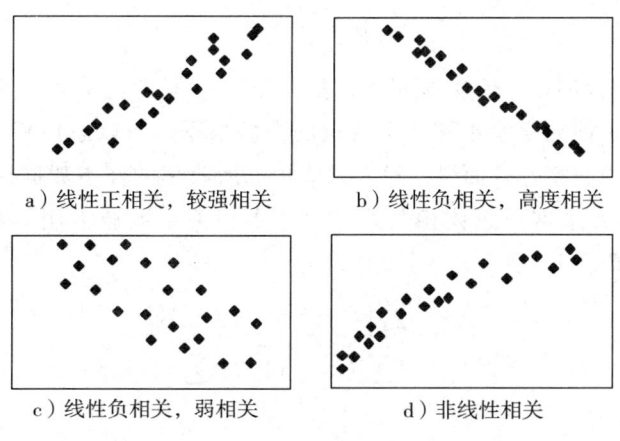

图 9-1　不同类型相关关系的散点图示例

回归分析是研究存在相关关系的变量之间具体的数量变化关系。回归分析的主要内容包括：首先，根据观测数据拟合回归方程，即寻找一个适当的数量关系式来代表变量间平均的数量变化关系，这种数量关系式称为回归方程；其次，对回归方程的可信程度进行检验；最后，利用所选定的回归方程进行分析或预测。相关关系的种类不同，所拟合的回归方程也就有不同类型。

相关分析与回归分析虽然都是以变量之间的相关关系为研究对象，但两者的研究目的和内容都有明显的区别，两者对所研究变量的性质要求也有所不同。一方面，仅就两个变量而言，相关分析中的两个变量是完全对等的，都可看作随机变量，不必区分自变量与因变量。而回归分析旨在通过一个变量去解释或预测另一个变量，因此回归分析首先要将所研究变量区分为自变量和因变量。因变量也称为被解释变量，是回归分析所要预测的变量，自变量也称为解释变量，是用来解释和预测因变量的。对于存在因果关系的变量，应该将"原因"作为自变量，将"结果"作为因变量[⊖]。另一方面，相关分析与回归分析又具有密不可分的联系。若两个变量之间存在线性相关关系，其线性相关程度越高，所拟合的线性回归方程就越有效，回归估计的误差就越小；反之则反。若两个变量之间存在非线性相关关系，相关程度的测定通常又要以回归分析的结果为基础。同样，若要测定多个变量之间复相关的密切程度，通常也要依靠回归分析的结果。

9.2　一元线性相关分析

9.2.1　简单线性相关系数

度量两个定量变量之间线性相关密切程度的指标称为简单线性相关系数，通常简称为相关系数。若 X、Y 代表两个相互联系的变量，两者之间的总体相关系数通常用 ρ 表示，其定义式为

⊖ 本书的回归分析不考虑自变量的随机性，将其视作取确定数值的非随机变量，因变量是随机变量。

$$\rho = \frac{\sigma_{XY}}{\sigma_X \sigma_Y} \tag{9-1}$$

式中,σ_X 是变量 X 的标准差;σ_Y 是变量 Y 的标准差;σ_{XY} 是变量 X 和 Y 的协方差。

实际中,通常不可能完全收集到两个变量的全部数据,所以总体相关系数 ρ 虽然客观存在,但不可能由观测值直接计算而得,我们只能根据所收集的样本数据计算出样本相关系数,并且通过样本相关系数来推断总体相关系数。样本相关系数通常用 r 表示,其计算公式如式(9-2)所示[⊖],即

$$r = \frac{S_{xy}}{S_x S_y} = \frac{\sum (x_i - \bar{x})(y_i - \bar{y})/(n-1)}{\sqrt{\dfrac{\sum (x_i - \bar{x})^2}{n-1}} \sqrt{\dfrac{\sum (y_i - \bar{y})^2}{n-1}}}$$

$$= \frac{\sum (x_i - \bar{x})(y_i - \bar{y})}{\sqrt{\sum (x_i - \bar{x})^2} \sqrt{\sum (y_i - \bar{y})^2}} \tag{9-2}$$

式中,S_{xy} 是变量 X 与 Y 的样本协方差;S_x 和 S_y 分别是变量 X 和 Y 的样本标准差;x_i 和 y_i 分别代表变量 X、Y 的样本观测值;n 为样本量;$\bar{x}$ 和 $\bar{y}$ 分别是变量 X 和 Y 的样本观测值均值。

习惯上,将采用上述方法所计算的相关系数称为 Pearson 相关系数,因为它是由数学家卡尔·皮尔逊(Karl Pearson)最早提出来的。

相关系数 r 具有下述性质。

(1)若相关系数 $r > 0$,表明两个变量呈正相关;若 $r < 0$,表明两个变量呈负相关;若 $r = 0$,则表明两个变量之间没有线性相关关系,有可能变量间存在某种非线性相关关系。

(2)相关系数 r 的取值永远在 -1 与 $+1$ 之间。当 $|r| = 1$ 时,表明两个变量呈完全线性相关,即函数关系。$|r|$ 越接近于 1,表示线性相关程度越高;反之,$|r|$ 越接近于 0,表示线性相关程度越低。

(3)相关系数是一个无量纲的数值,不受两个变量计量单位变化的影响。

(4)在相关分析中,两个变量是地位对等的,两者互换位置后,相关系数的数值不变。

【例 9-1】

从某行业中随机抽取了 8 个生产同类产品的企业,调查得知它们的广告费(单位:万元)与销售量(单位:万套)的数据如表 9-1 的第(1)和(2)列所示。试计算相关系数来说明该行业中企业广告费与销售量之间的相关关系。

先列表计算出有关数据。需要计算的数据见表 9-1 的(3)~(7)列(其中:$\bar{x} = 582/8 = 72.75$,$\bar{y} = 421/8 = 52.625$)。

⊖ 手工计算相关系数时,为了避免计算离差的烦琐,通常将式(9-2)变形为下列计算公式:

$$r = \frac{n \sum x_i y_i - \sum x_i \sum y_i}{\sqrt{n \sum x_i^2 - (\sum x_i)^2} \sqrt{n \sum y_i^2 - (\sum y_i)^2}}$$

表 9-1 企业的广告费与销售量及其相关系数计算表

企业序号	广告费 x_i/万元	销售量 y_i/万套	$(x_i-\bar{x})$	$(y_i-\bar{y})$	$(x_i-\bar{x}) \times (y_i-\bar{y})$	$(x_i-\bar{x})^2$	$(y_i-\bar{y})^2$
（甲）	(1)	(2)	(3)	(4)	(5)	(6)	(7)
1	40	32	−32.75	−20.625	675.469	1 072.563	425.391
2	45	34	−27.75	−18.625	516.844	770.063	346.891
3	45	48	−27.75	−4.625	128.344	770.063	21.391
4	65	55	−7.75	2.375	−18.406	60.063	5.641
5	80	50	7.25	−2.625	−19.031	52.563	6.891
6	92	60	19.25	7.375	141.969	370.563	54.391
7	105	78	32.25	25.375	818.344	1 040.063	643.891
8	110	64	37.25	11.375	423.719	1 387.563	129.391
合计	582	421	0	0	2 667.252	5 523.504	1 633.878

根据式（9-2）可计算样本相关系数为

$$r = \frac{2\ 667.252}{\sqrt{5\ 523.504} \times \sqrt{1\ 633.878}} = 0.888$$

上述计算结果表明，该行业企业广告费与销售量之间存在高度的线性正相关关系。

利用 Excel "数据" 菜单下 "数据分析" 中的分析工具 "相关系数" 可以同时计算出多变量的两两间相关系数，以矩阵形式输出（参见表9-6）。

由于两变量互换位置后其相关系数不变，所以相关系数矩阵是一个对称矩阵，主对角线上的数值均为1。Excel 的相关系数输出结果只显示出下三角部分。

9.2.2 简单线性相关系数的检验

如前所述，总体相关系数 ρ 通常是一个未知参数，样本相关系数 r 是对总体相关系数 ρ 的估计，它是根据从总体中随机抽取的样本观测值来计算的统计量。因此样本相关系数是一个随机变量。那么，我们所计算的样本相关系数是由于抽样的偶然性所致还是由于两个变量之间确实存在一定程度的相关呢？为此有必要对相关系数进行显著性检验。

对相关系数的显著性检验通常是检验总体相关系数是否等于零[⊖]，即待检验的假设如下。

$H_0: \rho=0$（总体两变量间线性相关性不显著）

$H_1: \rho \neq 0$（总体两变量间线性相关性显著）

要根据样本相关系数 r 检验上述假设，就须了解样本相关系数 r 的抽样分布，构建相应的检验统计量。尽管样本相关系数 r 的概率分布很复杂，但可证明，如果 X 和 Y 都服从正态分布，在 "$H_0: \rho=0$" 成立的前提下，检验统计量为如下的 t 统计量

⊖ 也可检验总体相关系数是否等于某个不为零的特定数值，其方法较复杂，此不赘述，可参考其他文献。

$$t = \frac{r\sqrt{n-2}}{\sqrt{1-r^2}} \sim t(n-2) \qquad (9\text{-}3)$$

与此相应的 P 值为：P 值 $= 2P\{t(n-2) > |t|\}$。

给定显著性水平 α，查 t 分布表得到自由度为 $(n-2)$ 的临界值 $t_{\alpha/2}$。若 $|t| \geq t_{\alpha/2}$ 或 P 值 $< \alpha$，表明应否定"$H_0: \rho = 0$"而接受"$H_1: \rho \neq 0$"，表示总体的两个变量间线性相关性显著；反之，表示总体的两个变量间线性相关性不显著。

例如，根据例 9-1 计算的样本相关系数 $r = 0.888$，可计算相应的 t 统计量的值为

$$t = \frac{0.888 \times \sqrt{8-2}}{\sqrt{1-0.888^2}} = 4.73$$

取显著性水平 $\alpha = 0.05$，查 t 分布表可得自由度为 $(n-2) = 6$ 临界值 $t_{\alpha/2}$ 为 2.447。由于 $t = 4.73 > t_{\alpha/2} = 2.447$，表明两变量间的相关系数显著不为 0，即例 9-1 中所研究行业企业的广告费与销售量之间确实存在线性相关关系。在 Excel 中，用函数 " = TDIST（4.73，6，2）"即可计算出相应的 P 值 $= 0.0032$。由于 P 值小于给定的 α，检验结论同上。

9.2.3 等级相关系数

由于 Pearson 相关系数是根据变量的数值大小来计算的，若样本数据出现异常值，Pearson 相关系数就会受到很大影响。严格地说，Pearson 相关系数 r 只适用于两个变量都是定量变量且呈正态分布的场合。当变量不满足正态分布要求，样本数据有异常值，或所研究的变量是定序变量时，则需要计算等级相关系数，最常用的是斯皮尔曼（Spearman）等级相关系数。

Spearman 等级相关系数实质上是简单线性相关系数的特例，它度量两个现象在等级顺序或位次上线性相关的密切程度，既适用于数值型数据，也适用于定序数据。若所研究的两个变量 X、Y 都是定序变量，先将全部样本单位按变量 X 和 Y 分别由低到高排序，x_{si} 和 y_{si} 分别表示样本中第 i 个单位按变量 X 和 Y 排序的位次（秩），$1 \leq x_{si} \leq n$，$1 \leq y_{si} \leq n$，n 为样本量，然后将这 n 对样本数据 (x_{si}, y_{si}) 代入 Pearson 相关系数 r 的计算公式（9-2），这样所得的相关系数就是 Spearman 等级相关系数。对于数值型数据，应先将变量值按大小排序得到每个观察值对应的位次（秩），再对两组位次数据计算 Pearson 相关系数 r，即得相应的 Spearman 等级相关系数。当样本量 n 较大而又不可能划分太多等级时，可先将观测值取值范围划分为若干等级区间。

计算等级相关系数时需注意：对于位次并列的情况，这些并列位次的值都取它们所占据位次的均值来计算。

为了计算时简便，可先计算出每个样本点的位次差 $d_i = x_{si} - y_{si} (1 \leq i \leq n)$，这样就可将 Spearman 等级相关系数（记为 r_s）的计算公式表示为

$$r_s = 1 - \frac{6\sum d_i^2}{n(n^2-1)} \qquad (9\text{-}4)$$

式（9-4）是在变量值表示为等级或位次时由式（9-2）导出的。因此，Spearman 等级相关系数具有如下的性质。

（1）若等级相关系数 $r_s > 0$，表明两个变量在等级顺序上呈正线性相关；反之，若 $r_s < 0$，表明两个变量在等级顺序上呈负线性相关；若 $r_s = 0$，则表明两个变量在等级顺序上不存在线性相关。

（2）等级相关系数 r_s 的取值范围为 $[-1, +1]$。当 $r_s = +1$ 时，表明所有个体在两个变

量上的等级顺序完全一致（呈完全线性正相关）；当 $r_s = -1$ 时，表明所有个体在两个变量上的等级顺序完全相反（呈完全线性负相关）。$|r_s|$ 越接近于 1，表示两个变量等级顺序的线性相关程度越高；反之，$|r_s|$ 越接近于 0，表示线性相关程度越低。

【例 9-2】

试根据例 9-1 的数据计算该行业中企业广告费与销售量之间的等级相关关系。

先计算样本中各个企业在广告费与销售量两个变量上的排序位次，再计算对应的位次差及其平方，如表 9-2 所示。

表 9-2　企业的广告费与销售量的等级相关系数计算表

企业序号	广告费 x_i/万元	销售量 y_i/万套	广告费的排序 位次 x_{si}	销售量的排序 位次 y_{si}	位次差 d_i	d_i^2
（甲）	(1)	(2)	(3)	(4)	(5)	(6)
1	40	32	1	1	0	0
2	45	34	2.5	2	0.5	0.25
3	45	48	2.5	3	-0.5	0.25
4	65	55	4	5	-1	1
5	80	50	5	4	1	1
6	92	60	6	6	0	0
7	105	78	7	8	-1	1
8	110	64	8	7	1	1
合计	582	421	36	36	0	4.5

根据表 9-2 所计算的结果，由式（9-4）计算可得

$$r_s = 1 - \frac{6\sum d_i^2}{n(n^2-1)} = 1 - \frac{6 \times 4.5}{8 \times (8^2-1)} = 0.946$$

可见，该行业中企业广告费与销售量的等级顺序之间存在高度线性正相关关系。

Excel 没有专门计算 Spearman 等级相关系数的工具，只能通过排序得到两个位次序列，如表 9-2 中的第（3）和第（4）列，再利用"数据分析"→"相关系数"计算出这两个位次序列的 Pearson 相关系数 r，即为原始序列的 Spearman 等级相关系数。利用 SPSS 可直接计算两组数据的 Spearman 等级相关系数，且同时输出检验的 P 值和样本量等信息。

二维码 9-1
利用 Excel 和 SPSS 计算 Pearson 相关系数和 Spearman 等级相关系数

9.3 一元线性回归分析

9.3.1 一元线性回归方程的估计

"回归"一词是由英国生物学家高尔顿在遗传学研究中首先提出来的。高尔顿通过对人体身高的研究发现，子女的身高不仅与父母的身高相关，而且有朝向相同性别的人的平均身高回归的趋势。现代意义的"回归"是研究一个变量（因变量）对另外一个或多个变量（自变量）的依存关系的统计方法，其目的就是寻找一个适当的数量关系式（回归方程）来近似代表变量间依存关系并据以进行估计或预测。

回归方程中的自变量可以只有一个，也可以有两个和两个以上，回归分析相应地可分为一元回归分析和多元回归分析。根据回归方程的形态，回归分析又可以分为线性回归分析和非线性回归分析。这里只介绍一元线性回归分析。

1. 总体回归方程和样本回归方程的概念

如果因变量 Y 和自变量 X 之间呈线性相关，其关系可表示为

$$Y_i = \beta_0 + \beta_1 X_i + \varepsilon_i \tag{9-5}$$

式（9-5）就是一元线性回归模型。其中 β_0，β_1 是常数；ε_i 是误差项，它是无法直接观测的随机变量。正因为 ε_i 的存在，随着自变量取值 X_i 的变化，因变量的取值 Y_i 并非完全位于一条直线上，而是围绕着一条直线上下波动。假定 ε_i 的均值为 0，给定 X 的取值 X_i，对式（9-5）求均值则有

$$E(Y_i) = \beta_0 + \beta_1 X_i \tag{9-6}$$

通常将式（9-6）称为总体的一元线性回归方程或总体回归直线，$E(Y_i)$ 表示给定自变量值 X_i 时因变量的均值。β_0 和 β_1 统称为总体回归方程的参数，其中 β_0 是总体回归直线的截距，表示除了 X 以外的其他因素对 Y 的平均影响量；β_1 是总体回归直线的斜率，表示 X 每增加一个单位时 Y 的平均变化量。由式（9-6）不难理解，总体回归方程描述的是 Y 和 X 的两个变量之间平均的数量变化关系。

在实际中，通常由于不可能把变量的全部可能取值收集齐全，总体回归方程中的参数 β_0 和 β_1 是不可能直接观测计算而得的，是有待估计的未知参数。为此，我们需要根据样本信息来估计。若能通过适当的方法，找到两个估计量 $\hat{\beta}_0$ 和 $\hat{\beta}_1$ 分别替代总体回归方程中的参数 β_0 和 β_1，则得到估计的回归方程，也称样本回归方程。一元线性的样本回归方程也称为样本回归直线，其形式为

$$\hat{Y}_i = \hat{\beta}_0 + \hat{\beta}_1 X_i \tag{9-7}$$

式（9-7）中，$\hat{Y}_i$ 是与自变量取值 X_i 相对应的因变量均值 $E(Y_i)$ 的估计；$\hat{\beta}_0$ 和 $\hat{\beta}_1$ 分别为总体回归方程参数 β_0 和 β_1 的估计量；$\hat{\beta}_0$ 是样本回归直线的截距；$\hat{\beta}_1$ 是样本回归直线的斜率，也称为样本回归系数。

样本回归方程与总体回归方程的形式是一致的。但必须注意，总体回归方程的参数 β_0 和 β_1 是未知的、确定的数，从而总体回归方程也是未知但确定的、唯一的；样本回归方程的估计量 $\hat{\beta}_0$ 和 $\hat{\beta}_1$ 是随抽样而变化的随机变量，因而样本回归线也是随抽样而变化的，对于每个可能

样本，都可以拟合一条样本回归线，所以样本回归线可以有许多条。

2. 随机项的基本假定

回归模型中的随机项 ε_i 往往代表除了自变量 X 之外的其他因素对因变量的综合影响，也包括模型形式的设定误差和数据的观测误差等。鉴于其复杂性，为了对回归模型的参数进行合理的估计和推断，必须对模型中随机项 ε_i 的性质做如下的基本假定。

（1）ε_i 具有零均值，即在给定 X_i 的条件下 ε_i 的均值为 0：$E(\varepsilon_i)=0$。

（2）ε_i 具有同方差，即在给定 X_i 的条件下 ε_i 的方差为一个常数 σ^2：$D(\varepsilon_i)=\sigma^2$。

（3）ε_i 无自相关：$\mathrm{Cov}(\varepsilon_i,\varepsilon_j)=0$，当 $i\neq j$ 时。

（4）ε_i 与自变量 X 不相关：$\mathrm{Cov}(X_i,\varepsilon_j)=0$。

（5）ε_i 服从正态分布。

简而言之，假定随机项 ε_i 独立同正态分布，即

$$\varepsilon_i \stackrel{iid}{\sim} N(0,\sigma^2) \tag{9-8}$$

通常把满足以上基本假定的线性回归模型称为经典线性回归模型。本书的回归分析都是针对经典线性回归模型而言的。至于如何检验实际情况是否符合上述基本假定，以及违背基本假定时如何建立模型，则是计量经济学的任务。

3. 回归方程参数的估计方法：最小二乘法

回归分析的基本内容就是要用样本回归方程去估计总体回归方程。就一元线性回归分析而言，就是要确定式（9-7）中的两个系数 $\hat{\beta}_0$ 和 $\hat{\beta}_1$。如何确定呢？人们总是希望寻求一定的规则和方法，使所估计的样本回归方程是总体回归方程的最理想的代表。

最理想的回归直线应该尽可能从整体来看最接近各个实际观测点 (x_i,y_i)，$i=1,2,\cdots,n$，通常需采用离差平方总和来衡量全部观测值与对应估计值之间的差距大小。因此，回归直线应满足的条件是：因变量的观测值 y_i 与对应的回归估计值 $\hat{y}_i$ 的离差平方总和（记为 Q）最小，即

$$Q = \sum_{i=1}^{n}(y_i-\hat{y}_i)^2 = \sum_{i=1}^{n}[y_i-(\hat{\beta}_0+\hat{\beta}x_i)]^2 = 最小 \tag{9-9}$$

根据这一准则来估计回归方程系数的方法称为最小平方法或最小二乘法。显然，在取得了样本观测值的情况下，Q 的大小依赖于 $\hat{\beta}_0$ 和 $\hat{\beta}_1$ 的取值，客观上 $\hat{\beta}_0$ 和 $\hat{\beta}_1$ 总有一对数值能够使离差平方总和达到最小。利用微分求函数极值的原理，将 Q 分别对 $\hat{\beta}_0$ 和 $\hat{\beta}_1$ 求偏导并令其为 0，即可得到求解 $\hat{\beta}_0$ 和 $\hat{\beta}_1$ 的两个方程。通常将 $\hat{\beta}_0$ 和 $\hat{\beta}_1$ 的计算公式写为如下形式[⊖]，即

$$\begin{cases} \hat{\beta}_1 = \dfrac{\sum(x_i-\bar{x})(y_i-\bar{y})}{\sum(x_i-\bar{x})^2} \\ \hat{\beta}_0 = \bar{y}-\hat{\beta}_1\bar{x} = \dfrac{\sum y_i}{n} - \hat{\beta}_1 \times \dfrac{\sum x_i}{n} \end{cases} \tag{9-10}$$

样本数据不同，所计算的估计值也就可能不同。所以样本回归方程系数 $\hat{\beta}_0$ 和 $\hat{\beta}_1$ 都是随机

⊖ 为了避免计算离差的麻烦，也常用简化公式：$\hat{\beta}_1 = \dfrac{n\sum x_i y_i - \sum x_i \sum y_i}{n\sum x_i^2 - (\sum x_i)^2}$。

变量。但可证明,在满足随机项基本假定的情况下,由最小二乘法得到的估计量 $\hat{\beta}_0$ 和 $\hat{\beta}_1$ 分别是总体回归方程参数 β_0 和 β_1 的最优线性无偏估计,即 $E(\hat{\beta}_0)=\beta_0$,$E(\hat{\beta}_1)=\beta_1$,而且在所有线性无偏估计量中,最小二乘估计量的方差最小,这一结论也称为高斯-马尔科夫定理。

【例 9-3】

根据例 9-1 的数据,试建立企业广告费与销售量之间的回归方程。

广告费支出显然是影响销售量的一个重要因素,应该以广告费为自变量 X,以销售量为因变量 Y。根据表 9-1 中的计算结果,由式(9-10)可得

$$\hat{\beta}_1 = \frac{\sum(x_i-\bar{x})(y_i-\bar{y})}{\sum(x_i-\bar{x})^2} = \frac{2\,667.252}{5\,523.504} = 0.483$$

$$\hat{\beta}_0 = \frac{\sum y_i}{n} - \hat{\beta}_1 \times \frac{\sum x_i}{n} = \frac{421}{8} - 0.483 \times \frac{582}{8} = 17.49$$

所估计的回归方程为:$\hat{Y} = 17.49 + 0.483X$

上述回归方程表明,如果没有广告投入($X=0$ 时),销售量平均只有 17.49 万套;广告费每增加 1 万元,企业的销售量将平均增加 0.483 万套。

用 Excel 的数据分析中的"回归"可以轻松实现线性回归分析。具体操作方法和结果解释详见二维码 9-2。为了下面的讲解方便,这里先展示本例的一元线性回归输出结果(见图 9-2)。

	D	E	F	G	H	I	J	K
1		SUMMARY OUTPUT						
2								
3		回归统计						
4		Multiple R	0.88787					
5		R Square	0.7883					
6		Adjusted R Squ	0.75302					
7		标准误差	7.59258					
8		观测值	8					
9								
10		方差分析						
11			df	SS	MS	F	Significance F	
12		回归分析	1	1287.9918	1287.9918	22.34266	0.003235	
13		残差	6	345.88323	57.647204			
14		总计	7	1633.875				
15								
16			Coefficients	标准误差	t Stat	P-value	Lower 95%	Upper 95%
17		Intercept	17.4947	7.9020805	2.2139308	0.06877	-1.84104	36.83035
18		广告费	0.48289	0.1021602	4.7268021	0.003235	0.232914	0.732868

图 9-2 例 9-3 一元线性回归的输出结果

Excel 的线性回归分析的输出结果包括"回归统计""方差分析"和"回归系数"三个部分,从输出结果的"Coefficients"下可得到截距项 $\hat{\beta}_0$(Intercept)的值为 17.494 7,回归系数 $\hat{\beta}_1$(广告费的系数)为 0.482 89。"Lower 95%"和"Upper 95%"栏下分别是对相应总体参数的区间估计下限和上限(默认置信水平为 95%)。其他输出结果将陆续在后面给予解释。

二维码 9-2
用 Excel 进行线性回归分析

9.3.2 一元线性回归方程的拟合效果

样本回归方程是根据样本数据来估计的变量间的线性关系,那么该回归方程是否很好地匹配了样本数据呢?这就有必要关注拟合优度即样本回归方程对样本观测数据拟合的优劣程度,主要依据两个指标进行度量:判定系数和回归估计标准误差。

1. 判定系数

样本数据中每个观测值 y_i 与平均值 $\bar{y}$ 的离差 $(y_i - \bar{y})$ 可以分解为两部分,即

$$(y_i - \bar{y}) = (\hat{y}_i - \bar{y}) + (y_i - \hat{y}_i) \tag{9-11}$$

$(\hat{y}_i - \bar{y})$ 称为回归离差,它是估计值 $\hat{y}_i$ 对 $\bar{y}$ 的偏离程度,是随自变量 X 的取值不同而不同的,也就是说这部分离差的方向和大小可以由自变量的变化来加以解释;$(y_i - \hat{y}_i)$ 称为残差(通常记为 e_i),它是观测值 y_i 和估计值 $\hat{y}_i$ 的离差,是除了自变量 X 以外的其余因素引起的,这部分离差的方向和大小都是不确定的,不能由回归方程来解释说明,如图 9-3 所示。

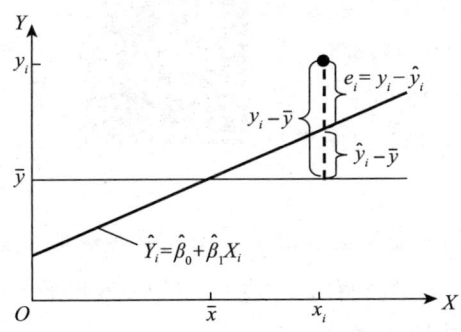

图 9-3 因变量离差的分解

将式 (9-11) 两边平方并对所有样本点加总,可证明:

$$\sum (y_i - \bar{y})^2 = \sum (\hat{y}_i - \bar{y})^2 + \sum (y_i - \hat{y}_i)^2 \tag{9-12}$$

式 (9-12) 中的三部分分别称为总离差平方和、回归平方和、残差平方和(或误差平方和),通常分别记为 SST、SSR 和 SSE,从而可将式 (9-12) 表示为 SST = SSR + SSE。

总离差平方和:$\text{SST} = \sum (y_i - \bar{y})^2$,反映因变量 Y 总的变异。

回归平方和:$\text{SSR} = \sum (\hat{y}_i - \bar{y})^2$,表示因变量 Y 总的变异中可由回归直线做出解释的部分。

残差平方和:$\text{SSE} = \sum (y_i - \hat{y}_i)^2$,是因变量 Y 总的变异中样本回归直线无法解释的部分。

显然,总离差平方和中,回归平方和所占比重越大,样本回归直线对样本数据的拟合程度就越好。因此,可用回归平方和在总离差平方和中所占比重来度量样本回归直线的拟合程度,通常将这一比重称为判定系数(或称可决系数),在一元线性回归分析中一般用 r^2 来表示,其计算公式为

$$r^2 = \frac{\text{SSR}}{\text{SST}} = \frac{\sum (\hat{y}_i - \bar{y})^2}{\sum (y_i - \bar{y})^2} \tag{9-13}$$

判定系数 r^2 有如下特点。

(1) 判定系数的取值范围为:$0 \leqslant r^2 \leqslant 1$。$r^2 = 1$,表示所有的样本观测值对应的点都落在一

条直线上，因变量 Y 的变异全部可由 Y 与 X 的线性关系来解释；r^2 越接近 1，说明回归方程对样本观测值的拟合效果越好；$r^2 = 0$，则说明因变量 Y 的变异完全不能由 Y 与 X 的线性关系来解释；r^2 越接近 0，则说明样本回归方程的拟合效果越差。

（2）在一元线性回归中，判定系数就等于相关系数的平方。

由此，也可以得到相关系数 r 的另一个计算公式为

$$|r| = \sqrt{\frac{\text{SSR}}{\text{SST}}} = \sqrt{\frac{\sum(\hat{y}_i - \bar{y})^2}{\sum(y_i - \bar{y})^2}} \tag{9-14}$$

由式（9-14）计算的相关系数不能确定是正相关还是负相关，其相关方向还须根据回归系数的正负号来判断。

根据式（9-13）计算判定系数，需先根据样本回归方程计算出 X 的各观测值 x_i 对应的回归估计值 $\hat{y}_i$，计算过程比较烦琐。事实上，在 Excel 回归输出结果的第一部分就有判定系数（R Square）和相关系数（Multiple R，在多元线性回归中指复相关系数，复相关系数不考虑相关方向；在一元线性回归中它就是简单相关系数 r 的绝对值）。如例 9-3 中，判定系数 $r^2 = 0.788$，相关系数的绝对值 $|r| = 0.888$（本例中，由于回归系数估计值 $b = 0.483 > 0$，相关系数也应取正数，所以 $r = 0.888$，见图 9-2）。

二维码 9-3
回归离差平方和的分解（证明）

2. 回归估计标准误差

利用样本回归方程得到的因变量估计值 $\hat{y}_i$，与实际观测值 y_i 之间总是存在或大或小、或正或负的估计误差即残差 e_i。为了说明估计误差大小的一般水平，可对全部观测值的残差平方进行平均，得到均方误差，用 MSE 表示，即

$$\text{MSE} = \frac{\sum_{i=1}^{n} e_i^2}{n-2} = \frac{\sum_{i=1}^{n}(y_i - \hat{y}_i)^2}{n-2} = \frac{\text{SSE}}{n-2} \tag{9-15}$$

式（9-15）中的分母之所以用 $(n-2)$ 而不是 n，是因为一元线性回归方程中有两个待估计参数，致使分子即残差平方和的自由度为 $(n-2)$。可证明，根据式（9-15）定义的均方误差 MSE 是随机扰动项 ε 的总体方差 σ^2 的无偏估计量。

均方误差 MSE 的平方根就是回归估计的标准误差，常用 S_e 表示，即有

$$S_e = \sqrt{\frac{\sum_{i=1}^{n} e_i^2}{n-2}} = \sqrt{\frac{\sum_{i=1}^{n}(y_i - \hat{y}_i)^2}{n-2}} = \sqrt{\frac{\text{SSE}}{n-2}} \tag{9-16}$$

回归估计标准误差 S_e 既可以衡量样本回归方程的拟合效果，又是回归预测所必须了解的一个指标。S_e 越小，平均来看回归估计的误差就越小。对预测而言，只要影响变量的因素没有重大变化，S_e 越小，预测误差通常也会越小。

Excel 回归输出结果第一部分中的"标准误差"即 S_e。如例 9-2（图 9-2）中，回归估计标准误差 $S_e = 7.59258$。

由式（9-13）可得：$r^2 = 1 - \dfrac{\sum(y_i - \hat{y}_i)^2/(n-2)}{\sum(y_i - \bar{y})^2/(n-1)} \cdot \dfrac{n-2}{n-1} = 1 - \dfrac{S_e^2}{S_y^2} \cdot \dfrac{n-2}{n-1}$

大样本情况下，$(n-2)/(n-1) \approx 1$，从而有

$$r^2 \approx 1 - \frac{S_e^2}{S_y^2} \quad 或 \quad |r| \approx \sqrt{1 - \frac{S_e^2}{S_y^2}} \tag{9-17}$$

或

$$S_e \approx S_y \sqrt{1-r^2} \tag{9-18}$$

由式（9-17）和式（9-18）可知，回归估计标准误差 S_e 与判定系数 r^2、相关系数 r 有着密切的关系。显然，回归估计标准误差 S_e 越小，判定系数 r^2 就越大，相关系数的绝对值 $|r|$ 也就越大；反之则相反。它们可相互推算。这也表明，回归估计标准误差 S_e 与判定系数 r^2 是度量回归估计精度和回归方程拟合优度的指标，但也间接反映了变量之间相关关系的密切程度；相关系数 r 是衡量变量之间相关关系密切程度的指标，但也可间接反映回归估计精度和回归方程拟合优度。

还需注意，判定系数 r^2 是一个无量纲的指标，而回归估计标准误差 S_e 则与因变量有相同的计量单位，$0 \leq r^2 \leq 1$，而 $0 \leq S_e \leq S_y$。

9.3.3 一元线性回归方程的显著性检验

如前所述，总体回归模型的参数是不能直接观测的，只能通过样本观测值去估计，而估计量是随抽样而变动的随机变量，那么所估计的回归方程是否可靠？因此在应用所估计的回归方程之前还应该检验其是否具有统计显著性，即检验自变量 X 对因变量 Y 的线性影响是否显著。通常是对如下的假设进行显著性检验[⊖]。

$$H_0: \beta_1 = 0$$
$$H_1: \beta_1 \neq 0$$

若拒绝 H_0，表明 X 对 Y 存在显著的线性影响，所估计的回归方程是显著的、有意义的；反之，若不能拒绝 H_0，表明所估计的回归方程不显著、没有意义。

一元线性回归方程中的显著性检验主要有 F 检验和 t 检验两种检验方法，两者在这里是等价的。

1. 一元线性回归方程的 F 检验

一元线性回归方程的 F 检验是根据方差分析的基本思想，将因变量观测值的离差分解为回归离差和残差，检验由于 X 的线性影响而引起的变差是否显著。由式（9-13）可知，在总离差平方和一定的情况下，回归平方和越大，即判定系数越大，表示因变量 Y 的变化能够由 X 的线性影响来解释的比重就越大，但是回归平方和要达到什么样的水平才能说明 Y 与 X 的线性关系具有显著性呢？

在满足回归方程的基本假定的情况下，若"$H_0: \beta_1 = 0$"成立有

$$\text{SSR}/\sigma^2 \sim \chi^2(1), \quad \text{SSE}/\sigma^2 \sim \chi^2(n-2)$$

[⊖] 对回归方程的常数项也可以检验，关注的是回归线是否经过原点（$H_0: \beta_0 = 0$），其检验原理与 $H_0: \beta_1 = 0$ 的检验相同，也不难理解相应的输出结果。但对回归方程的检验，更为关注的是自变量与因变量之间线性关系是否存在。若 $H_0: \beta_1 = 0$，则平均来说因变量并不随自变量的变动而变动。

上述两个服从 χ^2 分布的统计量相互独立，因此，它们分别除以各自自由度后的比值服从第一自由度为 1、第二自由度为 $(n-2)$ 的 F 分布。所以，对于 "$H_0: \beta = 0$" 的检验可采用如下的检验统计量 F，即

$$F = \frac{(SSR/\sigma^2)/1}{(SSE/\sigma^2)/(n-2)} = \frac{SSR}{SSE/(n-2)} \sim F(1, n-2) \tag{9-19}$$

对于给定的显著性水平 α，查 F 分布表可得临界值 $F_\alpha(1, n-2)$。需注意，只有当 SSR 充分大时，才能说明变量间的线性相关性显著，所以这里的临界值为 $F_\alpha(1, n-2)$。若 $F \geq F_\alpha(1, n-2)$ 或 P 值 $\leq \alpha$，则拒绝 H_0，表明变量 Y 与 X 之间的线性关系显著；反之，若 $F < F_\alpha(1, n-2)$ 或 P 值 $> \alpha$，则不能拒绝 H_0，表明变量 Y 与 X 之间的线性关系不显著。

上述检验方法也称为一元线性回归的方差分析，有关的计算结果也用方差分析表一目了然地展示出来，如表 9-3 所示。

表 9-3 一元线性回归的方差分析表

离差来源	平方和 SS	自由度 df	均方差 MS	F 值	P 值 (Significance F)
回归	$SSR = \sum(\hat{y}_i - \bar{y})^2$	1	$SSR/1$	$F = \dfrac{SSR}{SSE/(n-2)}$	$P\{F(1, n-2) \geq F\}$
残差	$SSE = \sum(y_i - \hat{y}_i)^2$	$n-2$	$SSE/(n-2)$		
总体	$SST = \sum(y_i - \bar{y})^2$	$n-1$			

Excel 回归输出结果的第二部分就是线性回归的方差分析表。由图 9-2 中的方差分析表可知，$F = 22.343$。若给定显著性水平 $\alpha = 0.01$，查 F 分布表可得临界值 $F_{0.01}(1, 6) = 13.75$，由于 $F = 22.343 > 13.75$，所以应拒绝 H_0，表明在 0.01 的显著性水平下销售量 Y 与广告费 X 之间的线性关系显著。根据 P 值可以得到同样的检验结论，因为 P 值 $= 0.003\ 235 < 0.01$。

2. 回归系数的 t 检验

对于 "$H_0: \beta_1 = 0$" 的检验也可以从估计量 $\hat{\beta}_1$ 的概率分布[○]出发，采用 t 检验法。

可证明在 "$H_0: \beta_1 = 0$" 成立时有

$$t = \frac{\hat{\beta}_1}{S_{\hat{\beta}_1}} = \frac{\hat{\beta}_1}{S_e / \sqrt{\sum(x_i - \bar{x})^2}} \sim t(n-2) \tag{9-20}$$

回归系数的 t 检验就是根据式 (9-20) 的 t 统计量对回归系数进行检验。对于给定的显著性水平 α，查自由度 $(n-2)$ 的 t 分布表确定临界值 $t_{\alpha/2}(n-2)$。若 $|t| \geq t_{\alpha/2}(n-2)$，则拒绝 H_0，而接受 H_1，即表明变量 Y 与 X 之间的线性关系显著；反之则不能拒绝 H_0。

由图 9-2 中最后一部分可知，$t = 4.727$。若给定显著性水平 $\alpha = 0.01$，查 t 分布表可得临界值 $t_{0.005}(6) = 3.71$，由于 $t = 4.727 > 3.71$，所以应拒绝 H_0，表明销售量 Y 与广告费 X 之间的线性关系显著。根据 P 值可以得到同样的检验结论，因为 P 值 $= 0.003\ 235 < 0.01$。

○ 在满足基本假定的条件下，可证明估计量 $\hat{\beta}_1$ 的概率分布为 $\hat{\beta}_1 \sim N\left(\beta_1, \dfrac{\sigma^2}{\sum(X_i - \bar{X})^2}\right)$。

不难发现，上述回归方程的 F 检验、回归系数的 t 检验与第 9.2.2 节中相关系数的 t 检验三者的结论总是一致的，相应的 P 值都是完全相同的。实质上，三者都是检验两个变量间总体的线性相关性是否显著。

理解上述显著性检验的结论需注意几点：拒绝原假设，只能表明在我们收集的观察数据范围内，变量间的线性关系在统计上是显著的，但是并不能说明总体的线性相关程度很高；也不能简单地得出变量之间存在因果关系的结论，是否存在因果关系还需依赖定性分析；甚至也不能说变量之间肯定就是线性关系，是否存在非线性关系，需观察散点图或收集更大变动范围内的数据。

9.3.4 利用一元线性回归方程进行预测

回归分析的一个主要目的是利用估计的回归方程对因变量做出合理的预测。如果所建立的回归方程是显著的，并且也是有实际意义的，就可以利用回归方程根据自变量 X 的数值来估计或预测因变量 Y 的取值。这种预测称为回归预测。回归预测分为点预测和区间预测。

点预测就是将自变量预测期的数值 x_f 代入所估计的回归方程，即可计算出因变量相应的预测值 $\hat{y}_f$。即当 $X = x_f$ 时，因变量相应的预测值为

$$\hat{y}_f = \hat{\beta}_0 + \hat{\beta}_1 x_f \tag{9-21}$$

例如，根据例 9-3 所估计的回归方程，预测广告费为 80 万元时，可预测销售量将达

$$\hat{y}_f = 17.49 + 0.483 \times 80 = 56.13(\text{万套})$$

由样本回归方程的含义不难理解，用式（9-21）计算的 $\hat{y}_f$ 实质上是对 Y_f 的均值 $E(Y_f)$ 的点估计。由于存在随机扰动项 ε 的影响，给定自变量的值 x_f，因变量对应的取值 Y_f 是一个随机变量，因变量的实际取值不一定等于其均值的点预测值 $\hat{y}_f$，因此通常还需要对 Y_f 进行区间预测。

由于 $Y_f = E(Y_f) + \varepsilon$，$\varepsilon \sim N(0, \sigma^2)$，所以 Y_f 最可能的预测值仍然是 $\hat{y}_f$，于是 Y_f 的区间预测就是要寻找一个以点预测值 $\hat{y}_f$ 为中心的对称区间，即因变量具体取值的预测区间一般可表示为

$$(\hat{y}_f - \Delta, \hat{y}_f + \Delta) \tag{9-22}$$

式（9-22）中，$\hat{y}_f$ 是 $X = x_f$ 时因变量 Y 的点预测值，Δ 为预测误差范围。预测误差范围 Δ 总是与一定的置信水平 $(1-\alpha)$ 相联系的，这里的 $(1-\alpha)$ 表示因变量的实际值与点预测值之差小于或等于 Δ（即残差绝对值 $|e_f| = |y_f - \hat{y}_f| \leq \Delta$）的概率为 $(1-\alpha)$，即 $P\{\hat{y}_f - \Delta \leq y_f \leq \hat{y}_f + \Delta\} = 1 - \alpha$。

要估计预测误差范围 Δ 还需要明确残差的概率分布。可证明，残差 $e_f = y_f - \hat{y}_f$ 服从正态分布，其均值和方差分别为

$$E(e_f) = E(y_f - \hat{y}_f) = 0 \tag{9-23}$$

$$D(e_f) = E(y_f - \hat{y}_f)^2 = \sigma^2 \left[1 + \frac{1}{n} + \frac{(x_f - \bar{x})^2}{\sum (x_i - \bar{x})^2} \right] \tag{9-24}$$

由于式（9-24）中 σ^2 未知而只能用 $S_e^2 = \sum e_i^2 / (n-2)$ 代替，于是可进一步证明

$$t = \frac{y_f - \hat{y}_f}{S_e \sqrt{1 + \frac{1}{n} + \frac{(x_f - \bar{x})^2}{\sum (x - \bar{x})^2}}} \sim t(n-2) \tag{9-25}$$

由式（9-25）可知，给定置信水平（$1-\alpha$），预测误差范围 Δ 的计算公式为

$$\Delta = t_{\alpha/2}(n-2) \cdot S_e \cdot \sqrt{1 + \frac{1}{n} + \frac{(x_f - \bar{x})^2}{\sum (x - \bar{x})^2}} \tag{9-26}$$

式（9-26）中，$t_{\alpha/2}(n-2)$ 是自由度为（$n-2$）的 t 分布中右尾概率 $\alpha/2$ 对应的 t 值，查 t 分布表或由 Excel 的 TINV 函数可得。S_e 是回归估计标准误差。

由式（9-26）可知，回归预测的误差范围大小取决于下列因素。

（1）置信水平（$1-\alpha$）。置信水平越大，$t_{\alpha/2}(n-2)$ 就越大，从而预测的误差范围也就越大。

（2）回归估计标准误差 S_e。S_e 越大，预测的误差范围也就越大。

（3）自变量的取值与均值的距离 $|x_f - \bar{x}|$。当 $x_f = \bar{x}$ 时，$(x_f - \bar{x})^2 = 0$，此时预测区间最窄。x_f 离 $\bar{x}$ 越远，$(x_f - \bar{x})^2$ 越大，预测区间就越宽。可见，预测区间的宽度是随 x_f 的变化而变化的，将对应于不同自变量取值的预测区间上下限分别连接起来，则可明显看到，预测区间上下限表现为关于回归直线对称的两条喇叭形曲线，如图 9-4 所示。正因为如此，做回归预测时，自变量的取值 x_f 不宜离 $\bar{x}$ 太远，否则预测的精度会大大降低。

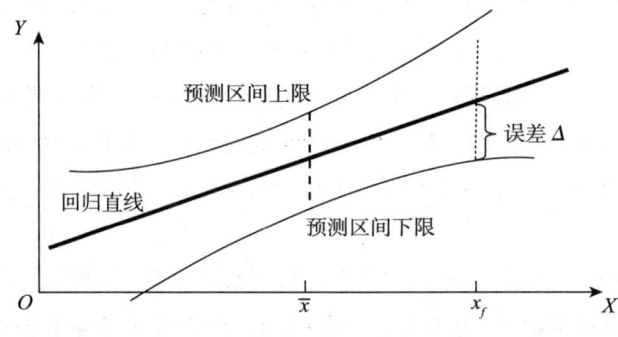

图 9-4　回归直线与预测区间

（4）样本量 n。n 越大，$1/n$ 越小，而且 $t_{\alpha/2}(n-2)$ 就越小（α 相同的情况下），$\sum (x_i - \bar{x})^2$ 也越大，所以预测误差范围就越小。

当 n 充分大时，$t_{\alpha/2}(n-2)$ 可用正态分布的分位数 $Z_{\alpha/2}$ 来近似，式（9-26）中根号里的值趋近于 1。因此，在大样本条件下，因变量取值 y_f 的预测误差范围 Δ 可近似用下述公式计算，即

$$\Delta = Z_{\alpha/2} S_e \tag{9-27}$$

【例 9-4】

根据例 9-3 所估计的回归方程，当企业的广告费为 80 万元时，以 0.95 的置信水平对销售量进行区间预测。

当 $x_f = 80$ 时，相应的销售量的预测误差范围 Δ 为

$$\Delta = t_{\alpha/2}(n-2) \cdot S_e \cdot \sqrt{1 + \frac{1}{n} + \frac{(x_f - \bar{x})^2}{\sum(x-\bar{x})^2}}$$

$$= 2.447 \times 7.59258 \times \sqrt{1 + \frac{1}{8} + \frac{(80 - 72.75)^2}{5523.5}} = 19.79(万套)$$

即当企业的广告费达到 80 万元时,在 0.95 的置信水平下,销售量的预测区间为 (56.13 ± 19.79) 即 (36.34, 75.92) 万套。

应用回归分析时,特别要强调以下几点。

首先,要注意与定性分析相结合。回归分析也只是从数据出发定量地分析变量间相互依存关系的一种统计手段,并不能揭示现象相互之间的本质联系。现象间内在的本质联系,取决于事物发展变化的客观规律性,要做定性分析。

其次,利用回归方程进行预测时,自变量取值若超出了样本数据的范围,预测结果是不可靠的。所估计的回归方程即使经过了显著性检验,而且拟合效果很好,那也只能说明它在样本数据范围内可以很好地代表变量间的数量依存关系,超过这一范围,变量间的数量关系很可能发生变化,所估计的回归方程就不能代表了。例如,在前面的例子中,企业的广告费与销售量呈高度线性正相关,但样本回归方程所表示的数量关系不能无条件外推或延伸。如果没有不断增长的社会需求,企业也不提高产品和服务的质量而只是增加广告费,销售量显然就不会一直呈直线增长。

最后,回归分析最适合于研究变量之间的因果关系,将原因作为自变量,结果作为因变量。但是回归分析不一定要求变量之间必须具有直接的因果关系。例如,警察可根据犯罪现场可疑的脚印长短估计嫌疑犯的身高,这就是利用了身高 (Y) 依赖于脚印长度 (X) 的回归方程来估计的,但显然不能说脚长与身高是因果关系。只要变量间存在内在的真实的数量依存关系,就可以建立回归方程来分析和估计;只要这种关系会延续,回归方程就可用于预测。

回归方程的估计与检验都是在系列基本假定的前提下进行的,实际应用时还需注意这些假定是否可接受。若违背这些假定,回归分析结论的可信度和应用价值就会大打折扣。关于这方面的进一步讨论已超出了统计学课程的范围,这将是计量经济学等课程的研讨内容。

*9.4 多元线性回归分析

9.4.1 多元线性回归方程的估计

在许多实际问题中,一个现象的变动往往要受多种现象变动的影响。例如,消费支出除了受本期收入水平的影响外,还受物价水平、以前收入水平以及预期收入水平等因素的影响。因此,在进行相关回归分析时,常常需要对多个变量之间的关系进行研究。

对因变量与两个以上自变量之间的线性关系的回归分析称为多元线性回归分析。用于描述因变量 Y 如何依赖于自变量 $X_1, X_2, \cdots, X_k$ 和一个误差项的线性数学模型称为多元线性回归模型,其一般形式可写为

$$Y_i = \beta_0 + \beta_1 X_{1i} + \beta_1 X_{2i} + \cdots + \beta_k X_{ki} + \varepsilon_i \tag{9-28}$$

式 (9-28) 中,k 为自变量个数。$\beta_0, \beta_1, \beta_2, \cdots, \beta_k$ 是模型参数,其中 β_0 是常数项,$\beta_1, \beta_2, \cdots, \beta_k$ 是回归系数,表示在其他自变量保持不变的情况下,自变量 X_j 变动一个单位所引起

的因变量 Y 平均变动的数量，因而也称之为偏回归系数。ε_i 为误差项，表示除了模型中 k 个自变量以外的其他各种随机因素对因变量的影响。ε_i 是无法直接观测的。多元线性回归分析对误差项的假定，除了一元线性回归分析中的基本假定之外，还需假定自变量相互独立。

多元线性回归分析中把自变量之间的相关性称为多重共线性。模型存在严重的多重共线性就是指自变量之间存在很强的相关性，这会导致所估计的回归系数不可靠，很难识别各个自变量对因变量的影响。实际应用中，在很多场合下自变量之间都不可能完全独立，但至少要求自变量之间不能具有较强的线性关系（一般要求相关系数的绝对值不大于 0.7）。

总体参数 $\beta_0, \beta_1, \beta_2, \cdots, \beta_k$ 是未知的，多元线性回归分析的首要任务就是要利用有关的样本观测值对它们进行估计。若估计量分别用 $\hat{\beta}_0, \hat{\beta}_1, \hat{\beta}_2, \cdots, \hat{\beta}_k$ 表示，则估计的多元线性回归方程可表示为

$$\hat{Y}_i = \hat{\beta}_0 + \hat{\beta}_1 X_{1i} + \hat{\beta}_1 X_{2i} + \cdots + \hat{\beta}_k X_{ki} \tag{9-29}$$

求估计量 $\hat{\beta}_0, \hat{\beta}_1, \hat{\beta}_2, \cdots, \hat{\beta}_k$ 的原理方法与一元线性回归分析中相同，只不过自变量由一个增加到多个，待估计的参数也相应增加了。同样可采用最小二乘法，即最理想的估计应满足残差平方和

$$Q = \sum (y_i - \hat{y}_i)^2 = \sum (y_i - \hat{\beta}_0 - \hat{\beta}_1 x_1 - \hat{\beta}_2 x_2 - \cdots - \hat{\beta}_k x_k)^2 \tag{9-30}$$

为最小的条件。将式（9-30）中的 Q 分别对 $\hat{\beta}_0, \hat{\beta}_1, \hat{\beta}_2, \cdots, \hat{\beta}_k$ 求偏导数并令它们都等于零，可得到一个方程组，解该方程组便可求得 $\hat{\beta}_0, \hat{\beta}_1, \hat{\beta}_2, \cdots, \hat{\beta}_k$。这一求解过程很烦琐，一般需要通过矩阵运算来求得。但依托计算机和统计软件，有关计算易如反掌，参见 9.4.4 多元线性回归的应用举例。

9.4.2 多元线性回归方程的拟合效果

多元线性回归模型同样可以用估计标准误差、判定系数等指标来评价其拟合效果。其计算原理与一元线性回归分析的计算原理基本相同。

1. 估计标准误差

多元线性回归方程的估计标准误差的计算公式为

$$S_e = \sqrt{\frac{\sum_{i=1}^{n}(y_i - \hat{y}_i)^2}{n - k - 1}} \tag{9-31}$$

式中，n 为样本量；k 为自变量个数。

当 $k=1$ 时，式（9-31）就变成了一元回归分析中的估计标准误差的计算公式（9-16）。可见，一元与多元回归分析中的估计标准误差的计算原理及其含义是一致的，估计标准误差 S_e 越小，表明样本回归方程的拟合效果越好，平均说来回归估计值的误差越小。

2. 判定系数和复相关系数

在多元线性回归分析中，为了说明所估计的回归方程对样本观测值的拟合程度，同样可以将因变量 Y 的总离差平方和分解为回归平方和与残差平方和两部分，将回归平方和与总离差平方和的比值称为判定系数，在多元线性回归分析中也称之为多重判定系数，用 R^2 表示，其计算公式为

$$R^2 = \frac{\text{SSR}}{\text{SST}} = \frac{\sum(\hat{y}-\bar{y})^2}{\sum(y-\bar{y})^2} \tag{9-32}$$

判定系数 R^2 是介于 0~1 之间的一个小数。R^2 越接近 1，回归方程对样本数据的拟合程度就越好，同时也说明回归方程中自变量对因变量的联合影响程度越大，因变量与自变量间的相关程度越高；反之，R^2 越接近 0，回归方程对样本数据的拟合程度就越差，同时也说明回归方程中自变量对因变量的联合影响程度越小，因变量与自变量间的相关程度越低。

在样本量一定的情况下，判定系数是回归模型中自变量个数的不减函数，随着模型中自变量的增加，判定系数 R^2 的值就会变大。这会给人们一个错觉：只要增加自变量，就会改善模型拟合效果。但是，增加自变量必定使待估参数增加，损失自由度，从而增加估计误差，降低估计的可靠度。为此，需要用自由度对判定系数 R^2 进行修正，修正的判定系数记为 $\bar{R}^2$，其计算公式为

$$\bar{R}^2 = 1 - (1-R^2)\frac{n-1}{n-k-1} \tag{9-33}$$

由于 $k \geq 1$，所以 $\bar{R}^2 < R^2$，随着自变量个数 k 的增加，$\bar{R}^2$ 将明显小于 R^2。$\bar{R}^2$ 越大，表明回归方程对样本数据的拟合程度就越好，因变量与自变量间的相关程度越高。

测定多元相关关系的密切程度，除了可以用判定系数或修正的判定系数，还可以用复相关系数。复相关系数等于判定系数的平方根，记为 R，其计算公式为

$$R = \sqrt{\frac{\text{SSR}}{\text{SST}}} = \sqrt{\frac{\sum(\hat{y}-\bar{y})^2}{\sum(y-\bar{y})^2}} \tag{9-34}$$

复相关系数的取值区间为 $0 \leq R \leq 1$。$R = 1$，表明 Y 与 $X_1, X_2, \cdots, X_k$ 之间存在完全确定的线性关系；$R = 0$，则表明 Y 与 $X_1, X_2, \cdots, X_k$ 之间不存在任何线性相关关系。R 越接近 1，表明变量之间的线性相关程度越高。

9.4.3 多元线性回归的显著性检验

多元线性回归的显著性检验包括两方面的内容：回归方程的显著性检验和回归系数的显著性检验。

1. 回归方程的显著性检验

多元线性回归分析中，回归方程的显著性检验就是要检验因变量与多个自变量的线性关系是否显著，其实质就是判断因变量总离差平方和中回归平方和与残差平方和之比值的大小问题。待检验的原假设和备择假设为

$$H_0: \beta_1 = \beta_2 = \cdots = \beta_k = 0$$
$$H_1: \beta_1, \beta_2, \cdots, \beta_k \text{ 不全为 } 0$$

在随机误差项满足基本假定且原假设成立的条件下，下述统计量 F 服从于第一自由度为 k、第二自由度为 $(n-k-1)$ 的 F 分布，即检验统计量

$$F = \frac{\text{SSR}/k}{\text{SSE}/(n-k-1)} \sim F(k, n-k-1) \tag{9-35}$$

通常可将回归平方和、残差平方和及其自由度与检验统计量 F 的数值都显示在方差分析表中，如表 9-4 所示。

表 9-4 回归模型的方差分析表

离差来源	平方和	自由度	方差	F
回归	$SSR = \sum(\hat{y} - \bar{y})^2$	k	SSR/k	$\dfrac{SSR/k}{SSE/(n-k-1)}$
残差	$SSE = \sum(y - \hat{y})^2$	$n-k-1$	$SSE/(n-k-1)$	
总离差	$SST = \sum(y - \bar{y})^2$	$n-1$		

根据自由度和给定的显著性水平 α，查 F 分布表中的临界值 F_α。当 $F < F_\alpha$ 时，不能拒绝原假设，可认为所有自变量与因变量的线性关系都不显著，因而所建立的回归方程没有多大意义；当 $F > F_\alpha$ 时，拒绝原假设，我们有足够的证据断定至少有一个回归系数显著不为零，自变量与因变量的线性关系总体上是显著的。

2. 回归系数的显著性检验

一元回归分析中，自变量只有一个，回归方程显著，也就等价于回归系数显著。但在多元线性回归中，由于自变量不只一个，通过 F 检验后只能说明 k 个总体回归系数不全为零，即至少有一个自变量与因变量的线性关系显著，并不能说明所有的自变量都对因变量有显著影响。因此，还需要进一步对每一个回归系数做显著性检验。待检验的假设为

$$H_0: \beta_j = 0 \ (j = 1, 2, \cdots, k)$$
$$H_1: \beta_j \neq 0 \ (j = 1, 2, \cdots, k)$$

对上述假设的检验采用 t 检验法，检验统计量为

$$t = \frac{\hat{\beta}_j}{S_{\hat{\beta}_j}} \sim t(n-k-1) \qquad (j = 1, 2, \cdots, k) \tag{9-36}$$

式中，$\hat{\beta}_j$ 是自变量 X_j 对应的回归系数 β_j 的估计量；$S_{\hat{\beta}_j}$ 是估计量 $\hat{\beta}_j$ 的标准误差。

给定显著性水平 α，若 $|t| \geq t_{\alpha/2}(n-k-1)$，或相应的 P 值 $\leq \alpha$，就拒绝 H_0，说明在其他自变量不变的情况下，自变量 X_j 对因变量 Y 的线性影响是显著的；反之，就不能拒绝 H_0，自变量 X_j 对因变量 Y 的线性影响不显著。一般来说，当发现某个自变量的线性影响不显著时，应将其从多元线性回归模型中剔除，以尽可能少的自变量达到尽可能高的拟合效果。

在进行各种检验的基础上，多元线性回归方程可用于分析和预测。多元线性回归预测与一元线性回归预测的原理是一致的，这里不再赘述。

9.4.4 多元线性回归的应用举例

如本章引例所述，一国人口的平均预期寿命受很多因素影响。但由于数据获取所限，这里仅取人均 GDP（代表经济发展水平）和婴儿死亡率（代表医疗卫生水平）两大解释变量来进行相关回归分析。世界卫生组织发布的《2020 年世界卫生统计》中提到，在 2000～2016 年，全球预期寿命增长了 8% 以上，进展最大的是低收入国家，预期寿命提高了 21% 即 11 岁；高收入国家的预期寿命仅提高了 4% 即 3 岁。初步分析也显示，对于人均 GDP 很高的国家，人均寿命几乎不再随着人均 GDP 的提高而变化。所以，例 9-5 只选取了人均 GDP 在 3 万美元以下的部分国家。

【例9-5】

2019年30个国家（地区）的人口平均预期寿命、人均GDP和婴儿死亡率（是指每一千个存活婴儿中1岁前的死亡数）的数据如表9-5所示。试利用Excel分析人口平均预期寿命与人均GDP和婴儿死亡率的相关性，建立线性回归方程并进行显著性检验。

表9-5　2019年30个国家（地区）的人口平均预期寿命、人均GDP和婴儿死亡率

地 区	平均预期寿命 Y/岁	人均GDP $X1$/千美元	婴儿死亡率 $X2$/‰	地 区	平均预期寿命 Y/岁	人均GDP $X1$/千美元	婴儿死亡率 $X2$/‰
阿富汗	63.21	0.51	46.51	泰国	77.70	7.79	7.72
乌干达	66.69	0.77	33.44	巴西	75.90	8.80	12.45
几内亚	61.01	0.98	63.82	土耳其	78.62	8.96	8.62
喀麦隆	62.36	1.51	50.17	阿根廷	76.58	9.89	8.24
肯尼亚	66.09	2.00	31.87	中国	77.43	10.10	6.76
印度	70.79	2.17	28.26	墨西哥	76.01	10.12	12.20
尼日利亚	62.62	2.22	74.16	俄罗斯	73.23	11.16	4.93
埃及	71.82	3.05	17.33	哥斯达黎加	80.85	12.01	7.54
玻利维亚	72.14	3.67	21.19	智利	80.74	15.40	5.97
蒙古	68.10	4.13	13.45	乌拉圭	77.10	17.03	6.07
印度尼西亚	71.31	4.16	20.24	希腊	81.10	19.97	3.31
阿尔巴尼亚	78.00	5.37	8.61	沙特阿拉伯	74.31	22.87	5.69
巴拉圭	75.81	5.69	16.63	葡萄牙	81.57	23.03	3.05
南非	65.25	6.10	27.52	斯洛文尼亚	81.31	26.17	1.66
秘鲁	79.90	7.05	10.26	科威特	80.97	29.27	6.77

注：数据来源于世界卫生组织、世界银行等网站。

利用Excel数据分析中的分析工具"相关系数"可计算表9-5中三个变量的两两相关系数，如表9-6所示。

表9-6　例9-5的相关系数矩阵

	Y	$X1$	$X2$
Y	1.000		
$X1$	0.727	1.000	
$X2$	-0.883	-0.649	1.000

由表9-6可见，人口平均预期寿命与人均GDP呈线性正相关，相关系数高达0.727；平均预期寿命与婴儿死亡率呈线性负相关，相关系数为-0.883。同时，人均GDP和婴儿死亡率之间的线性相关性较弱（相关系数为-0.649）。因此，可建立人口平均预期寿命与人均GDP和婴儿死亡率的二元线性回归方程。

用Excel进行多元线性回归分析，具体操作及其输出结果的含义与一元线性回归基本相同。

所不同的是，在 X 的输入区域，指定的是所有自变量的样本数据所在区域；输出结果中，对应于每一个自变量，都有其回归系数的估计值、t 检验值及其 P 值等。本例的输出结果如图 9-5 所示。

SUMMARY OUTPUT					
回归统计					
Multiple R	0.9060682				
R Square	0.8209595				
Adjusted R Square	0.8076973				
标准误差	2.8518171				
观测值	30				
方差分析					
	df	SS	MS	F	Significance F
回归分析	2	1006.88	503.4399	61.90194	8.219E-11
残差	27	219.5872	8.132861		
总计	29	1226.467			
	Coefficient	标准误差	t Stat	P-value	Lower 95%	Upper 95%
Intercept	76.294199	1.475777	51.69764	1.53E-28	73.266154	79.32224
X1	0.2149589	0.086386	2.488352	0.019299	0.0377094	0.392208
X2	-0.249652	0.037633	-6.63392	4.06E-07	-0.326868	-0.17244

图 9-5　例 9-5 的 Excel 回归输出结果

由图 9-5 可见（这里只保留 3 位小数），复相关系数 $R = 0.906$，多重判定系数 $R^2 = 0.821$，修正的判定系数 $\bar{R}^2 = 0.808$，估计标准误差 $S_e = 2.852$，表明平均预期寿命与两个自变量之间的线性相关程度很高，回归方程的拟合效果较好。

对回归方程进行检验的结果，$F = 61.902$，对应的显著性水平（即 Significance F）接近 0（"8.219E-11"），表明上述变量之间的总体线性回归模型是非常显著的。

根据 Coefficients 栏下的回归模型参数的估计值，可写出样本线性回归方程为

$$\hat{y} = 76.294 + 0.215X_1 - 0.25X_2$$

图 9-5 还给出了与各参数估计值对应的 t 检验值、P 值以及 95% 置信水平下的置信区间。本例中，t 值（"t Stat"）的绝对值都比较大，相应的 P 值（P-value）都接近 0，从而可认为回归模型中的三个参数（含常数项）都显著，两个自变量都对因变量有显著的线性影响。

■ 本章小结

1. 相关关系是指变量之间不确定性的数量依存关系。从变量多少来分有单相关和复相关；从表现形式来分有线性相关和非线性相关；从变量变化的方向来分有正相关和负相关。散点图可以直观地描述相关关系的方向、形态和强弱程度。

2. 相关分析研究变量间相关关系的方向和密切程度。Pearson 相关系数度量两个定量变量之间线性相关的密切程度，度量两个定序变量之间线性相关的密切程度常用 Spearman 等级相关系数。对相关系数的显著性检验通常是检验总体相关系数是否等于零，采用 t 检验。

3. 回归分析研究的是寻找一个适当的回归方程来描述因变量与自变量间的数量依存关系并用于估计和预测。一元线性回归方程的一般形式为：$\hat{Y} = \hat{\beta}_0 + \hat{\beta}_1 X$。多元线性回归方程的一般形式为：$\hat{Y} = \hat{\beta}_0 + \hat{\beta}_1 X_1 + \hat{\beta}_2 X_2 + \cdots + \hat{\beta}_k X_k$。回归方程参数的估计通常采用最小平方法。

4. 判定系数 r^2 是回归平方和在总离差平方和中所占比重，数值越大，表示回归方程的拟合效果越好。多元线性回归分析关注修正的判定系数。回归估计标准误差 S_e 反映因变量的实际观测值与回归估计值之间的平均误差程度，其值越小，表示回归方程的代表性越好。

5. 对一元线性回归方程的显著性检验就是检验总体回归系数是否等于零，此时 t 检验和 F 检验是等价的。在多元线性回归分析中，F 检验是对整个回归方程是否显著的检验，而 t 检验是分别就回归方程中每一个自变量对因变量的线性影响是否显著进行检验。

6. 回归方程可用于对因变量进行估计或预测，可做点预测，也可做区间预测。

7. 相关分析和回归分析中的计算与绘图都可以运用 Excel 或 SPSS 等软件去实现。

■ 思考与练习题

1. 对一元线性相关关系进行分析，相关系数与回归系数、判定系数之间分别有何联系？
2. 等级相关系数适用于什么场合？
3. 解释因变量的离差平方和、回归平方和及残差平方和的含义，分析这三者有何意义。
4. 对一元线性回归方程与多元线性回归方程的显著性检验有何异同？
5. 多元线性回归方程的拟合优度为什么要用修正的判定系数？
6. 现有某制造业企业最近 7 期的产量和总成本的样本数据如下表所示。

产量/件	总成本/万元
400	41
450	52
550	54
600	61
620	63
700	64
760	72

要求：

（1）绘制相关图，计算产量和总成本的相关系数。

（2）建立回归方程，并以 0.05 的显著性水平检验回归方程的显著性。

（3）估计该企业生产中的固定成本和单位可变成本分别是多少？

（4）总成本中的变异中有多大百分比能通过产量的变化来解释？

（5）计划下期产量为 750 件，试对相应的总成本进行点预测和区间预测（置信水平为 95%）。

7. 某生产线上的管理人员认为，工人加工产品的速度可能影响到加工产品的质量。于是一天随机抽取了 6 名工人进行观测，他们的加工速度和优质品率如下表所示。

工人序号	加工速度/（件/分钟）	优质品率/%
1	25	70
2	40	60
3	55	63
4	30	78
5	60	60
6	20	85

（1）工人的加工速度与其产品的优质品率有什么样的相关关系？试对总体相关性进行显著性检验。

（2）根据样本观测值建立一个回归方程，说明该回归方程的拟合效果，并且检验回归方程的显著性。

常用统计附表

表 A-1 标准正态分布函数值表

本表列出了标准正态分布 $N(0,1)$ 的分布函数的值。

$$\Phi(x) = \int_{-\infty}^{x} \frac{1}{\sqrt{2\pi}} e^{-\frac{t^2}{2}} dt$$

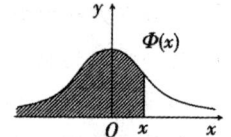

x	0.00	0.01	0.02	0.03	0.04	0.05	0.06	0.07	0.08	0.09
0.0	0.500 0	0.504 0	0.508 0	0.512 0	0.516 0	0.519 9	0.523 9	0.527 9	0.531 9	0.535 9
0.1	0.539 8	0.543 8	0.547 8	0.551 7	0.555 7	0.559 6	0.563 6	0.567 5	0.571 4	0.575 3
0.2	0.579 3	0.583 2	0.587 1	0.591 0	0.594 8	0.598 7	0.602 6	0.606 4	0.610 3	0.614 1
0.3	0.617 9	0.621 7	0.625 5	0.629 3	0.633 1	0.636 8	0.640 6	0.644 3	0.648 0	0.651 7
0.4	0.655 4	0.659 1	0.662 8	0.666 4	0.670 0	0.673 6	0.677 2	0.680 8	0.684 4	0.687 9
0.5	0.691 5	0.695 0	0.698 5	0.701 9	0.705 4	0.708 8	0.712 3	0.715 7	0.719 0	0.722 4
0.6	0.725 7	0.729 1	0.732 4	0.735 7	0.738 9	0.742 2	0.745 4	0.748 6	0.751 7	0.754 9
0.7	0.758 0	0.761 1	0.764 2	0.767 3	0.770 4	0.773 4	0.776 4	0.779 4	0.782 3	0.785 2
0.8	0.788 1	0.791 0	0.793 9	0.796 7	0.799 5	0.802 3	0.805 1	0.807 8	0.810 6	0.813 3
0.9	0.815 9	0.818 6	0.821 2	0.823 8	0.826 4	0.828 9	0.831 5	0.834 0	0.836 5	0.838 9
1.0	0.841 3	0.843 8	0.846 1	0.848 5	0.850 8	0.853 1	0.855 4	0.857 7	0.859 9	0.862 1
1.1	0.864 3	0.866 5	0.868 6	0.870 8	0.872 9	0.874 9	0.877 0	0.879 0	0.881 0	0.883 0
1.2	0.884 9	0.886 9	0.888 8	0.890 7	0.892 5	0.894 4	0.896 2	0.898 0	0.899 7	0.901 5
1.3	0.903 2	0.904 9	0.906 6	0.908 2	0.909 9	0.911 5	0.913 1	0.914 7	0.916 2	0.917 7
1.4	0.919 2	0.920 7	0.922 2	0.923 6	0.925 1	0.926 5	0.927 9	0.929 2	0.930 6	0.931 9

（续）

x	0.00	0.01	0.02	0.03	0.04	0.05	0.06	0.07	0.08	0.09
1.5	0.933 2	0.934 5	0.935 7	0.937 0	0.938 2	0.939 4	0.940 6	0.941 8	0.942 9	0.944 1
1.6	0.945 2	0.946 3	0.947 4	0.948 4	0.949 5	0.950 5	0.951 5	0.952 9	0.953 5	0.954 5
1.7	0.955 4	0.956 4	0.957 3	0.958 2	0.959 1	0.959 9	0.960 8	0.961 6	0.962 5	0.963 3
1.8	0.964 1	0.964 9	0.965 6	0.966 4	0.967 1	0.967 8	0.968 6	0.969 3	0.969 9	0.970 3
1.9	0.971 3	0.971 9	0.972 6	0.973 2	0.973 8	0.974 4	0.975 0	0.975 6	0.976 1	0.976 7
2.0	0.977 2	0.977 8	0.978 3	0.978 8	0.979 3	0.979 8	0.980 3	0.980 8	0.981 2	0.981 7
2.1	0.982 1	0.982 6	0.983 0	0.983 4	0.983 8	0.984 2	0.984 6	0.985 0	0.985 4	0.985 7
2.2	0.986 1	0.986 4	0.986 8	0.987 1	0.987 5	0.987 8	0.988 1	0.988 4	0.988 7	0.989 0
2.3	0.989 3	0.989 6	0.989 8	0.990 1	0.990 4	0.990 6	0.990 9	0.991 1	0.991 3	0.991 6
2.4	0.991 8	0.992 0	0.992 2	0.992 5	0.992 7	0.992 9	0.993 1	0.993 2	0.993 4	0.993 6
2.5	0.993 8	0.994 0	0.994 1	0.994 3	0.994 5	0.994 6	0.994 8	0.994 9	0.995 1	0.995 2
2.6	0.995 3	0.995 5	0.995 6	0.995 7	0.995 9	0.996 0	0.996 1	0.996 2	0.996 3	0.996 4
2.7	0.996 5	0.996 6	0.996 7	0.996 8	0.996 9	0.997 0	0.997 1	0.997 2	0.997 3	0.997 4
2.8	0.997 4	0.997 5	0.997 6	0.997 7	0.997 7	0.997 8	0.997 9	0.997 9	0.998 0	0.998 1
2.9	0.998 1	0.998 2	0.998 2	0.998 3	0.998 4	0.998 4	0.998 5	0.998 5	0.998 6	0.998 6
3.0	0.998 7	0.998 7	0.998 7	0.998 8	0.998 8	0.998 9	0.998 9	0.998 9	0.999 0	0.999 0
3.1	0.999 0	0.999 1	0.999 1	0.999 1	0.999 2	0.999 2	0.999 2	0.999 2	0.999 3	0.999 3
3.2	0.999 3	0.999 3	0.999 4	0.999 4	0.999 4	0.999 4	0.999 4	0.999 5	0.999 5	0.999 5
3.3	0.999 5	0.999 5	0.999 5	0.999 6	0.999 6	0.999 6	0.999 6	0.999 6	0.999 6	0.999 7
3.4	0.999 7	0.999 7	0.999 7	0.999 7	0.999 7	0.999 7	0.999 7	0.999 7	0.999 7	0.999 8

表 A-2　t 分布上侧分位数表

本表列出了 $t(n)$ 分布的上侧 α 分位数 $t_\alpha(n)$，它满足

$$P\{t(n) > t_\alpha(n)\} = \alpha$$

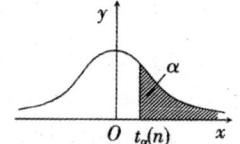

n	α					
	0.25	0.10	0.05	0.025	0.01	0.005
1	1.0000	3.0777	6.3138	12.7062	31.8207	63.6574
2	0.8165	1.8856	2.9200	4.3027	6.9646	9.9248
3	0.7649	1.6377	2.3534	3.1824	4.5407	5.8409
4	0.7407	1.5332	2.1318	2.7764	3.7469	4.6041
5	0.7267	1.4759	2.0150	2.5706	3.3649	4.0322
6	0.7176	1.4398	1.9432	2.4469	3.1427	3.7074
7	0.7111	1.4149	1.8946	2.3646	2.9980	3.4995
8	0.7064	1.3968	1.8595	2.3060	2.8965	3.3665
9	0.7027	1.3830	1.8331	2.2622	2.8214	3.2498
10	0.6998	1.3722	1.8125	2.2281	2.7638	3.1693
11	0.6974	1.3634	1.7959	2.2010	2.7181	3.1058
12	0.6955	1.3562	1.7823	2.1788	2.6810	3.0545
13	0.6938	1.3502	1.7709	2.1604	2.6503	3.0123
14	0.6924	1.3450	1.7613	2.1448	2.6245	2.9768
15	0.6912	1.3406	1.7531	2.1315	2.6025	2.9467
16	0.6901	1.3368	1.7459	2.1199	2.5835	2.9208
17	0.6892	1.3334	1.7396	2.1098	2.5669	2.8982
18	0.6884	1.3304	1.7341	2.1009	2.5524	2.8784
19	0.6876	1.3277	1.7291	2.0930	2.5395	2.8609
20	0.6870	1.3253	1.7247	2.0860	2.5280	2.8453
21	0.6864	1.3232	1.7207	2.0796	2.5177	2.8314
22	0.6858	1.3212	1.7171	2.0739	2.5083	2.8188
23	0.6853	1.3195	1.7139	2.0687	2.4999	2.8073
24	0.6848	1.3178	1.7109	2.0639	2.4922	2.7969
25	0.6844	1.3163	1.7081	2.0595	2.4851	2.7874

（续）

n	α					
	0.25	0.10	0.05	0.025	0.01	0.005
26	0.6840	1.3150	1.7056	2.0555	2.4786	2.7787
27	0.6837	1.3137	1.7033	2.0518	2.4727	2.7707
28	0.6834	1.3125	1.7011	2.0484	2.4671	2.7633
29	0.6830	1.3113	1.6991	2.0452	2.4620	2.7564
30	0.6828	1.3104	1.6973	2.0423	2.4573	2.7500
31	0.6825	1.3095	1.6955	2.0395	2.4528	2.7440
32	0.6822	1.3086	1.6939	2.0369	2.4487	2.7385
33	0.6820	1.3077	1.6924	2.0345	2.4448	2.7333
34	0.6818	1.3070	1.6909	2.0322	2.4411	2.7284
35	0.6816	1.3062	1.6896	2.0301	2.4377	2.7238
36	0.6814	1.3055	1.6883	2.0281	2.4345	2.7195
37	0.6812	1.3049	1.6871	2.0262	2.4314	2.7154
38	0.6810	1.3042	1.6860	2.0244	2.4286	2.7116
39	0.6808	1.3036	1.6849	2.0227	2.4258	2.7079
40	0.6807	1.3031	1.6839	2.0211	2.4233	2.7045
41	0.6805	1.3025	1.6829	2.0195	2.4208	2.7012
42	0.6804	1.3020	1.6820	2.0181	2.4185	2.6981
43	0.6802	1.3016	1.6811	2.0167	2.4163	2.6951
44	0.6801	1.3011	1.6802	2.0154	2.4141	2.6923
45	0.6800	1.3006	1.6794	2.0141	2.4121	2.6896

表 A-3 χ^2 分布上侧分位数表

本表列出了 $\chi^2(n)$ 分布的上侧 α 分位数 $\chi^2_\alpha(n)$,它满足

$$P\{\chi^2(n) > \chi^2_\alpha(n)\} = \alpha$$

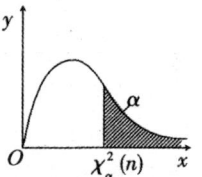

n	α					
	0.995	0.99	0.975	0.95	0.90	0.75
1	—	—	0.001	0.004	0.016	0.102
2	0.010	0.020	0.051	0.103	0.211	0.575
3	0.072	0.115	0.216	0.352	0.584	1.213
4	0.207	0.297	0.484	0.711	1.064	1.923
5	0.412	0.554	0.831	1.145	1.610	2.675
6	0.676	0.872	1.237	1.635	2.204	3.455
7	0.989	1.239	1.690	2.167	2.833	4.255
8	1.344	1.646	2.180	2.733	3.490	5.071
9	1.735	2.088	2.700	3.325	4.168	5.899
10	2.156	2.558	3.247	3.940	4.865	6.737
11	2.603	3.053	3.816	4.575	5.578	7.584
12	3.074	3.571	4.404	5.226	6.304	8.438
13	3.565	4.107	5.009	5.892	7.042	9.299
14	4.075	4.660	5.629	6.571	7.790	10.165
15	4.601	5.229	6.262	7.261	8.547	11.037
16	5.142	5.812	6.908	7.962	9.312	11.912
17	5.697	6.408	7.564	8.672	10.085	12.792
18	6.265	7.015	8.231	9.390	10.865	13.675
19	6.814	7.633	8.907	10.117	11.651	14.562
20	7.434	8.260	9.591	10.851	12.443	15.452

（续）

n	α					
	0.995	0.99	0.975	0.95	0.90	0.75
21	8.034	8.897	10.283	11.591	13.240	16.344
22	8.643	9.542	10.982	12.338	14.042	17.240
23	9.260	10.196	11.689	13.091	14.848	18.137
24	9.886	10.856	12.401	13.848	15.659	19.037
25	10.520	11.524	13.120	14.611	16.473	19.939
26	11.160	12.198	13.844	15.379	17.292	20.843
27	11.808	12.879	14.573	16.151	18.114	21.749
28	12.461	13.565	15.308	16.928	18.939	22.657
29	13.121	14.257	16.047	17.708	19.768	23.567
30	13.787	14.954	16.791	18.493	20.599	24.478
31	14.458	15.655	17.539	19.281	21.434	25.390
32	15.134	16.362	18.291	20.072	22.271	26.304
33	15.815	17.074	19.047	20.867	23.110	27.219
34	16.501	17.789	19.806	21.664	23.952	28.136
35	17.192	18.509	20.569	22.456	24.797	29.054
36	17.887	19.233	21.336	23.269	25.643	29.973
37	18.586	19.960	22.106	24.075	26.492	30.893
38	19.289	20.691	22.878	24.884	27.343	31.815
39	19.996	21.426	23.654	25.695	28.196	32.737
40	20.707	22.164	24.433	26.509	29.051	33.660
41	21.421	22.906	25.215	27.326	29.907	34.585
42	22.138	23.650	25.999	28.144	30.765	35.510
43	22.859	24.398	26.785	28.965	31.625	36.436
44	23.584	25.148	27.575	29.787	32.487	37.363
45	24.411	25.901	28.366	30.612	33.350	38.291

（续）

n	α					
	0.25	0.10	0.05	0.025	0.01	0.005
1	1.323	2.706	3.841	5.024	6.635	7.879
2	2.773	4.605	5.991	7.378	9.210	10.597
3	4.108	6.251	7.815	9.348	11.345	12.838
4	5.385	7.779	9.488	11.143	13.277	14.860
5	6.626	9.236	11.071	12.833	15.086	16.750
6	7.841	10.645	12.592	14.449	16.812	18.548
7	9.037	12.017	14.067	16.013	18.475	20.278
8	10.219	13.362	15.507	17.535	20.090	21.955
9	11.389	14.684	16.919	19.023	21.666	23.589
10	12.549	15.987	18.307	20.483	23.209	25.188
11	13.701	17.275	19.675	21.920	24.725	26.757
12	14.845	18.549	21.026	23.337	26.217	28.299
13	15.984	19.812	22.362	24.736	27.688	29.819
14	17.117	21.064	23.685	26.119	29.141	31.319
15	18.245	22.307	24.996	27.488	30.578	32.801
16	19.369	23.542	26.296	28.845	32.000	34.267
17	20.489	24.769	27.587	30.191	33.409	35.718
18	21.605	25.989	28.869	31.526	34.805	37.156
19	22.718	27.204	30.144	32.852	36.191	38.582
20	23.828	28.412	31.410	34.170	37.566	39.997
21	24.935	29.615	32.671	36.479	38.932	41.401
22	26.039	30.813	33.924	36.781	40.289	42.796
23	27.141	32.007	35.172	38.076	41.638	44.181
24	28.241	33.196	36.415	39.364	42.980	45.559
25	29.339	34.382	37.652	40.646	44.314	46.928
26	30.435	35.563	38.885	41.923	45.643	48.290
27	31.528	36.741	40.113	43.194	46.963	49.645
28	32.620	37.916	41.337	44.461	48.278	50.993
29	33.711	39.087	42.557	45.722	49.588	52.336
30	34.800	40.256	43.773	46.979	50.892	53.672

（续）

n	α					
	0.25	0.10	0.05	0.025	0.01	0.005
31	35.887	41.422	44.985	48.232	52.191	55.003
32	36.973	42.585	46.194	49.480	53.486	56.328
33	38.058	43.745	47.400	50.725	54.776	57.648
34	39.141	44.903	48.602	51.966	56.061	58.964
35	40.223	46.059	49.802	53.203	57.342	60.275
36	41.304	47.212	50.998	54.437	58.619	61.581
37	42.383	48.363	52.192	55.668	59.892	62.883
38	43.462	49.513	53.884	56.896	61.162	64.181
39	44.539	50.600	54.572	58.120	62.428	65.476
40	45.616	51.805	55.758	59.342	63.691	66.766
41	46.692	52.949	56.942	60.561	64.950	68.053
42	47.766	54.090	58.124	61.777	66.206	69.336
43	48.840	55.230	59.304	62.990	67.459	70.616
44	49.913	56.369	60.481	64.201	69.710	71.893
45	50.985	57.505	61.656	65.410	69.957	73.166

表 A-4 F 分布上侧分位数表

本表列出了 $F(n_1, n_2)$ 分布的上侧 α 分位数 $F_\alpha(n_1, n_2)$，它满足

$$P\{F(n_1, n_2) > F_\alpha(n_1, n_2)\} = \alpha$$

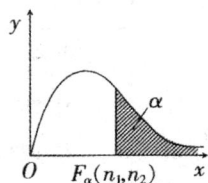

（1）$\alpha = 0.25$

n_2	\multicolumn{18}{c}{n_1}	n_2
	1	2	3	4	5	6	7	8	9	10	12	15	20	24	30	40	60	120	∞	
1	5.83	7.50	8.20	8.58	8.82	8.98	9.10	9.19	9.26	9.32	9.41	9.49	9.58	9.63	9.67	9.71	9.76	9.80	9.85	1
2	2.57	3.00	3.15	3.23	3.28	3.31	3.34	3.35	3.37	3.38	3.39	3.41	3.43	3.43	3.44	3.45	3.46	3.47	3.48	2
3	2.02	2.28	2.36	2.39	2.41	2.42	2.43	2.44	2.44	2.44	2.45	2.46	2.46	2.46	2.47	2.47	2.47	2.47	2.47	3
4	1.81	2.00	2.05	2.06	2.07	2.08	2.08	2.08	2.08	2.08	2.08	2.08	2.08	2.08	2.08	2.08	2.08	2.08	2.08	4
5	1.69	1.85	1.88	1.89	1.89	1.89	1.89	1.89	1.89	1.89	1.89	1.89	1.88	1.88	1.88	1.88	1.87	1.87	1.87	5
6	1.62	1.76	1.78	1.79	1.79	1.78	1.78	1.78	1.77	1.77	1.77	1.76	1.76	1.75	1.75	1.75	1.74	1.74	1.74	6
7	1.57	1.70	1.72	1.72	1.71	1.71	1.70	1.70	1.69	1.69	1.68	1.68	1.67	1.67	1.66	1.66	1.65	1.65	1.65	7
8	1.54	1.66	1.67	1.66	1.66	1.65	1.64	1.64	1.63	1.63	1.62	1.62	1.61	1.60	1.60	1.59	1.59	1.58	1.58	8
9	1.51	1.62	1.63	1.63	1.62	1.61	1.60	1.60	1.59	1.59	1.58	1.57	1.56	1.56	1.55	1.54	1.54	1.53	1.53	9
10	1.49	1.60	1.60	1.59	1.59	1.58	1.57	1.56	1.56	1.55	1.54	1.53	1.52	1.52	1.51	1.51	1.50	1.49	1.48	10
11	1.47	1.58	1.58	1.57	1.56	1.55	1.54	1.53	1.53	1.52	1.51	1.50	1.49	1.49	1.48	1.47	1.47	1.46	1.45	11
12	1.46	1.56	1.56	1.55	1.54	1.53	1.52	1.51	1.51	1.50	1.49	1.48	1.47	1.46	1.45	1.45	1.44	1.43	1.42	12
13	1.45	1.55	1.55	1.53	1.52	1.51	1.50	1.49	1.49	1.48	1.47	1.46	1.45	1.44	1.43	1.42	1.42	1.41	1.40	13
14	1.44	1.53	1.53	1.52	1.51	1.50	1.49	1.48	1.47	1.46	1.45	1.44	1.43	1.42	1.41	1.41	1.40	1.39	1.38	14
15	1.43	1.52	1.52	1.51	1.49	1.48	1.47	1.46	1.46	1.45	1.44	1.43	1.41	1.41	1.40	1.39	1.38	1.37	1.36	15
16	1.42	1.51	1.51	1.50	1.48	1.47	1.46	1.45	1.44	1.44	1.43	1.41	1.40	1.39	1.38	1.37	1.36	1.35	1.34	16
17	1.42	1.51	1.50	1.49	1.47	1.46	1.45	1.44	1.43	1.43	1.41	1.40	1.39	1.38	1.37	1.36	1.35	1.34	1.33	17
18	1.41	1.50	1.49	1.48	1.46	1.45	1.44	1.43	1.42	1.42	1.40	1.39	1.38	1.37	1.36	1.35	1.34	1.33	1.32	18
19	1.41	1.49	1.49	1.47	1.46	1.44	1.43	1.42	1.41	1.41	1.40	1.38	1.37	1.36	1.35	1.34	1.33	1.32	1.30	19
20	1.40	1.49	1.48	1.47	1.45	1.44	1.43	1.42	1.41	1.40	1.39	1.37	1.36	1.35	1.34	1.33	1.32	1.31	1.29	20
21	1.40	1.48	1.48	1.46	1.44	1.43	1.42	1.41	1.40	1.39	1.38	1.37	1.35	1.34	1.33	1.32	1.31	1.30	1.28	21
22	1.40	1.48	1.47	1.45	1.44	1.42	1.41	1.40	1.39	1.39	1.37	1.36	1.34	1.33	1.32	1.31	1.30	1.29	1.28	22
23	1.39	1.47	1.47	1.45	1.43	1.42	1.41	1.40	1.39	1.38	1.37	1.35	1.34	1.33	1.32	1.31	1.30	1.28	1.27	23
24	1.39	1.47	1.46	1.44	1.43	1.41	1.40	1.39	1.38	1.38	1.36	1.35	1.33	1.32	1.31	1.30	1.29	1.28	1.26	24
25	1.39	1.47	1.46	1.44	1.42	1.41	1.40	1.39	1.38	1.37	1.36	1.34	1.33	1.32	1.31	1.29	1.28	1.27	1.25	25
26	1.38	1.46	1.45	1.44	1.42	1.41	1.39	1.38	1.37	1.37	1.35	1.34	1.32	1.31	1.30	1.29	1.28	1.26	1.25	26
27	1.38	1.46	1.45	1.43	1.42	1.40	1.39	1.38	1.37	1.36	1.35	1.33	1.32	1.31	1.30	1.28	1.27	1.26	1.24	27
28	1.38	1.46	1.45	1.43	1.41	1.40	1.39	1.38	1.37	1.36	1.34	1.33	1.31	1.30	1.29	1.28	1.27	1.25	1.24	28
29	1.38	1.45	1.45	1.43	1.41	1.40	1.38	1.37	1.36	1.35	1.34	1.32	1.31	1.30	1.29	1.27	1.26	1.25	1.23	29
30	1.38	1.45	1.44	1.42	1.41	1.39	1.38	1.37	1.36	1.35	1.34	1.32	1.30	1.29	1.28	1.27	1.26	1.24	1.23	30
40	1.36	1.44	1.42	1.40	1.39	1.37	1.36	1.35	1.34	1.33	1.31	1.30	1.28	1.26	1.25	1.24	1.22	1.21	1.19	40
60	1.35	1.42	1.41	1.38	1.37	1.35	1.33	1.32	1.31	1.30	1.29	1.27	1.25	1.24	1.22	1.21	1.19	1.17	1.15	60
120	1.34	1.40	1.39	1.37	1.35	1.33	1.31	1.30	1.29	1.28	1.26	1.24	1.22	1.21	1.19	1.18	1.16	1.13	1.10	120
∞	1.32	1.39	1.37	1.35	1.33	1.31	1.29	1.28	1.27	1.25	1.24	1.22	1.19	1.18	1.16	1.14	1.12	1.08	1.00	∞

（续）

(2) $\alpha = 0.10$

n_2	\multicolumn{18}{c	}{n_1}	n_2
	1	2	3	4	5	6	7	8	9	10	15	20	30	50	100	200	500	∞	
1	39.9	49.5	53.6	55.8	57.2	58.2	58.9	59.4	59.9	60.2	61.2	61.7	62.3	62.7	63.0	63.2	63.3	63.3	1
2	8.53	9.00	9.16	9.24	9.29	9.33	9.35	9.37	9.38	9.39	9.42	9.44	9.46	9.47	9.48	9.49	9.49	9.49	2
3	5.54	5.46	5.39	5.34	5.31	5.28	5.27	5.25	5.24	5.23	5.20	5.18	5.17	5.15	5.14	5.14	5.14	5.13	3
4	4.54	4.32	4.19	4.11	4.05	4.01	3.98	3.95	3.94	3.92	3.87	3.84	3.82	3.80	3.78	3.77	3.76	3.76	4
5	4.06	3.78	3.62	3.52	3.45	3.40	3.37	3.34	3.32	3.30	3.24	3.21	3.17	3.15	3.13	3.12	3.11	3.10	5
6	3.78	3.46	3.29	3.18	3.11	3.05	3.01	2.98	2.96	2.94	2.87	2.84	2.80	2.77	2.75	2.73	2.73	2.72	6
7	3.59	3.26	3.07	2.96	2.88	2.83	2.78	2.75	2.72	2.70	2.63	2.59	2.56	2.52	2.50	2.48	2.48	2.47	7
8	3.46	3.11	2.92	2.81	2.73	2.67	2.62	2.59	2.56	2.54	2.46	2.42	2.38	2.35	2.32	2.31	2.30	2.29	8
9	3.36	3.01	2.81	2.69	2.61	2.55	2.51	2.47	2.44	2.42	2.34	2.30	2.25	2.22	2.19	2.17	2.17	2.16	9
10	3.28	2.92	2.73	2.61	2.52	2.46	2.41	2.38	2.35	2.32	2.24	2.20	2.16	2.12	2.09	2.07	2.06	2.06	10
11	3.23	2.86	2.66	2.54	2.45	2.39	2.34	2.30	2.27	2.25	2.17	2.12	2.08	2.04	2.00	1.99	1.98	1.97	11
12	3.18	2.81	2.61	2.48	2.39	2.33	2.28	2.24	2.21	2.19	2.10	2.06	2.01	1.97	1.94	1.92	1.91	1.90	12
13	3.14	2.76	2.56	2.43	2.35	2.28	2.23	2.20	2.16	2.14	2.05	2.01	1.96	1.92	1.88	1.86	1.85	1.85	13
14	3.10	2.73	2.52	2.39	2.31	2.24	2.19	2.15	2.12	2.10	2.01	1.96	1.91	1.87	1.83	1.82	1.80	1.80	14
15	3.07	2.70	2.49	2.36	2.27	2.21	2.16	2.12	2.09	2.06	1.97	1.92	1.87	1.83	1.79	1.77	1.76	1.76	15
16	3.05	2.67	2.46	2.33	2.24	2.18	2.13	2.09	2.06	2.03	1.94	1.89	1.84	1.79	1.76	1.74	1.73	1.72	16
17	3.03	2.64	2.44	2.31	2.22	2.15	2.10	2.06	2.03	2.00	1.91	1.86	1.81	1.76	1.73	1.71	1.69	1.69	17
18	3.01	2.62	2.42	2.29	2.20	2.13	2.08	2.04	2.00	1.98	1.89	1.84	1.78	1.74	1.70	1.68	1.67	1.66	18
19	2.99	2.61	2.40	2.27	2.18	2.11	2.06	2.02	1.98	1.96	1.86	1.81	1.76	1.71	1.67	1.65	1.64	1.63	19
20	2.97	2.59	2.38	2.25	2.16	2.09	2.04	2.00	1.96	1.94	1.84	1.79	1.74	1.69	1.65	1.63	1.62	1.61	20
22	2.95	2.56	2.35	2.22	2.13	2.06	2.01	1.97	1.93	1.90	1.81	1.76	1.70	1.65	1.61	1.59	1.58	1.57	22
24	2.93	2.54	2.33	2.19	2.10	2.04	1.98	1.94	1.91	1.88	1.78	1.73	1.67	1.62	1.58	1.56	1.54	1.53	24
26	2.91	2.52	2.31	2.17	2.08	2.01	1.96	1.92	1.88	1.86	1.76	1.71	1.65	1.59	1.55	1.53	1.51	1.50	26
28	2.89	2.50	2.29	2.16	2.06	2.00	1.94	1.90	1.87	1.84	1.74	1.69	1.63	1.57	1.53	1.50	1.49	1.48	28
30	2.88	2.49	2.28	2.14	2.05	1.98	1.93	1.88	1.85	1.82	1.72	1.67	1.61	1.55	1.51	1.48	1.47	1.46	30
40	2.84	2.44	2.23	2.09	2.00	1.93	1.87	1.83	1.79	1.76	1.66	1.61	1.54	1.48	1.43	1.41	1.39	1.38	40
50	2.81	2.41	2.20	2.06	1.97	1.90	1.84	1.80	1.76	1.73	1.63	1.57	1.50	1.44	1.39	1.36	1.34	1.33	50
60	2.79	2.39	2.18	2.04	1.95	1.87	1.82	1.77	1.74	1.71	1.60	1.54	1.48	1.41	1.36	1.33	1.31	1.29	60
80	2.77	2.37	2.15	2.02	1.92	1.85	1.79	1.75	1.71	1.68	1.57	1.51	1.44	1.38	1.32	1.28	1.26	1.24	80
100	2.76	2.36	2.14	2.00	1.91	1.83	1.78	1.73	1.70	1.66	1.56	1.49	1.42	1.35	1.29	1.26	1.23	1.21	100
200	2.73	2.33	2.11	1.97	1.88	1.80	1.75	1.70	1.66	1.63	1.52	1.46	1.38	1.31	1.24	1.20	1.17	1.14	200
500	2.72	2.31	2.10	1.96	1.86	1.79	1.73	1.68	1.64	1.61	1.50	1.44	1.36	1.28	1.21	1.16	1.12	1.09	500
∞	2.71	2.30	2.08	1.94	1.85	1.77	1.72	1.67	1.63	1.60	1.49	1.42	1.34	1.26	1.18	1.13	1.08	1.00	∞

（续）

(3) $\alpha = 0.05$

n_2	n_1															n_2
	1	2	3	4	5	6	7	8	9	10	12	14	16	18	20	
1	161	200	216	225	230	234	237	239	241	242	244	245	246	247	248	1
2	18.5	19.0	19.2	19.2	19.3	19.3	19.4	19.4	19.4	19.4	19.4	19.4	19.4	19.4	19.4	2
3	10.1	9.55	9.28	9.12	9.01	8.94	8.89	8.85	8.81	8.79	8.74	8.71	8.69	8.67	8.66	3
4	7.71	6.94	6.59	6.39	6.26	6.16	6.09	6.04	6.00	5.96	5.91	5.87	5.84	5.82	5.80	4
5	6.61	5.79	5.41	5.19	5.05	4.95	4.88	4.82	4.77	4.74	4.68	4.64	4.60	4.58	4.56	5
6	5.99	5.14	4.76	4.53	4.39	4.28	4.21	4.15	4.10	4.06	4.00	3.96	3.92	3.90	3.87	6
7	5.59	4.74	4.35	4.12	3.97	3.87	3.79	3.73	3.68	3.64	3.57	3.53	3.49	3.47	3.44	7
8	5.32	4.46	4.07	3.84	3.69	3.58	3.50	3.44	3.39	3.35	3.28	3.24	3.20	3.17	3.15	8
9	5.12	4.26	3.86	3.63	3.48	3.37	3.23	3.23	3.18	3.14	3.07	3.03	2.99	2.96	2.94	9
10	4.96	4.10	3.71	3.48	3.33	3.22	3.14	3.07	3.02	2.98	2.91	2.86	2.83	2.80	2.77	10
11	4.84	3.98	3.59	3.36	3.20	3.09	3.01	2.95	2.90	2.85	2.79	2.74	2.70	2.67	2.65	11
12	4.75	3.89	3.49	3.26	3.11	3.00	2.91	2.85	2.80	2.75	2.69	2.64	2.60	2.57	2.54	12
13	4.67	3.81	3.41	3.18	3.03	2.92	2.83	2.77	2.71	2.67	2.60	2.55	2.51	2.48	2.46	13
14	4.60	3.74	3.34	3.11	2.96	2.85	2.76	2.70	2.65	2.60	2.53	2.48	2.44	2.41	2.39	14
15	4.54	3.68	3.29	3.06	2.90	2.79	2.71	2.64	2.59	2.54	2.48	2.42	2.38	2.35	2.33	15
16	4.49	3.63	3.24	3.01	2.85	2.74	2.66	2.59	2.54	2.49	2.42	2.37	2.33	2.30	2.28	16
17	4.45	3.59	3.20	2.96	2.81	2.70	2.61	2.55	2.49	2.45	2.38	2.33	2.29	2.26	2.23	17
18	4.41	3.55	3.16	2.93	2.77	2.66	2.58	2.51	2.46	2.41	2.34	2.29	2.25	2.22	2.19	18
19	4.38	3.52	3.13	2.90	2.74	2.63	2.54	2.48	2.42	2.38	2.31	2.26	2.21	2.18	2.16	19
20	4.35	3.49	3.10	2.87	2.71	2.60	2.51	2.45	2.39	2.35	2.28	2.22	2.18	2.15	2.12	20
21	4.32	3.47	3.07	2.84	2.68	2.57	2.49	2.42	2.37	2.32	2.25	2.20	2.16	2.12	2.10	21
22	4.30	3.44	3.05	2.82	2.66	2.55	2.46	2.40	2.34	2.30	2.23	2.17	2.13	2.10	2.07	22
23	4.28	3.42	3.03	2.80	2.64	2.53	2.44	2.37	2.32	2.27	2.20	2.15	2.11	2.07	2.05	23
24	4.26	3.40	3.01	2.78	2.62	2.51	2.42	2.36	2.30	2.25	2.18	2.13	2.09	2.05	2.03	24
25	4.24	3.39	2.99	2.76	2.60	2.49	2.40	2.34	2.28	2.24	2.16	2.11	2.07	2.04	2.01	25
26	4.23	3.37	2.98	2.74	2.59	2.47	2.39	2.32	2.27	2.22	2.15	2.09	2.05	2.02	1.99	26
27	4.21	3.35	2.96	2.73	2.57	2.46	2.37	2.31	2.25	2.20	2.13	2.08	2.04	2.00	1.97	27
28	4.20	3.34	2.95	2.71	2.56	2.45	2.36	2.29	2.24	2.19	2.12	2.06	2.02	1.99	1.96	28
29	4.18	3.33	2.93	2.70	2.55	2.43	2.35	2.28	2.22	2.18	2.10	2.05	2.01	1.97	1.94	29
30	4.17	3.32	2.92	2.69	2.53	2.42	2.33	2.27	2.21	2.16	2.09	2.04	1.99	1.96	1.93	30
32	4.15	3.29	2.90	2.67	2.51	2.40	2.31	2.24	2.19	2.14	2.07	2.01	1.97	1.94	1.91	32
34	4.13	3.28	2.88	2.65	2.49	2.38	2.29	2.23	2.17	2.12	2.05	1.99	1.95	1.92	1.89	34
36	4.11	3.26	2.87	2.63	2.48	2.36	2.28	2.21	2.15	2.11	2.03	1.98	1.93	1.90	1.87	36
38	4.10	3.24	2.85	2.62	2.46	2.35	2.26	2.19	2.14	2.09	2.02	1.96	1.92	1.88	1.85	38
40	4.08	3.23	2.84	2.61	2.45	2.34	2.25	2.18	2.12	2.08	2.00	1.95	1.90	1.87	1.84	40
42	4.07	3.22	2.83	2.59	2.44	2.32	2.24	2.17	2.11	2.06	1.99	1.93	1.89	1.86	1.83	42
44	4.06	3.21	2.82	2.58	2.43	2.31	2.23	2.16	2.10	2.05	1.98	1.92	1.88	1.84	1.81	44
46	4.05	3.20	2.81	2.57	2.42	2.30	2.22	2.15	2.09	2.04	1.97	1.91	1.87	1.83	1.80	46
48	4.04	3.19	2.80	2.57	2.41	2.29	2.21	2.14	2.08	2.03	1.96	1.90	1.86	1.82	1.79	48
50	4.03	3.18	2.79	2.56	2.40	2.29	2.20	2.13	2.07	2.03	1.95	1.89	1.85	1.81	1.78	50
60	4.00	3.15	2.76	2.53	2.37	2.25	2.17	2.10	2.04	1.99	1.92	1.86	1.82	1.78	1.75	60
80	3.96	3.11	2.72	2.49	2.33	2.21	2.13	2.06	2.00	1.95	1.88	1.82	1.77	1.73	1.70	80
100	3.94	3.09	2.70	2.46	2.31	2.19	2.10	2.03	1.97	1.93	1.85	1.79	1.75	1.71	1.68	100
125	3.92	3.07	2.68	2.44	2.29	2.17	2.08	2.01	1.96	1.91	1.83	1.77	1.72	1.69	1.65	125
150	3.90	3.06	2.66	2.43	2.27	2.16	2.07	2.00	1.94	1.89	1.82	1.76	1.71	1.67	1.64	150
200	3.89	3.04	2.65	2.42	2.26	2.14	2.06	1.98	1.93	1.88	1.80	1.74	1.69	1.66	1.62	200
300	3.87	3.03	2.63	2.40	2.24	2.13	2.04	1.97	1.91	1.86	1.78	1.72	1.68	1.64	1.61	300
500	3.86	3.01	2.62	2.39	2.23	2.12	2.03	1.96	1.90	1.85	1.77	1.71	1.66	1.62	1.59	500
1000	3.85	3.00	2.61	2.38	2.22	2.11	2.02	1.95	1.89	1.84	1.76	1.70	1.65	1.61	1.58	1000
∞	3.84	3.00	2.60	2.37	2.21	2.10	2.01	1.94	1.88	1.83	1.75	1.69	1.64	1.60	1.57	∞

（续）

（3）α = 0.05

n_2	n_1														n_2
	22	24	26	28	30	35	40	45	50	60	80	100	200	500	∞	
1	249	249	249	250	250	251	251	251	252	252	252	253	254	254	254	1
2	19.5	19.5	19.5	19.5	19.5	19.5	19.5	19.5	19.5	19.5	19.5	19.5	19.5	19.5	19.5	2
3	8.65	8.64	8.63	8.62	8.62	8.60	8.59	8.59	8.58	8.57	8.56	8.55	8.54	8.53	8.53	3
4	5.79	5.77	5.76	5.75	5.75	5.73	5.72	5.71	5.70	5.69	5.67	5.66	5.65	5.64	5.63	4
5	4.54	4.53	4.52	4.50	4.50	4.48	4.46	4.45	4.44	4.43	4.41	4.41	4.39	4.37	4.37	5
6	3.86	3.84	3.83	3.82	3.81	3.79	3.77	3.76	3.75	3.74	3.72	3.71	3.69	3.68	3.67	6
7	3.43	3.41	3.40	3.39	2.38	3.36	3.34	3.33	3.32	3.30	3.29	3.27	3.25	3.24	3.23	7
8	3.13	3.12	3.10	3.09	3.08	3.06	3.04	3.03	3.02	3.01	2.99	2.97	2.95	2.94	2.93	8
9	2.92	2.90	2.89	2.87	2.86	2.84	2.83	2.81	2.80	2.79	2.77	2.76	2.73	2.72	2.71	9
10	2.75	2.74	2.72	2.71	2.70	2.68	2.66	2.65	2.64	2.62	2.60	2.59	2.56	2.55	2.54	10
11	2.63	2.61	2.59	2.58	2.57	2.55	2.53	2.52	2.51	2.49	2.47	2.46	2.43	2.42	2.40	11
12	2.52	2.51	2.49	2.48	2.47	2.44	2.43	2.41	2.40	2.38	2.36	2.35	2.32	2.31	2.30	12
13	2.44	2.42	2.41	2.39	2.38	2.36	2.34	2.33	2.31	2.30	2.27	2.26	2.23	2.22	2.21	13
14	2.37	2.35	2.33	2.32	2.31	2.28	2.27	2.25	2.24	2.22	2.20	2.19	2.16	2.14	2.13	14
15	2.31	2.29	2.27	2.26	2.25	2.22	2.20	2.19	2.18	2.16	2.14	2.12	2.10	2.08	2.07	15
16	2.25	2.24	2.22	2.21	2.19	2.17	2.15	2.14	2.12	2.11	2.08	2.07	2.04	2.02	2.01	16
17	2.21	2.19	2.17	2.16	2.15	2.12	2.10	2.09	2.08	2.06	2.03	2.02	1.99	1.97	1.96	17
18	2.17	2.15	2.13	2.12	2.11	2.08	2.06	2.05	2.04	2.02	1.99	1.98	1.95	1.93	1.92	18
19	2.13	2.11	2.10	2.08	2.07	2.05	2.03	2.01	2.00	1.98	1.96	1.94	1.91	1.89	1.88	19
20	2.10	2.08	2.07	2.05	2.04	2.01	1.99	1.98	1.97	1.95	1.92	1.91	1.88	1.86	1.84	20
21	2.07	2.05	2.04	2.02	2.01	1.98	1.96	1.95	1.94	1.92	1.89	1.88	1.84	1.82	1.81	21
22	2.05	2.03	2.01	2.00	1.98	1.96	1.94	1.92	1.91	1.89	1.86	1.85	1.82	1.80	1.78	22
23	2.02	2.00	1.99	1.97	1.96	1.93	1.91	1.90	1.88	1.86	1.84	1.82	1.79	1.77	1.76	23
24	2.00	1.98	1.97	1.95	1.94	1.91	1.89	1.88	1.86	1.84	1.82	1.80	1.77	1.75	1.73	24
25	1.98	1.96	1.95	1.93	1.92	1.89	1.87	1.86	1.84	1.82	1.80	1.78	1.75	1.73	1.71	25
26	1.97	1.95	1.93	1.91	1.90	1.87	1.85	1.84	1.82	1.80	1.78	1.76	1.73	1.71	1.69	26
27	1.95	1.93	1.91	1.90	1.88	1.86	1.84	1.82	1.81	1.79	1.76	1.74	1.71	1.69	1.67	27
28	1.93	1.91	1.90	1.88	1.87	1.84	1.82	1.80	1.79	1.77	1.74	1.73	1.69	1.67	1.65	28
29	1.92	1.90	1.88	1.87	1.85	1.83	1.81	1.79	1.77	1.75	1.73	1.71	1.67	1.65	1.64	29
30	1.91	1.89	1.87	1.85	1.84	1.81	1.79	1.77	1.76	1.74	1.71	1.70	1.66	1.64	1.62	30
32	1.88	1.86	1.85	1.83	1.82	1.79	1.77	1.75	1.74	1.71	1.69	1.67	1.63	1.61	1.59	32
34	1.86	1.84	1.82	1.80	1.80	1.77	1.75	1.73	1.71	1.69	1.66	1.65	1.61	1.59	1.57	34
36	1.85	1.82	1.81	1.79	1.78	1.75	1.73	1.71	1.69	1.67	1.64	1.62	1.59	1.56	1.55	36
38	1.83	1.81	1.79	1.77	1.76	1.73	1.71	1.69	1.68	1.65	1.62	1.61	1.57	1.54	1.53	38
40	1.81	1.79	1.77	1.76	1.74	1.72	1.69	1.67	1.66	1.64	1.61	1.59	1.55	1.53	1.51	40
42	1.80	1.78	1.76	1.74	1.73	1.70	1.68	1.66	1.65	1.62	1.59	1.57	1.53	1.51	1.49	42
44	1.79	1.77	1.75	1.73	1.72	1.69	1.67	1.65	1.63	1.61	1.58	1.56	1.52	1.49	1.48	44
46	1.78	1.76	1.74	1.72	1.71	1.68	1.85	1.64	1.62	1.60	1.57	1.55	1.51	1.48	1.46	46
48	1.77	1.75	1.73	1.71	1.70	1.67	1.64	1.62	1.61	1.59	1.56	1.54	1.49	1.47	1.45	48
50	1.76	1.74	1.72	1.70	1.69	1.66	1.63	1.61	1.60	1.58	1.54	1.52	1.48	1.46	1.44	50
60	1.72	1.70	1.68	1.66	1.65	1.62	1.59	1.57	1.56	1.53	1.50	1.48	1.44	1.41	1.39	60
80	1.68	1.65	1.63	1.62	1.60	1.57	1.54	1.52	1.51	1.48	1.45	1.43	1.38	1.35	1.32	80
100	1.65	1.63	1.61	1.59	1.57	1.54	1.52	1.49	1.48	1.45	1.41	1.39	1.34	1.31	1.28	100
125	1.63	1.60	1.58	1.57	1.55	1.52	1.49	1.47	1.45	1.42	1.39	1.36	1.31	1.27	1.25	125
150	1.61	1.59	1.57	1.55	1.53	1.50	1.48	1.45	1.44	1.41	1.37	1.34	1.29	1.25	1.22	150
200	1.60	1.57	1.55	1.53	1.52	1.48	1.46	1.43	1.41	1.39	1.35	1.32	1.26	1.22	1.19	200
300	1.58	1.55	1.53	1.51	1.50	1.46	1.43	1.41	1.39	1.36	1.32	1.30	1.23	1.19	1.15	300
500	1.56	1.54	1.52	1.50	1.48	1.45	1.42	1.40	1.38	1.34	1.30	1.28	1.21	1.16	1.11	500
1000	1.55	1.53	1.51	1.49	1.47	1.44	1.41	1.38	1.36	1.33	1.29	1.26	1.19	1.13	1.08	1000
∞	1.54	1.52	1.50	1.48	1.46	1.42	1.39	1.37	1.35	1.32	1.27	1.24	1.17	1.11	1.00	∞

（续）

(4) $\alpha = 0.01$

n_2	\multicolumn{14}{c	}{n_1}	n_2
	1	2	3	4	5	6	7	8	9	10	12	14	16	18	20	
1	405	500	540	563	576	586	593	598	602	606	611	614	617	619	621	1
2	98.5	99.0	99.2	99.2	99.3	99.3	99.4	99.4	99.4	99.4	99.4	99.4	99.4	99.4	99.4	2
3	34.1	30.8	29.5	28.7	28.2	27.9	27.7	27.5	27.3	27.2	27.1	26.9	26.8	26.8	26.7	3
4	21.2	18.0	16.7	16.0	15.5	15.2	15.0	14.8	14.7	14.5	14.4	14.2	14.2	14.1	14.0	4
5	16.3	13.3	12.1	11.4	11.0	10.7	10.5	10.3	10.2	10.1	9.89	9.77	9.68	9.61	9.55	5
6	13.7	10.9	9.78	9.15	8.75	8.47	8.26	8.10	7.98	7.87	7.72	7.60	7.52	7.45	7.40	6
7	12.2	9.55	8.45	7.85	7.46	7.19	6.99	6.84	6.72	6.62	6.47	6.36	6.27	6.21	6.16	7
8	11.3	8.65	7.59	7.01	6.63	6.37	6.18	6.03	5.91	5.81	5.67	5.56	5.48	5.41	5.36	8
9	10.6	8.02	6.99	6.42	6.06	5.80	5.61	5.47	5.35	5.26	5.11	5.00	4.92	4.86	4.81	9
10	10.0	7.56	6.55	5.99	5.64	5.39	5.20	5.06	4.94	4.85	4.71	4.60	4.52	4.46	4.41	10
11	9.65	7.21	6.22	5.67	5.32	5.07	4.89	4.74	4.63	4.54	4.40	4.29	4.21	4.15	4.10	11
12	9.33	6.93	5.95	5.41	5.06	4.82	4.64	4.50	4.39	4.30	4.16	4.05	3.97	3.91	3.86	12
13	9.07	6.70	5.74	5.21	4.86	4.62	4.44	4.30	4.19	4.10	3.96	3.86	3.78	3.71	3.66	13
14	8.86	6.51	5.56	5.04	4.70	4.46	4.28	4.14	4.03	3.94	3.80	3.70	3.62	3.56	3.51	14
15	8.68	6.36	5.42	4.89	4.56	4.32	4.14	4.00	3.89	3.80	3.67	3.56	3.49	3.42	3.37	15
16	8.53	6.23	5.29	4.77	4.44	4.20	4.03	3.89	3.78	3.69	3.55	3.45	3.37	3.31	3.26	16
17	8.40	6.11	5.18	4.67	4.34	4.11	3.93	3.79	3.68	3.59	3.46	3.35	3.27	3.21	3.16	17
18	8.29	6.01	5.09	4.58	4.25	4.00	3.84	3.71	3.60	3.51	3.37	3.27	3.19	3.13	3.08	18
19	8.18	5.93	5.01	4.50	4.17	3.94	3.77	3.63	3.52	3.43	3.30	3.19	3.12	3.05	3.00	19
20	8.10	5.85	4.94	4.43	4.10	3.87	3.70	3.56	3.46	3.37	3.23	3.13	3.05	2.99	2.94	20
21	8.02	5.78	4.87	4.37	4.04	3.81	3.64	3.51	3.40	3.31	3.17	3.07	2.99	2.93	2.88	21
22	7.95	5.72	4.82	4.31	3.99	3.76	3.59	3.45	3.35	3.26	3.12	3.02	2.94	2.88	2.83	22
23	7.88	5.66	4.76	4.26	3.94	3.71	3.54	3.41	3.30	3.21	3.07	2.97	2.89	2.83	2.78	23
24	7.82	5.61	4.72	4.22	3.90	3.67	3.50	3.36	3.26	3.17	3.03	2.93	2.85	2.79	2.74	24
25	7.77	5.57	4.68	4.18	3.86	3.63	3.46	3.32	3.22	3.13	2.99	2.89	2.81	2.75	2.79	25
26	7.72	5.53	4.64	4.14	3.82	3.59	3.42	3.29	3.18	3.09	2.96	2.86	2.78	2.72	2.66	26
27	7.68	5.49	4.60	4.11	3.78	3.56	3.39	3.26	3.15	3.06	2.93	2.82	2.75	2.68	2.63	27
28	7.64	5.45	4.57	4.07	3.75	3.53	3.36	3.23	3.12	3.03	2.90	2.79	2.72	2.65	2.60	28
29	7.60	5.42	4.54	4.04	3.73	3.50	3.33	3.20	3.09	3.00	2.87	2.77	2.69	2.62	2.57	29
30	7.56	5.39	4.51	4.02	3.70	3.47	3.30	3.17	3.07	2.98	2.84	2.74	2.66	2.60	2.55	30
32	7.50	5.34	4.46	3.97	3.65	3.43	3.26	3.13	3.02	2.93	2.80	2.70	2.62	2.55	2.50	32
34	7.44	5.29	4.42	3.93	3.61	3.39	3.22	3.09	2.98	2.89	2.76	2.66	2.58	2.51	2.46	34
36	7.40	5.25	4.38	3.89	3.57	3.35	3.18	3.05	2.95	2.86	2.72	2.62	2.54	2.48	2.43	36
38	7.35	5.21	4.34	3.86	3.54	3.32	3.15	3.02	2.92	2.83	2.69	2.59	2.51	2.45	2.40	38
40	7.31	5.18	4.31	3.83	3.51	3.29	3.12	2.99	2.89	2.80	2.66	2.56	2.48	2.42	2.37	40
42	7.28	5.15	4.29	3.80	3.49	3.27	3.10	2.97	2.86	2.78	2.64	2.54	2.46	2.40	2.34	42
44	7.25	5.12	4.26	3.78	3.47	3.24	3.08	2.95	2.84	2.75	2.62	2.52	2.44	2.37	2.32	44
46	7.22	5.10	4.24	3.76	3.44	3.22	3.06	2.93	2.82	2.73	2.60	2.50	2.42	2.35	2.30	46
48	7.20	5.08	4.22	3.74	3.43	3.20	3.04	2.91	2.80	2.72	2.58	2.48	2.40	2.33	2.28	48
50	7.17	5.06	4.20	3.72	3.41	3.19	3.02	2.89	2.79	2.70	2.56	2.46	2.38	2.32	2.27	50
60	7.08	4.98	4.13	3.65	3.34	3.12	2.95	2.82	2.72	2.63	2.50	2.39	2.31	2.25	2.20	60
80	6.96	4.88	4.04	3.56	3.26	3.04	2.87	2.74	2.64	2.55	2.42	2.31	2.23	2.17	2.12	80
100	6.90	4.82	3.98	3.51	3.21	2.99	2.82	2.69	2.59	2.50	2.37	2.26	2.19	2.12	2.07	100
125	6.84	4.78	3.94	3.47	3.17	2.95	2.79	2.66	2.55	2.47	2.33	2.23	2.15	2.08	2.03	125
150	6.81	4.75	3.92	3.45	3.14	2.92	2.76	2.63	2.53	2.44	2.31	2.20	2.12	2.06	2.00	150
200	6.76	4.71	3.88	3.41	3.11	2.89	2.73	2.60	2.50	2.41	2.27	2.17	2.09	2.02	1.97	200
300	6.72	4.68	3.85	3.38	3.08	2.86	2.70	2.57	2.47	2.38	2.24	2.14	2.06	1.99	1.94	300
500	6.69	4.65	3.82	3.36	3.05	2.84	2.68	2.55	2.44	2.36	2.22	2.12	2.04	1.97	1.92	500
1000	6.66	4.63	3.80	3.34	3.04	2.82	2.66	2.53	2.43	2.34	2.20	2.10	2.02	1.95	1.90	1000
∞	6.63	4.61	3.78	3.32	3.02	2.80	2.64	2.51	2.41	2.32	2.18	2.08	2.00	1.93	1.88	∞

（续）

（4）α = 0.01

n_2	n_1															n_2
	22	24	26	28	30	35	40	45	50	60	80	100	200	500	∞	
1	622	623	624	625	626	628	629	630	630	631	633	633	635	636	637	1
2	99.5	99.5	99.5	99.5	99.5	99.5	99.5	99.5	99.5	99.5	99.5	99.5	99.5	99.5	99.5	2
3	26.6	26.6	26.6	26.5	26.5	26.5	26.4	26.4	26.4	26.3	26.3	26.2	26.2	26.1	26.1	3
4	14.0	13.9	13.9	13.9	13.8	13.8	13.7	13.7	13.7	13.7	13.6	13.6	13.5	13.5	13.5	4
5	9.51	9.47	9.43	9.40	9.38	9.33	9.29	9.26	9.24	9.20	9.16	9.13	9.08	9.04	9.02	5
6	7.35	7.31	7.28	7.25	7.23	7.18	7.14	7.11	7.09	7.06	7.01	6.99	6.93	6.90	6.88	6
7	6.11	6.07	6.04	6.02	5.99	5.94	5.91	5.88	5.86	5.82	5.78	5.75	5.70	5.67	5.65	7
8	5.32	5.28	5.25	5.22	5.20	5.15	5.12	5.00	5.07	5.03	4.99	4.96	4.91	4.88	4.86	8
9	4.77	4.73	4.70	4.67	4.65	4.60	4.57	4.54	4.52	4.48	4.44	4.42	4.36	4.33	4.31	9
10	4.36	4.33	4.30	4.27	4.25	4.20	4.17	4.14	4.12	4.08	4.04	4.01	3.96	3.93	3.91	10
11	4.06	4.02	3.99	3.96	3.94	3.89	3.86	3.83	3.81	3.78	3.73	3.71	3.66	3.62	3.60	11
12	3.82	3.78	3.75	3.72	3.70	3.65	3.62	3.59	3.57	3.54	3.49	3.47	3.41	3.38	3.36	12
13	3.62	3.59	3.56	3.53	3.51	3.46	3.43	3.40	3.38	3.34	3.30	3.27	3.22	3.19	3.17	13
14	3.46	3.43	3.40	3.37	3.35	3.30	3.27	3.24	3.22	3.18	3.14	3.11	3.06	3.03	3.00	14
15	3.33	3.29	3.26	3.24	3.21	3.17	3.13	3.10	3.08	3.05	3.00	2.98	2.92	2.89	2.87	15
16	3.22	3.18	3.15	3.12	3.10	3.05	3.02	2.99	2.97	2.93	2.89	2.86	2.81	2.78	2.75	16
17	3.12	3.08	3.05	3.03	3.00	2.96	2.92	2.89	2.87	2.83	2.79	2.76	2.71	2.68	2.65	17
18	3.03	3.00	2.97	2.94	2.92	2.87	2.84	2.81	2.78	2.75	2.70	2.68	2.62	2.59	2.57	18
19	2.96	2.92	2.89	2.87	2.84	2.80	2.76	2.73	2.71	2.67	2.63	2.60	2.55	2.51	2.49	19
20	2.90	2.86	2.83	2.80	2.78	2.73	2.69	2.67	2.64	2.61	2.56	2.54	2.48	2.44	2.42	20
21	2.84	2.80	2.77	2.74	2.72	2.67	2.64	2.61	2.58	2.55	2.50	2.48	2.42	2.38	2.36	21
22	2.78	2.75	2.72	2.69	2.67	2.62	2.58	2.55	2.53	2.50	2.45	2.42	2.36	2.33	2.31	22
23	2.74	2.70	2.67	2.64	2.62	2.57	2.54	2.51	2.48	2.45	2.40	2.37	2.32	2.28	2.26	23
24	2.70	2.66	2.63	2.60	2.58	2.53	2.49	2.46	2.44	2.40	2.36	2.33	2.27	2.24	2.21	24
25	2.68	2.62	2.59	2.56	2.54	2.49	2.45	2.42	2.40	2.36	2.32	2.29	2.23	2.19	2.17	25
26	2.62	2.58	2.55	2.53	2.50	2.45	2.42	2.39	2.36	2.33	2.28	2.25	2.19	2.16	2.13	26
27	2.59	2.55	2.52	2.49	2.47	2.42	2.38	2.35	2.33	2.29	2.25	2.22	2.16	2.12	2.10	27
28	2.56	2.52	2.49	2.46	2.44	2.39	2.35	2.32	2.30	2.26	2.22	2.19	2.13	2.09	2.06	28
29	2.53	2.46	2.46	2.44	2.41	2.36	2.33	2.30	2.27	2.23	2.19	2.16	2.10	2.06	2.03	29
30	2.51	2.47	2.44	2.41	2.39	2.34	2.30	2.27	2.25	2.21	2.16	2.13	2.07	2.03	2.01	30
32	2.46	2.42	2.39	2.36	2.34	2.29	2.25	2.22	2.20	2.16	2.11	2.08	2.02	1.98	1.96	32
34	2.42	2.38	2.35	2.32	2.30	2.25	2.21	2.18	2.16	2.12	2.07	2.04	1.98	1.94	1.91	34
36	2.38	2.35	2.32	2.29	2.26	2.21	2.17	2.14	2.12	2.08	2.03	2.00	1.94	1.90	1.87	36
38	2.35	2.32	2.28	2.26	2.23	2.18	2.14	2.11	2.09	2.05	2.00	1.97	1.90	1.86	1.84	38
40	2.33	2.29	2.26	2.23	2.20	2.15	2.11	2.08	2.06	2.02	1.97	1.94	1.87	1.83	1.80	40
42	2.30	2.26	2.23	2.20	2.18	2.13	2.09	2.06	2.03	1.99	1.94	1.91	1.85	1.80	1.78	42
44	2.28	2.24	2.21	2.18	2.15	2.10	2.06	2.03	2.01	1.97	1.92	1.89	1.82	1.78	1.75	44
46	2.26	2.22	2.19	2.16	2.13	2.08	2.04	2.01	1.99	1.95	1.90	1.86	1.80	1.75	1.73	46
48	2.24	2.20	2.17	2.14	2.12	2.06	2.02	1.99	1.97	1.93	1.88	1.84	1.78	1.73	1.70	48
50	2.22	2.18	2.15	2.12	2.10	2.05	2.01	1.97	1.95	1.91	1.86	1.82	1.76	1.71	1.68	50
60	2.15	2.12	2.08	2.05	2.03	1.98	1.94	1.90	1.88	1.84	1.78	1.75	1.68	1.63	1.60	60
80	2.07	2.03	2.00	1.97	1.94	1.89	1.85	1.81	1.79	1.75	1.69	1.66	1.58	1.53	1.49	80
100	2.02	1.98	1.94	1.92	1.89	1.84	1.80	1.76	1.73	1.69	1.63	1.60	1.52	1.47	1.43	100
125	1.98	1.94	1.91	1.88	1.85	1.80	1.76	1.72	1.69	1.65	1.59	1.55	1.47	1.41	1.37	125
150	1.96	1.92	1.88	1.85	1.83	1.77	1.73	1.69	1.66	1.62	1.56	1.52	1.43	1.38	1.33	150
200	1.93	1.89	1.85	1.82	1.79	1.74	1.69	1.66	1.63	1.58	1.52	1.48	1.39	1.33	1.23	200
300	1.89	1.85	1.82	1.79	1.76	1.71	1.66	1.62	1.59	1.55	1.48	1.44	1.35	1.28	1.22	300
500	1.87	1.83	1.79	1.76	1.74	1.68	1.63	1.60	1.56	1.52	1.45	1.41	1.31	1.23	1.16	500
1000	1.85	1.81	1.77	1.74	1.72	1.66	1.61	1.57	1.54	1.50	1.43	1.38	1.28	1.19	1.11	1000
∞	1.83	1.79	1.76	1.72	1.70	1.64	1.59	1.55	1.52	1.47	1.40	1.36	1.25	1.15	1.00	∞

部分参考答案

第1章 总论

2. 变量：满意程度。总体：美国所有的成年人。总体单位：美国每一个成年人。样本：电话访问的1 210位成年人。

第2章 统计数据的收集、整理与显示

5. （1）

通信费支出额/元	户数/户	向上累计户数/户
50～100	17	17
100～150	28	45
150～200	29	74
200～250	13	87
250～300	13	100
合计	100	—

（2）略。

6. 可以绘制线图（折线图），也可以绘制柱形图（堆积柱形图）。通过堆积柱形图不仅可以分别观察各年货物进口额和出口额变动，还可以反映各年货物进出口总额（进口额与出口额之和）的变动。

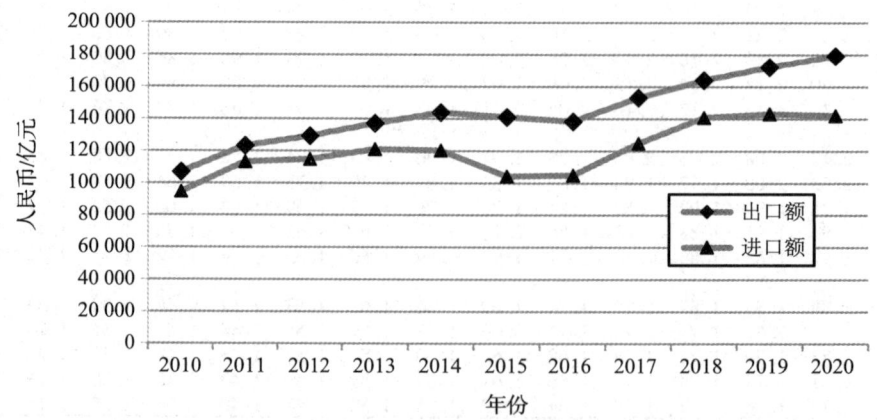

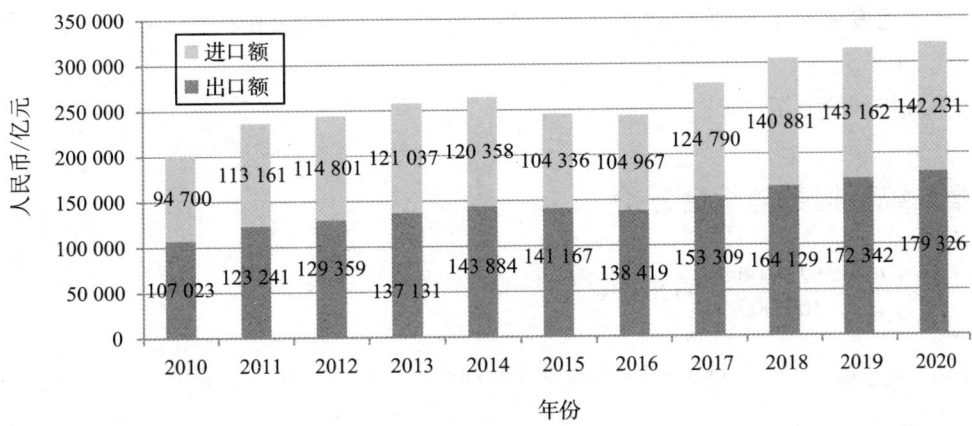

第 3 章　数据特征的描述

3. 方差增加 8 倍，标准差增加 2 倍。

4. 平均废品率 $= \dfrac{25+30+45}{\dfrac{25}{1.5\%}+\dfrac{30}{2\%}+\dfrac{45}{1\%}} = \dfrac{100}{7\,666.67} = 1.30\%$

5. 平均废品率
$= 1 - \sqrt[4]{(1-1.5\%)\times(1-2.0\%)\times(1-2.5\%)\times(1-1\%)} = 1 - 0.982\,5 = 1.75\%$

6. 平均资产收益率 $= \dfrac{8\%\times 1\,500 + 7\%\times 2\,500 + 10\%\times 4\,000}{1\,500 + 2\,500 + 4\,000} = 695/8\,000 = 8.69\%$

7. 12 000~60 000 元；95%。

8. (1) 该企业日销售额的均值 224.1，中位数 222.5，众数不存在。
   (2) 切尾均值 223.73。
   (3) 下四分位数 210.25，上四分位数 241.25，极差 86，四分位差 31。
   (4) 平均差 16.4467，标准差 20.8188，方差 433.4233。

9. 甲城市：众数 = 不满意，中位数 = 一般；异众比 = 64%。
   乙城市：众数 = 不满意，中位数 = 不满意；异众比 = 52%。

第 4 章　时间序列分析

5. 607.08 万元。

6. (1)

项目	第一年	第二年	第三年	第四年	第五年	第六年	第七年
财政收入/亿元	430	455	475	500	630	700	830
逐期增长量/亿元	—	25	20	25	130	70	130
累计增长量/亿元	—	25	45	70	200	270	400
环比发展速度/%	—	105.81	104.40	105.26	126.00	111.11	118.57
定基发展速度/%	100	105.81	110.46	116.28	146.51	162.79	193.02
环比增长速度/%	—	5.81	4.40	5.26	26.00	11.11	18.57
定基增长速度/%	—	5.81	10.46	16.28	46.51	62.79	93.02
增长1%绝对值/亿元	—	4.30	4.55	4.75	5.00	6.30	7

(2) 年平均发展水平 = 574.285 7 亿元，年平均增长水平 = 66.666 7 亿元，年平均增长速度 = 11.58%。

(3) 第五年和第七年。

第 5 章　统计指数与综合评价

5. $\bar{I}_{qp} = \dfrac{\sum q_1 p_1}{\sum q_0 p_0} = \dfrac{522\,600}{463\,000} = 112.87\%$

$\sum q_1 p_1 - \sum q_0 p_0 = 522\,600 - 463\,000 = 59\,600$（万元）

$\bar{I}_q = \dfrac{\sum q_1 p_0}{\sum q_0 p_0} = \dfrac{542\,750}{463\,000} = 117.22\%$

$\sum q_1 p_0 - \sum q_0 p_0 = 542\,750 - 463\,000 = 79\,750$（万元）

$\bar{I}_p = \dfrac{\sum q_1 p_1}{\sum q_1 p_0} = \dfrac{522\,600}{542\,750} = 96.29\%$

$\sum q_1 p_1 - \sum q_0 p_0 = 522\,600 - 542\,750 = -20\,150$（万元）

三者关系为 112.87% = 117.22% × 96.29%

　　　　　59 600（万元） = 79 750（万元） − 20 150（万元）

6. $\dfrac{\frac{\sum x_1 f_1}{\sum f_1}}{\frac{\sum x_0 f_0}{\sum f_0}} = \dfrac{6\,114.58}{5\,300} = 115.37\%$，$\dfrac{\sum x_1 f_1}{\sum f_1} - \dfrac{\sum x_0 f_0}{\sum f_0} = 6\,114.58 - 5\,300 = 814.58$（元）

$\dfrac{\frac{\sum x_1 f_1}{\sum f_1}}{\frac{\sum x_0 f_1}{\sum f_1}} = \dfrac{6\,114.58}{5\,208.33} = 117.4\%$，$\dfrac{\sum x_1 f_1}{\sum f_1} - \dfrac{\sum x_0 f_1}{\sum f_1} = 6\,114.58 - 5\,208.33 = 906.25$（元）

$\dfrac{\frac{\sum x_0 f_1}{\sum f_1}}{\frac{\sum x_0 f_0}{\sum f_0}} = \dfrac{5\,208.33}{5\,300} = 98.27\%$，$\dfrac{\sum x_0 f_1}{\sum f_1} - \dfrac{\sum x_0 f_0}{\sum f_0} = 5\,208.33 - 5\,300 = -91.67$（元）

三者关系为 115.37% = 117.4% × 98.27%，

　　　　　814.58（元） = 906.25（元） − 91.67（元）

第 6 章　统计量与抽样分布

1. 统计量是样本的函数，不含未知的参数；抽样分布是指统计量的分布；样本点是统计量，其分布是总体分布。

2. 两者之间的关系为：$F_\alpha(n_1, n_2) = \dfrac{1}{F_{1-\alpha}(n_2, n_1)}$。

3. 参考定义 6-1、定义 6-2 和定义 6-3。

4. 有的，例如列联表分析中的独立性检验，得到的统计量为

$$\chi^2 = \sum_{i=1}^{m}\sum_{j=1}^{n} \frac{(n_{ij} - np_i p_j)^2}{np_i p_j} \sim \chi^2[(m-1)(n-1)]$$

第 7 章 参数估计

1. 点估计是利用样本数据，对未知的参数进行估计所得到的一个具体的数据。区间估计是通过样本数据，估计未知参数，在置信水平下最可能的存在区间中得到的，结果是一个区间。优缺点分析：点估计的优点是能够提供总体参数的估计值；缺点是无法给出总体参数的准确区间，以误差的存在为前提。区间估计的优点是可以在一定的概率水平上判断估计值的取值范围，从而认识样本序列的聚集程度和离散程度。缺点是受异常值影响可能导致估计的区间不准确，不能确定一个具体的估计值。

2. 矩估计的理论依据是基于大数定律，大数定律是指当总体的 k 阶矩存在时，样本的 k 阶矩依概率收敛于总体的 k 阶矩，即当抽取的样本数量 n 充分大的时候，样本矩将约等于总体矩。

   不一定。举例：随机变量 X 服从均匀分布 $U(\theta, 2\theta)$，则 $E(X) = \dfrac{3}{2}\theta$，以样本均值代替总体均值于是有未知参数 θ 的矩估计为 $\hat{\theta} = \dfrac{2}{3}\bar{X}$，则有 $\hat{\theta}^2 = \dfrac{4}{9}\bar{X}^2$。同时有 $\text{Var}(X) = \dfrac{\theta^2}{12}$，以样本方差代替总体方差，于是有参数 θ^2 的矩估计为 $\hat{\theta}^2 = 12S^2$。

3. 样本平均数 $\bar{X} = 120$（分），样本标准差 $S = 7$（分）。

   抽样平均误差 $\sigma_{\bar{X}} = \dfrac{S}{\sqrt{n}} = \dfrac{7}{\sqrt{80}} \approx 0.78$（分）。

   本题为大样本，在置信水平为 95.45% 时，$Z_{\alpha/2} = 2$，因此抽样极限误差为：
   $\Delta_{\bar{X}} = Z_{\alpha/2} \sigma_{\bar{X}} = 2 \times 0.78 = 1.56$（分）

   这样，在 95.45% 的置信水平下，该年级学生数学考试分数的置信区间为：
   [120 − 1.56，120 + 1.56]，即 [118.44，121.56] 分。

4. （1）样本平均数 $\bar{X} = \dfrac{75 \times 15 + 125 \times 43 + 175 \times 30 + 225 \times 12}{100} = 144.5$

   样本标准差
   $S = \sqrt{\dfrac{(75-144.5)^2 \times 15 + (125-144.5)^2 \times 43 + (175-144.5)^2 \times 30 + (225-144.5)^2 \times 12}{100}} = 44.10$

   抽样平均误差 $\sigma_{\bar{X}} = \dfrac{S}{\sqrt{n}} = \dfrac{44.10}{\sqrt{100}} = 4.41$。

   本题为大样本，在置信水平为 95% 时，$Z_{\alpha/2} = 1.96$，因此抽样极限误差为：
   $$\Delta_{\bar{X}} = Z_{\alpha/2} \sigma_{\bar{X}} = 1.96 \times 4.41 = 8.6436$$

   这样，在 95% 的置信水平下，该企业职工月交通费平均水平为：
   [144.5 − 8.6436，144.5 + 8.6436]，即 [135.8564，153.1436] 元。

(2) 已知 $p = \dfrac{12}{100} = 12\%$，$n = 100$，这属于大样本时总体比例的区间估计问题。

当 $1 - \alpha = 0.95$ 时，$Z_{\alpha/2} = 1.96$，则有：

$$\sigma_p = \sqrt{\dfrac{1}{n}p(1-p)} = \sqrt{\dfrac{0.12 \times (1-0.12)}{100}} = 3.25\%$$

因此，$\Delta_p = Z_{\alpha/2}\sigma_p = 1.96 \times 3.25\% = 6.37\%$

故在 95% 的置信水平下，月交通费在 200 元以上的职工所占比重为：
$[12\% - 6.37\% \leqslant P \leqslant 12\% + 6.37\%]$，即 $[5.63\%, 18.37\%]$。

5. (1) 已知 $\bar{X} = 85$，$S = 12$，$n = 16$，由于总体方差未知，此时用样本方差替代总体方差，因此：

$$\sigma_{\bar{X}} = \dfrac{S}{\sqrt{n}} = \dfrac{12}{\sqrt{16}} = 3$$

$1 - \alpha = 0.95$ 时，根据 t 分布表 $t_{0.025}(15) \approx 2.13$，有 $\Delta_{\bar{X}} = t_{\alpha/2}\sigma_{\bar{X}} = 2.13 \times 3 = 6.39$

故在 95% 的置信水平下，该班管理学平均成绩的区间：
$[85 - 6.39 \leqslant \mu \leqslant 85 + 6.39]$，即 $[78.61, 91.39]$ 元。

(2) 已知 $n = 16$，$S^2 = 12^2$，属于小样本时总体方差的区间估计。

$$\chi^2_{1-\alpha/2}(n-1) = \chi^2_{0.95}(15) = 7.261$$
$$\chi^2_{\alpha/2}(n-1) = \chi^2_{0.05}(15) = 24.996$$

因此，该班管理学成绩方差的置信区间为：$\left[\dfrac{15 \times 12^2}{24.996}, \dfrac{15 \times 12^2}{7.261}\right] \approx [86.41, 297.48]$

因此在 90% 的置信水平下，该班管理学成绩方差的置信区间为 $[86.41, 297.48]$

6. 已知 $p = 85\%$，$n = 300$，这属于大样本时总体比例的区间估计问题。

当 $1 - \alpha = 0.95$ 时，$Z_{\alpha/2} = 1.96$，则有：

$$\sigma_p = \sqrt{\dfrac{1}{n}p(1-p)} = \sqrt{\dfrac{0.85 \times (1-0.85)}{300}} = 2.06\%$$

因此，

$\Delta_p = Z_{\alpha/2}\sigma_p = 1.96 \times 2.06\% = 4.0376\%$

因此以 95% 的置信水平，估计顾客对新款扫地机器人的满意度：
$[85\% - 4.0376\% \leqslant P \leqslant 85\% + 4.0376\%]$，即 $[80.9624\%, 89.0376\%]$。

7. 由题意，$n = 10$，$m = 500$，$f_1 = 10/100 = 0.1$，$f_2 = \dfrac{500}{3\,000} = \dfrac{1}{6}$，

第一阶段抽样单位之间的方差 $S_1^2 = 800$，第二阶段抽样单位的方差 $S_2^2 = 300$ 因此，抽样平均误差：

$$\sigma_{\bar{X}} = \sqrt{(1-0.1)/10 \times 800 + 0.1 \times (1-1/6)/(500 \times 10) \times 300} \approx 8.51$$

本题为大样本，在置信水平为 95.45% 时，$Z_{\alpha/2} = 2$，因此抽样极限误差为：

$$\Delta_{\bar{X}} = Z_{\alpha/2}\sigma_{\bar{X}} = 2 \times 8.51 = 17.02$$

8. 设 X_1，X_2 分别为两个车间生产零件的质量，则 $X_1 \sim N(\mu_1, 1^2)$，$X_2 \sim N(\mu_2, 3^2)$，已知 $\bar{X}_1 = 16$，$\bar{X}_2 = 12$，$n_1 = n_2 = 15$，当 $1 - \alpha = 0.90$ 时，$Z_{\alpha/2} = 1.645$。

则两个总体均值之差 $\mu_1 - \mu_2$ 的置信水平为 90% 的置信区间为：

$$\left[(\overline{X}_1 - \overline{X}_2) - Z_{\alpha/2}\sqrt{\frac{\sigma_1^2}{n_1} + \frac{\sigma_2^2}{n_2}},\ (\overline{X}_1 - \overline{X}_2) + Z_{\alpha/2}\sqrt{\frac{\sigma_1^2}{n_1} + \frac{\sigma_2^2}{n_2}} \right]$$

$$= \left[(16-12) - 1.645 \times \sqrt{\frac{1^2}{15} + \frac{3^2}{15}},\ (16-12) + 1.645 \times \sqrt{\frac{1^2}{15} + \frac{3^2}{15}} \right]$$

$$\approx [2.66,\ 5.34]$$

因此，我们有90%的把握认为这两个车间生产的零件尺寸差异在2.66~5.34厘米。

第8章 假设检验与方差分析

5. （1）$H_0: \mu \geq 1\,000$，$H_1: \mu < 1\,000$。$Z = -1.4 > -Z_{0.05} = -1.645$（或 P 值 $= 0.081 < 0.05$），不能拒绝原假设，即认为这批零件是合格的。

（2）$H_0: \mu \geq 1\,000$，$H_1: \mu < 1\,000$。$Z = -1.98 < -Z_{0.05} = -1.645$（或 P 值 $= 0.024 < 0.05$），应拒绝原假设，即认为这批零件是不合格的。

6. 检验方差。$H_0: \sigma^2 \leq 0.3^2$，$H_1: \sigma^2 > 0.3^2$。$\chi^2 = 17.72 > \chi^2_{0.05}(8) = 15.507$（或 P 值 $= 0.023 < 0.05$），应拒绝原假设，即认为方差不正常。

检验均值。$H_0: \mu = 50$，$H_1: \mu \neq 50$

$$t = \frac{\overline{X} - \mu_0}{S/\sqrt{n}} = \frac{49.88 - 50}{0.446\,6/\sqrt{9}} = -0.81 > -t_{0.025}(8) = 2.306,\ P \text{ 值} = 0.441$$

不能拒绝原假设，即认为均值正常。

7. $H_0: P \geq 0.15$，$H_1: P < 0.15$。$Z = -1.136$，$-Z_{0.1} = -1.28$，P 值 $= 0.128$，不能拒绝原假设，即还不能断定该景区顾客不满意率达到了预期目标。

8. $H_0: \mu_1 = \mu_2$，$H_1: \mu_1 \neq \mu_2$。$t = 2.51 > t_{0.025}(9) = 2.26$。$P$ 值 $= 0.033$，故应拒绝原假设，即认为两种材料制作的鞋跟质量有显著差别。

9. $H_0: \mu_1 = \mu_2 = \mu_3 = \mu_4$，$F = 2.61$，$P$ 值 $= 0.088$，$F_{0.1}(3, 16) = 2.462$。所以应认为四种方法的训练效果有显著差异。

第9章 相关与回归分析

6. （1）$r = 0.962\,4$

（2）$\hat{Y} = 14.214 + 0.075\,4X$

$F = 62.69 > F_{0.05}(1, 5) = 6.61$，回归方程显著。

（3）固定成本为14.214万元，单位可变成本为0.075 4万元。

（4）判定系数 $R^2 = 0.926$，所以有92.6%可由产量变动来解释。

（5）$\hat{Y} = 14.214\,0 + 0.075\,4 \times 750 = 70.764$（万元）

预测区间为 $(70.764 \pm 9.188\,7)$，即 $(61.575\,3, 79.952\,7)$。

7. （1）具有负相关的关系，相关系数 $r = -0.818\,7$

$t = -2.85$，$|t| > t_{\alpha/2}(4)$，所以相关关系显著。

（2）回归方程为：$\hat{Y} = 89.218\,8 - 0.518\,8X$

判定系数 $R^2 = 0.670\,2$，$F = 8.13 > F_{0.05}(1, 4) = 7.71$，所以回归方程显著。

参 考 文 献

[1] 向蓉美,王青华. 统计学 [M]. 3版. 成都:西南财经大学出版社,2018.
[2] 向蓉美,王青华. 统计学学习指导及应用实践 [M]. 3版. 成都:西南财经大学出版社,2018.
[3] 安德森,斯威尼,威廉斯. 商务与经济统计 [M]. 张建华,王健,冯燕奇,等译. 北京:机械工业出版社,2012.
[4] 林德,马歇尔,沃森. 商务与经济统计方法:全球数据集 [M]. 冯燕奇,叶光,聂巧平,译. 北京:机械工业出版社,2009.
[5] 劳. 统计与真理:怎样运用偶然性 [M]. 李竹渝,译. 北京:科学出版社,2004.
[6] 莱文,斯蒂芬,克莱比尔,等. 以 Excel 为决策工具的商务统计:第5版 [M]. 张建同,刘文驰,等译. 北京:机械工业出版社,2009.
[7] 奥特,朗格内克. 统计学方法与数据分析引论:上 [M]. 张忠占,等译. 北京:科学出版社,2003.
[8] 奥特,朗格内克. 统计学方法与数据分析引论:下 [M]. 张忠占,等译. 北京:科学出版社,2003.
[9] 曾五一,肖红叶. 统计学导论 [M]. 2版. 北京:科学出版社,2019.
[10] 中华人民共和国国家统计局. 中国统计年鉴 [M]. 北京:中国统计出版社,2021.

推荐阅读

	中文书名	原作者	中文书号	定价
1	经济学（微观）（原书第7版）	R.格·哈伯 哥伦比亚大学	978-7-111-71012-7	99.00
2	经济学（宏观）（原书第7版）	R.格·哈伯 哥伦比亚大学	978-7-111-71758-4	99.00
3	计量经济学（原书第4版）	詹姆斯·斯托克 哈佛大学	978-7-111-70760-8	109.00
4	经济计量学精要（原书第4版）	达莫达尔·古扎拉蒂 西点军校	978-7-111-30817-1	49.00
5	经济计量学精要（英文版·原书第4版）	达莫达尔·古扎拉蒂 西点军校	978-7-111-31336-6	65.00
6	经济计量学精要（第4版）习题集	达莫达尔·古扎拉蒂 西点军校	978-7-111-31370-1	29.00
7	应用计量经济学（原书第7版）	A.H.施图德蒙德	978-7-111-56546-1	65.00
8	应用计量经济学：时间序列分析（原书第4版）	沃尔特·恩德斯 哥伦比亚大学	978-7-111-57847-5	79.00
9	商务与经济统计（原书第14版）	戴维·R.安德森	978-7-111-71998-4	129.00
10	博弈论：策略分析入门（原书第3版）	罗杰·A麦凯恩	978-7-111-70091-3	89.00
11	时间序列分析：预测与控制（原书第5版）	乔治·E.P.博克斯	978-7-111-71240-4	129.00
12	管理经济学（原书第12版）	克里斯托弗R.托马斯 南佛罗里达大学	978-7-111-58696-8	89.00
13	发展经济学（原书第12版）	迈克尔·P.托达罗 纽约大学	978-7-111-66024-8	109.00
14	货币联盟经济学（原书第12版）	保罗·德·格劳威 伦敦政治经济学院	978-7-111-61472-2	79.00

推荐阅读

序号	书名	作者	中文书号	定价
1	货币金融学	钱水土（浙江工商大学）	978-7-111-65012-6	55.00
2	证券投资分析：理论、务实、方法与案例	王德宏（北京外国语大学）	978-7-111-72500-8	55.00
3	风险管理（第2版）	王周伟（上海师范大学）	978-7-111-55769-2	55.00
4	风险管理学习指导及习题解析	王周伟（上海师范大学）	978-7-111-55631-2	35.00
5	国际金融：理论与政策	汪洋（江西财经大学）	978-7-111-68785-6	69.00
6	金融市场学（第2版）	韩同文（武汉大学）	978-7-111-64656-3	55.00
7	商业银行经营管理	张桥云（西南财经大学）	978-7-111-69067-2	59.00
8	投资银行学：理论与案例（第3版）	马晓军（南开大学）	978-7-111-66146-7	55.00
9	中央银行学	汪洋（江西财经大学）	978-7-111-63489-8	45.00
10	行为金融学（第2版）	饶育蕾（中南大学）	978-7-111-60851-6	49.00
11	财富管理：理论与实践	易行健（广东外语外贸大学）	978-7-111-67696-6	59.00
12	《财富管理：理论与实践》学习指南与习题集	易行健（广东外语外贸大学）	978-7-111-70136-1	39.00
13	个人理财：流程与案例	张颖（对外经贸大学）	978-7-111-69498-4	49.00
14	金融工程	付剑茹（江西师范大学）	978-7-111-71936-6	59.00
15	衍生金融工具基础	任翠玉（东北财经大学）	978-7-111-60763-2	40.00
16	金融风险管理	郭战琴（郑州大学） 李永奎（电子科技大学）	978-7-111-69138-9	49.00
17	金融科技概论	曹衷阳（河北经贸大学）	978-7-111-70927-5	59.00
18	金融服务营销	周晓明（西南财经大学）	978-7-111-30999-4	30.00